W0041473

Hans Rombeck / Wolfgang Neumann

# Die Beatles

Aktualisiert und bearbeitet von
Robert Lyng und Andreas Schaffer

BASTEI
LÜBBE

BASTEI-LÜBBE-TASCHENBUCH
Band 61318

Aktualisierte Neuausgabe
© 1977/1981/1988/1995 by Gustav Lübbe Verlag GmbH,
Bergisch Gladbach
Printed in Germany, März 1995
Einbandgestaltung: Roberto Patelli
Titelfotos: siehe Bildnachweis
Satz: Fotosatz Böhm GmbH, Köln
Druck und Bindung: Ebner Ulm
ISBN 3-404-61318-8-X

# INHALTSVERZEICHNIS

## Ausgewählte Diskographie

## Anhang

# Vorwort
zur Neuausgabe 1995

Je länger das Phänomen »Beatles« andauert, desto schwieriger scheint es zu sein, seine Entstehung und seine ungebrochene Faszination zu erklären. Während eine andere Rocklegende, die *Rolling Stones*, zum Zeitpunkt der Drucklegung dieser völlig überarbeiteten Neuausgabe zum soundsovielten Mal auf Welttournee geht, gibt es die *Beatles* als Band seit 1970 nicht mehr. Und das ist – nicht nur durch den frühen Tod John Lennons bedingt – eine unumstößliche Tatsache.

Ich glaube sogar, die *Beatles* wären auch so wohl nie mehr zusammen auf Tournee gegangen, selbst wenn es diesen unfaßlichen Mord im Dezember 1980 nicht gegeben hätte. Dieser Wunschtraum vieler Fans, Marketingstrategen und Konzertveranstalter wird nicht in Erfüllung gehen. Woher die *Beatles* wirklich kamen und was neben dem einzigartigen Songschreibertalent von John und Paul noch hinzukommen mußte, um den Mythos zu begründen, versucht dieses Buch zu erhellen. Die Geschichte der *Beatles* ist spannend und amüsant zugleich, denn sie beschreibt eine Zeit des Aufbruchs in der populären Musik: Das Lebensgefühl der späten 50er und frühen 60er Jahre in Liverpool und London und die unglaublich vielfältige Szene jener Tage sind einige der wichtigsten Stationen.

Auch da, wo es nottat, war es uns wichtiger geworden, die handelnden Personen in neuem Licht erscheinen zu lassen, als die Jagd nach Rekorden und lexikalischen Fakten weiterzutreiben. Aus vielen sehr persönlichen Äußerungen von denen, die damals dabei waren, entstand so das Bild einer musikalischen Epoche, die wohl einzigartig in diesem Jahrhundert bleiben wird. Der populären Musik, die nur einer rebellischen jungen Generation alleine zu gehören schien, wurde durch die *Beatles* der Stempel der Unvergänglichkeit aufgedrückt.

Natürlich hätte es die Popmusik von heute, die längst vom Kultstatus befreit zur Kultur aufgestiegen ist, ohne die *Beatles* auch gegeben. So wie es auch die klassische Musik ohne Mozart gegeben hätte. Aber um wieviel ärmer wäre unsere Welt ohne sie und ohne Mozart?

Zum Schluß ein großes »Dankeschön« an Robert Lyng und Andreas Schaffer, die Bearbeiter dieser Neuausgabe, und an all die vielen Fans und Leser, die das Buch seit seinem ersten Erscheinen 1977 gekauft und damit den Erfolg erst möglich gemacht haben.

Wolfgang Neumann
September 1994

Meiner Eva als Dank für endlose Stunden an der Schreibmaschine.
W. Neumann

Für Erika, die sehr viel Verständnis aufgebracht hat, und Robi, den Ami.
H. Rombeck

# Stationen ihrer Karriere

## Kurzbiographien und Vorgeschichte

JOHN WINSTON LENNON kam am 9. Oktober 1940 um 6.30 Uhr während eines schweren Angriffs deutscher Luftverbände auf Liverpool im Entbindungshospital der Oxford Street zur Welt. Die Eltern, der Schiffssteward Fred Lennon und seine Frau Julia, geborene Stanley, trennten sich zwei Jahre später, da Johns Vater seine Stellung aufgab und fortan als Gelegenheitsarbeiter außerhalb Liverpools lebte. Julia Lennon gab ihren damals knapp zweijährigen Sohn in die Obhut ihrer Schwester Mary Smith und deren Ehemann George. Bei ihnen wuchs er auf und verbrachte dort einen Großteil seiner Jugend, ohne seiner Tante Mimi, wie er sie nannte, in den ersten Jahren sonderliche Schwierigkeiten zu machen.

Probleme ergaben sich vielmehr aus der Rückkehr des Vaters nach Liverpool im Jahre 1945. Nach einem gemeinsam verbrachten dreimonatigen Aufenthalt von Vater und Sohn John im nahegelegenen Badeort Blackpool beschloß Fred Lennon, nach Neuseeland auszuwandern und John mitzunehmen. Eine heftige Auseinandersetzung zwischen seinen Eltern hatte zur Folge, daß es John, der zunächst bei seinem Vater bleiben wollte, doch wieder zur Mutter zog und er mit ihr die elterliche Wohnung verließ. Wenig später, John war gerade fünf geworden, nahm ihn seine Tante Mimi auf ihr eigenes Bitten hin wieder in Obhut, denn seine Mutter Julia zeigte sich von einem Familienleben nur mit ihrem Kind – aber ohne Mann – nicht gerade begeistert. Dennoch, oder vielleicht sogar aufgrund dieser für das Kind durchaus spürbaren indirekten Ablehnung durch einen Elternteil, entwickelte sich im Lauf der Jahre bei John Lennon eine intensive, jedoch einseitige Bindung an seine Mutter.

»Mother, you had me, but I never had you – Father, you left me, but I never left you«, schrieb Lennon 1970 in seinem Lied *Mother,* in dem er seine Eltern unverhohlen anklagt, als eine Art persönlicher Vergangenheitsbewältigung.

Ausschlaggebend für diese Darstellung eigener Schlüsselerlebnisse dürfte die umstrittene Urschrei-Therapie nach Janov sein, der John sich mit seiner zweiten Ehefrau Yoko Ono Lennon unter der Leitung des Psychologen Artur Janov unterzog. Lennon, dem man immer einen Mutterkomplex nachgesagt hat, bestätigte diese Suche nach einem »Mutterersatz« durch seine Heirat mit der sieben Jahre älteren Yoko Ono (1969). Diese These gewinnt an Gewicht, wenn man berücksichtigt, daß Julia Lennon 1958 durch einen Verkehrsunfall auf dem Heimweg von Tante Mimis Haus ums Leben kam, nachdem in den Jahren zuvor eine Beziehung zwischen John und seiner Mutter aufgebaut worden war, die einen deutlichen »Kumpel«charakter hatte und weniger einer allgemein üblichen Mutter-Sohn-Beziehung entsprach.

Schulpflichtig geworden, besuchte John ab 1946 zunächst die Dovedale Primary School in der Nähe der Penny Lane. Auf dem Weg zur Schule fuhr John jeden Tag mit dem Bus am Bau der Heilsarmee in den Strawberry Fields vorbei. In dieser Zeit machte er auch seine ersten musikalischen Erfahrungen im Kirchenchor von St. Peter's in Woolton. Seine Lieblingslieder, zwei für einen Sechsjährigen jener Jahre sicher nicht ungewöhnliche Titel, waren: *Let Him Go, Let Him Tarry* und *Wee Willy Winkie*. Im Alter von sieben Jahren begann John, erste kleine Büchlein zu schreiben und zu illustrieren. Eines davon nannte er »Sport, Geschwindigkeit und Bilder«.

1952 wechselte er von der Volksschule auf die Quarry Bank Grammar School im Liverpooler Vorort Allerton. Seine Tante, bei der er immer noch wohnte, kam jetzt nicht mehr so leicht mit ihm zurecht, da er sich mittlerweile mehr für Musik und ähnlichen »Unsinn«, wie sie sagte, zu interessieren begann und dabei die Schule vernachlässigte. Die einzige Unterstützung seiner musikalischen Ambitionen wurde ihm lange Zeit durch seinen Onkel George zuteil, zu dem John ein sehr herzliches Verhältnis hatte.

Dieser starb jedoch im Juni 1953 gänzlich unerwartet an einem Blutsturz. Kurz darauf ließ sich Johns Mutter Julia, die inzwischen erneut geheiratet hatte, wieder regelmäßig sehen. Sie, die sich wieder zu einem lebensfrohen Menschen entwickelt hatte, muß ihren Sohn nach dreizehnjähriger Trennung durch ihre Ausgelassenheit und ihre Späße, die sie nicht selten auf Kosten anderer trieb, sehr beeindruckt haben. Dieser Charakterzug legte sicherlich einen Teil des Fundaments für Lennons bizarres Interesse an mißgebildeten Menschen sowie für seinen schwarzen Humor, die in seinen frühen Zeichnungen Ausdruck fanden. Wenn er Menschen porträtierte, hatten sie immer ein körperliches Leiden oder Mißbildungen am Kopf.

Die Lücke, die Onkel George zurückließ, füllte Julia

aus. Sie war es, die John für zehn Pfund die erste Gitarre kaufte. Nur zu gerne ließ er sich anhalten, sich noch intensiver mit Musik zu beschäftigen. Die ersten Stunden Musikunterricht, die der mittlerweile ziemlich rebellische John erhielt, brachten ihm weniger als die Banjoakkorde, die seine Mutter ihn lehrte.

Zwei Jahre und etliche Übungsstunden später gründete John, dessen exzentrisches Auftreten seinen Mitschülern und Lehrern sehr auffiel, 1955 an der Schule seine erste Band, die er in Anlehnung an die Quarry Bank Grammar School die *Quarrymen* nannte. Diese Band spielte zu Beginn in der Besetzung John Lennon und Eric Griffith (Gitarre), Pete Shotton (Waschbrett), Lenn Garry (Baß), Colin Hanson (Drums) und »Rod« (Banjo). Die *Quarrymen* spielten ihre Skifflemusik, die durch Künstler wie Lonnie Donegan zu der Zeit sehr populär war, auf Schulfeten, Tanzabenden und anderen öffentlichen Veranstaltungen in der Umgebung.

Die Band interessierte John weitaus mehr als die Schule, und so wunderte sich niemand, seine Tante Mimi vielleicht ausgenommen, daß seine Leistungen sich verschlechterten und er von der Quarry Bank Grammar School abgehen mußte. Er wechselte im Herbst 1957 über auf das Liverpool College of Art, ohne jedoch seine musikalischen Aktivitäten einzuschränken. Im Gegenteil, seine Begeisterung für Skifflemusik und Rock 'n' Roll, für Johnny Ray, Frankie Laine, Bill Haley, Chuck Berry, Elvis Presley und Buddy Holly, nahm stetig zu. Darunter litt natürlich auch die Arbeit in der neuen Schule, was ihn jedoch weniger störte. Es machte ihm einfach mehr Spaß, auf einer Bühne zu stehen und sich die Stimme heiser zu schreien.

Bei einem dieser Auftritte, noch vor seinem Abgang von der Quarry Bank Grammar School, es war der 15. Juni 1956, und die *Quarrymen* spielten gerade auf dem Kirchweihfest der Gemeinde Woolton, machte ihn sein Freund Ivan Vaughan mit einem Gitarristen bekannt. Dieser Gitarrist hieß Paul McCartney.

JAMES PAUL McCARTNEY wurde am 18. Juni 1942 in Liverpool als Sohn des Baumwollhändlers Jim McCartney geboren. Dem Umstand, daß seine Mutter Mary zu dieser Zeit als Tagesschwester im Walton-Krankenhaus arbeitete, verdankte er, daß er auf der Privatstation zur Welt kam. Bei der Erziehung ihrer beiden Söhne Paul und dem zwei Jahre jüngeren Michael (der später als Mike McGear mit der Gruppe *Scaffold* und dann auch als Einzelinterpret – allerdings nur bescheidene – Erfolge als Popsänger haben sollte) legten die Eltern besonderen Wert auf höfliches und zuvorkommendes Benehmen.

Die Brüder verbrachten eine behütete Jugend. Obwohl nicht begütert, versuchten die McCartneys ihren Kindern eine gute Ausbildung zu ermöglichen. Paul, der Linkshänder ist, besuchte ab 1948 die Grundschule in Liverpool. Er war ein guter Schüler, dessen Interesse vor allem der englischen Literatur galt. Die Musik spielte eine (noch) untergeordnete Rolle. Nachdem er die Grundschule mit Auszeichnung verlassen hatte, ging er 1953 auf die Liverpool Institute High-School. Im Oktober 1956, Paul war damals vierzehn, starb seine Mutter im Alter von 47 Jahren an Brustkrebs. Später wurde oft behauptet, daß von da an die Gitarre eine Art »Mutterersatz« für Paul dar-

stellte. Fest steht nur, daß er etwa in jener Zeit begann, sich immer intensiver mit Musik zu befassen. Auch Paul faszinierte die Skifflemusik, die wegen der Einfachheit der Instrumente und der musikalischen Strukturen verhältnismäßig leicht nachspielbar ist.

Nachdem er 1956 John Lennon kennengelernt hatte, schloß er sich den *Quarrymen* an. Sein erster öffentlicher Auftritt mit ihnen fand anläßlich einer Tanzveranstaltung des Conservative Club in Broadway, einem Stadtteil Liverpools, statt. Dort stellten John und Paul dem Publikum ein gemeinsam komponiertes und getextetes Lied vor. Der Titel lautete *I Lost My Little Girl*, und der Erfolg bestärkte sie darin, weitere Lieder zu schreiben.

1958 – die meisten der früheren Mitglieder waren mittlerweile ausgestiegen, weil sie bürgerlichen Berufen nachgehen wollten, und John und Paul spielten unter dem Namen *The Nurk Twins* – stieß ein Schulfreund Pauls zu den *Quarrymen*. Der Name dieses Freundes war George Harrison.

GEORGE HARRISON wurde am 25. Februar 1943 in Liverpool als jüngster Sohn des Busfahrers Harold Harrison und seiner Frau Louise geboren. Er wuchs zusammen mit seinen beiden Brüdern Clive und Pete sowie seiner Schwester Louise in einem glücklichen Elternhaus auf und besuchte wie John Lennon zunächst die Dovedale Primary School – ganz in der Nähe der Penny Lane. John war damals drei Klassen über ihm. Als George sechs Jahre alt war, zogen seine Eltern in eines der verrufensten Viertel von Liverpool, nach Speke.

Der scheue, zurückhaltende George, noch dazu gehemmt wegen seiner abstehenden Ohren, kompensierte seine Unsicherheit in der neuen Umgebung durch ein übertrieben schnodderiges Auftreten und später durch aufgesetzte Rockermanieren.

1954 wechselte er auf das Liverpool Institute über. Dort bewies er seinen besonderen Geschmack unter anderem dadurch, daß er seinen Schulanzug um eine grellgelbe Weste ergänzte.

Zur Musik kam er relativ früh durch seine Brüder

und die Unterstützung seiner Eltern, die ihm für drei Pfund seine erste Gitarre schenkten. Da er jedoch sehr gerne zusammen mit seinem Bruder Pete auftreten wollte, der eine Gruppe mit dem Namen *The Rebels* gegründet hatte, bekniete er seine Eltern so lange, bis er sich von seinem Taschengeld eine E-Gitarre kaufen durfte, die immerhin 35 Pfund kostete – ein für die damalige Zeit stolzer Preis. Ihren ersten und einzigen Auftritt hatten die *Rebels* dann im British Legion Club.

Am Liverpool Institute lernte er Paul McCartney kennen. Schon bald machten beide zusammen Musik. Das erste Lied, das sie gemeinsam spielten, war *Don't You Rock Me, Daddy-o.*

Paul McCartney stellte George John vor. Die *Quarrymen* spielten damals in der Wilson Hall in Garston, und Paul hatte George eingeladen, einmal mitzukommen. John ließ George vorspielen – und nahm ihn sofort in die Gruppe auf. Harrison: »Ich spielte ihnen *Raunchy* vor, und John sagte, ich könnte mitmachen. Immer habe ich *Raunchy* für sie gespielt. Wenn wir oben in einem Bus mit unseren Gitarren irgendwohin fuhren, rief John oft: ›Spiel *Raunchy,* Georgie!‹«

Es gibt Hinweise darauf, daß John Lennon und Paul McCartney bis zum Jahr 1958 über hundert Lieder gemeinsam geschrieben haben, die aber zum allergrößten Teil verloren gegangen sind. Im gleichen Jahr brachte John Lennon Stuart Sutcliffe in die Gruppe, der ebenso wie John die Kunstakademie in Liverpool besuchte.

Weitgehend unbekannt ist, daß die Gruppe schon damals ihre allererste Platte produzierte: 1958 war es kein Problem, in einem der vielen kleinen Platten-

studios eine Schellackplatte zu bespielen. Oft wurde nur ein Exemplar hergestellt, welches wenige Stunden später fix und fertig mitgenommen werden konnte. John Lennon, Paul McCartney und George Harrison spielten die Titel *That'll Be The Day* (A-Seite, komponiert von Buddy Holly) und *In Spite Of All Danger* (B-Seite, Eigenkomposition der *Beatles*) ein. Nach vielen Bemühungen gelang es Paul McCartney erst 1981, das einzige Exemplar dieser Platte in seinen Besitz zu bringen – per Gerichtsbeschluß!

McCartney ließ danach eine oder mehrere Schellack-Kopien herstellen, von denen erstmals am 14. Oktober 1984 in der Fernsehsendung »The Real Buddy Holly Story« eine zu sehen und zu hören war.

STUART FERGUSSON VICTOR SUTCLIFFE, geboren am 23. Juni 1940 in Edinburgh, besaß 1959 keine eigene Gitarre, so daß John ihn drängte, an einer John-Moore-Ausstellung teilzunehmen und eines seiner selbstgemalten Bilder für 60 Pfund zu verkaufen. Von diesem Geld kaufte er sich auf Johns Anraten eine Baßgitarre und schloß sich den *Quarrymen* an. Er hatte zwar vorher noch nie einen E-Baß in der Hand gehabt, aber die anderen meinten, er solle sich keine Sorgen machen, die Gruppe werde ihm das Spielen schon beibringen.

John Lennon, Paul McCartney, George Harrison, Stuart Sutcliffe und wahrscheinlich auch der Schlagzeuger Thomas Moore spielten im Mai 1959 regelmäßig in dem von Doug Martin neu eröffneten Club The Jive Hive in Crosby (ca. 15 km nördlich von Liverpool).

Im Juni des Jahres stellten sie sich Carroll Levis, einem Talentsucher, vor und traten unter dem neuen

Namen *The Moondogs* zunächst im Liverpooler Empire Theater auf. Sie qualifizierten sich für die nächste Runde, die wenige Tage später als Carroll-Levis-Show in Manchester stattfand. In Anlehnung an die damals aktuellen wie modischen Bandnamen *Buddy Holly and the Crickets* (USA) und *Cliff Richard and the Shadows* (England) nannten sie sich nun *Johnny and the Moondogs*. Mr. Levis fand Gefallen an dem, was sie spielten, doch über den zweiten Platz kamen sie nicht hinaus.

Der Impresario Larry Parnes (Jahre später Manager der Gruppe *The Troggs*) wurde ebenfalls auf die Gruppe aufmerksam und wollte sie als Vorprogramm für eine Tournee mit dem damals bekannten Star Billy Fury engagieren. Allerdings kam es nicht zum Vertragsabschluß, weil den *Moondogs* ein Schlagzeuger fehlte und Thomas Moore nicht bereit war, seinen Job aufzugeben, um auf Tournee zu gehen.

Nachdem der Sprung ins Profilager gescheitert war, traten sie von August bis Oktober 1959 wieder unter ihrem Namen *Quarrymen* auf. Unter anderem spielten sie mit dem Schlagzeuger Ken Wood im Liverpooler Casbah Club, der von der Mutter des Schlagzeugers Pete Best geleitet wurde.

PETE BEST schloß sich zunächst kurzfristig den *Quarrymen* an bzw. wurde – wie später behauptet – nur deshalb in die Gruppe aufgenommen, um ihr regelmäßige Auftritte im Casbah Club zu sichern. Dennoch löste sich die Gruppe im November 1959 wieder auf, u.a. weil George Harrison eine Ausbildung als Elektriker im Liverpooler Warenhaus »Blacklers« begonnen hatte.

Kurze Zeit später fanden sich die Hobbymusiker John Lennon, Paul McCartney, George Harrison und Stuart Sutcliffe wieder zusammen und versuchten einen neuen Start, zunächst als *Long John and the Silver Beatles*, dann aber schließlich als *Johnny and the Silver Beatles*, in Anlehnung an *Buddy Holly and the Crickets* (Heuschrecken). Den Namen *Beatles* setzten sie aus »Beetle« (Käfer) und dem Musikbegriff »Beat« (Schlag) zusammen. Regelmäßig traten sie jetzt bei Tanzveranstaltungen in und um Liverpool auf.

Im März 1960 absolvierten sie mit dem Drummer Johnny Hutch einen Probeauftritt für Larry Parnes, der diesmal eine Begleitband für, die zweiwöchige Schottland-Tournee von Johnny Gentle suchte. Sie erhielten den Zuschlag, und als Schlagzeuger reiste diesmal Tommy Moore mit. Aus Freude darüber, jetzt Semiprofis zu sein, änderten sie ihre bürgerlichen Namen für die Dauer der Tournee in die – wie sie glaubten – wirkungsvolleren Bühnennamen Paul Ramon, Carl Harrison, Stu de Stijl und Johnny Silver um.

Aus dieser Zeit, dem Frühjahr 1960, stammen zwei Tondokumente, die 1987 aufgetaucht sind. Sie lassen einige Rückschlüsse auf die Komponisten John Lennon und Paul McCartney zu und zeigen das damalige Repertoire der Gruppe.

Die Aufnahmen fanden wahrscheinlich bei Paul zu Hause statt. John, Paul, George und Stuart spielten die Eigenkompositionen *I'll Follow The Sun* und *One After 909*, sowie den Titel *Hallelujah, I Love Her So*. Auf dem knapp achtzigminütigen Band gibt es des weiteren noch einige kurze, nur instrumental angespielte Songs und viele wilde Gitarrenriffs. Das zweite Band ist qualitativ besser und, bis auf das fehlende

Schlagzeug, komplett instrumentiert. Diese Aufnahmen dienten wohl dazu, ein sogenanntes Demo-Band vorzeigen zu können.

Im Sommer 1960 verließ Pete Best die Schule, um sich um den Casbah Club und seine eigene Gruppe *The Blackjacks* zu kümmern. Zur gleichen Zeit erhielten die *Silver Beatles* ihr erstes Auslandsangebot. Allan Williams, Besitzer eines Nachtclubs in Liverpool und so etwas wie ihr erster Manager, gelang es mit Zähigkeit und Geschick, sie als Ersatzgruppe für *Rory Storm and the Hurricanes* in Hamburger Clubs unterzubringen. Am 17. August trafen die *Beatles* – man hatte inzwischen den Zusatz »Silver« weggelassen – in Hamburg ein. Von Bruno Koschmieder, dem Inhaber des Indra und des Kaiserkellers, wurden sie in einem kleinen, schäbigen Zimmer über dem Bambi-Kino einquartiert. Im Indra absolvierten sie am 17. August 1960 ihre ersten Auftritte. Der Job war hart und riß sie schlagartig aus allen Träumen vom fidelen Musikerleben.

Zwei Monate lang (bis zum 16. Oktober 1960) mußten sie jeden Abend bis zu acht Stunden lang auf der Bühne stehen und spielen. Im Anschluß an ihr Engagement im Indra wechselten die *Beatles* in den Kaiserkeller. Dort lernten sie Rory Storm und seine *Hurricanes* kennen, deren Schlagzeuger Ringo Starr war.

Der Kaiserkeller galt in jenen Tagen als Treffpunkt der Hamburger Rocker. Aber vor allem durch Mund-zu-Mund-Propaganda und den Einsatz des jungen Fotografen und Graphikers Klaus Voormann und dessen Freundin Astrid Kirchherr, die sich beide mittlerweile mit den *Beatles* angefreundet hatten, fühlten sich auch mehr und mehr Studenten von dem Lokal

24

und der Musik, die da gemacht wurde, angezogen. Hier zeigte sich wohl zum erstenmal die Fähigkeit der *Beatles,* durch ihre Musik ein sozial breitgefächertes Publikum anzusprechen und zu begeistern.

Die Romanze zwischen Astrid Kirchherr und Stuart Sutcliffe, der mit Pete Best zusammen der Publikumsliebling der Gruppe war, nahm im November 1960 ernstere Formen an – die beiden verlobten sich. Kurz darauf kam das Angebot, im besten und größten Club der Reeperbahn aufzutreten, im Top Ten. Was für die *Beatles* zunächst wie ein gewaltiger Schritt nach vorn aussah – im Top Ten gastierte der damals viel bekanntere Tony Sheridan –, hatte aber auch nachteilige Konsequenzen. Wahrscheinlich veranlaßt durch einen Hinweis der Konkurrenz, tauchte überraschend die Polizei bei George Harrison auf. Bei der Überprüfung der Personalien stellte man fest, daß er noch keine achtzehn war und zudem auch keine Arbeitsgenehmigung besaß. Ihm wurde sehr nachdrücklich ans Herz gelegt, Deutschland vor Ablauf von 24 Stunden zu verlassen. Innerhalb von nur einer Nacht mußte sich John, der bislang Rhythmusgitarre gespielt hatte, von George alle Griffe seines Sologitarrenparts beibringen lassen.

Zu allem Überfluß geriet beim Umzug vom Bambi ins Top Ten die arg heruntergekommene Zimmertapete in Brand. Ob der Brand auf Unvorsichtigkeit oder handgreiflichen Protest gegen die schaurige Unterkunft zurückzuführen war – wichtig war das für die vier Zurückgebliebenen nicht mehr. Paul und Pete steckte man zwar wegen versuchter Brandstiftung erstmal für eine Nacht ins Untersuchungsgefängnis, da aber kein größerer Schaden entstanden war und man ihnen einen Vorsatz nicht nachweisen konnte, ließ man sie tags darauf wieder laufen. Einen kleinen Schönheitsfehler hatte dieser »Freispruch« dennoch: Die beiden mußten Deutschland umgehend verlassen. Damit war die Gruppe endgültig geplatzt und die Wunschträume vom großen Geld auf Hamburgs Großer Freiheit vorläufig ausgeträumt.

Während dieses Aufenthalts in Hamburg nahmen die *Beatles* im Akustik-Studio eine Schellackplatte mit folgenden Titeln auf: *Fever, September Song* und *Summertime*. Angeblich soll während der Aufnahme-Session Ringo Starr statt Pete Best am Schlagzeug gesessen haben. Dies könnte zutreffen, da die Musiker einander kannten; unterstützt wird die Vermutung dadurch, daß Pete Best die Aufnahme dieser Platte in seiner Autobiographie »Beatle!« nicht erwähnt. Anfang Dezember 1960 fuhren John Lennon, Paul McCartney, George Harrison, Stuart Sutcliffe und Pete Best zunächst nach Paris und von dort zurück nach Liverpool. Am 24. Dezember 1960 traten sie im Grosvenor Ballroom in Wallasey auf und am 27. Dezember in der Stadthalle von Litherland, ebenfalls einem Vorort von Liverpool. Das Publikum raste vor Begeisterung.

Für den 24. Februar 1961 verschaffte Allan Williams den Beatles einen weiteren Auftritt in Wallasey und vermittelte sie – nachdem George Harrison achtzehn geworden war – erneut nach Hamburg. Kurz zuvor (am 21. März 1961) traten sie erstmals im Liverpooler Cavern Club auf, in dem nach drei Jazzjahren nun auch eine neue, immer populärer werdende Musik gespielt wurde: der Mersey Beat.

In Hamburg galten die *Beatles* inzwischen als *die* Rock 'n' Roll-Gruppe aus Liverpool. Von April bis Juni gastierten sie im Top Ten und avancierten rasch zur besten Gruppe Hamburgs. Während dieser Zeit soll Astrid Kirchherr zunächst für Stu eine neue Frisur kreiert haben. Sie kämmte ihm die Haare in die Stirn, was von den *Beatles* mit albernen Witzchen quittiert wurde. Später kämmten sich auch John, George, Paul und Pete die Haare nach vorne – aus welchem Grund auch immer.

Es gibt eine weitere Erklärung für das Zustandekommen der späteren Beatle-Frisur, die nicht ganz unplausibel klingt. Die *Beatles* – damals für jeden Klamauk zu haben – kämmten sich einen rechten Scheitel als Parodie auf Hitler. Da diese ungewohnte Frisur jedoch nicht hielt, fielen die Haare nach vorn, was Astrid auf die Idee brachte, die recht langen Haare abzuschneiden und sie nach vorn zu kämmen.

Wie auch immer – ohne Übertreibung läßt sich heute sagen, daß diese Frisur die Haarmode einer ganzen Generation und damit auch deren Selbstgefühl, um es einmal so pauschal auszudrücken, nahezu völlig verändert hat. Als man bei der deutschen Schallplattenfirma Polydor nach einer Begleitgruppe für eine Produktion mit dem Sänger Tony Sheridan suchte, bekamen die *Beatles,* durch Vermittlung von Tony selbst, den Zuschlag. Der Produzent der Aufnahmen im Mai 1961 war Bert Kaempfert, der den *Beatles* den, wie er glaubte, für deutsche Ohren verständlicheren Namen »Beat Brothers« gab.

Zunächst wurden die Songs *When The Saints Go Marching In* und *My Bonnie* eingespielt. Er verschaffte ihnen aber auch Gelegenheit, einen eigenen Titel aufzunehmen: *Cry For A Shadow,* geschrieben von John und George. Zusätzlich durfte John bei

*Ain't She Sweet* den Sologesang übernehmen. Weitere Titel, die mit Tony Sheridan als Sänger und den *Beatles* als Background-Gruppe aufgenommen wurden: *Sweet Georgia Brown; If You Love Me, Baby (Take Out Some Insurance On Me Baby); Why* und *Nobody's Child.* Es gibt noch einige bislang unveröffentlichte Aufnahmen aus dieser Zeit. Im Sommer 1976 fanden Gespräche zwischen Bert Kaempfert und der Polydor statt, diese »sehr rohen Songs« – so die Plattenfirma – herauszubringen. Doch kam man zu dem Entschluß, sie nicht auf Platte zu veröffentlichen, denn *Cry For A Shadow* und *Ain't She Sweet* sei noch das Beste, was damals eingespielt wurde.

Diese LP mit Tony Sheridan war über lange Zeit das einzige Tondokument aus der Hamburger Zeit. Erst im April 1977 wurde ein Tonband technisch aufgearbeitet, das Ted »King Size« Taylor am 31. Dezember 1962 im Hamburger Star-Club aufgenommen hatte, und als Doppel-LP veröffentlicht. Stuart Sutcliffe und Astrid Kirchherr, die als Photographin inzwischen einen neuen Stil entwickelte, Licht und Schatten zu photographieren, der von vielen im Lauf der Jahre imitiert wurde, heirateten im Juni 1961 in Hamburg, und Stuart verließ die *Beatles*, die in Hamburg die Veröffentlichung der Single *My Bonnie* (A-Seite)/*The Saints (When The Saints Go Marching In)* (B-Seite) gerade noch mitbekamen, bevor sie ohne Stu nach Liverpool zurückkehrten.

Am 6. Juli 1961 erschien in Liverpool zum ersten Mal die Zeitschrift *Mersey Beat.* Die *Beatles*, wieder in ihrer Heimatstadt, gastierten nun im Cavern Club und wurden ganz überraschend bei einer Beliebtheitsumfrage auf den zweiten Platz hinter *Rory Storm and the Hurricanes* gewählt. John veröffentlichte daraufhin in leicht ironisch gefärbtem Stolz einen Artikel, den er überschrieb: »Eine kurze, unterhaltende Abhandlung über die zweifelhaften Ursprünge der *Beatles*.«

Am 28. Oktober 1961 gegen 15.00 Uhr soll sich folgende Geschichte zugetragen haben:

Ein gewisser Raymond Jones betrat das Schallplattengeschäft NEMS im Liverpooler Stadtteil Whitechapel und verlangte die Platte *My Bonnie* von den *Beatles*. Der Geschäftsführer, der diesen ausgefallenen Plattenwunsch entgegennahm, hieß Brian Epstein.

BRIAN EPSTEIN
wurde am 19. September 1934 in Liverpool als erstes Kind wohlhabender jüdischer Eltern (Harry und Queenie Epstein) in einer Privatklinik geboren. Er war zum Leidwesen seiner Eltern ein schlechter Schüler. Vom Liverpool College wegen »Unaufmerksamkeit und generell zu schlechten Leistungen« verwiesen, hatte er nicht viel mehr Glück auf den sechs anderen Schulen, die er bis zu seinem dreizehnten Lebensjahr besuchte. Mit fünfzehn verließ er schließlich das Wrekin College, ohne einen Abschluß erlangt zu haben. Zum Entsetzen seines Vaters wollte Brian eigentlich Modezeichner werden. Ohne den von seinen Eltern begehrten Abschluß blieb ihm gar nichts anderes übrig, als in das elterliche Möbelgeschäft einzusteigen. Nach einer erfolgreichen Probezeit und einem noch kürzeren Abenteuer beim Militär stieg er in das Schallplattengeschäft ein, das die Familie erworben hatte – den **N**orth **E**nd Road **M**usic **S**tore oder NEMS. Dort entwickelte er in diesem für ihn zunächst ungewohnten Metier rasch den besonde-

ren Ehrgeiz, jede gewünschte Platte zu besorgen, auch wenn es noch so schwierig sein sollte. Als Raymond Jones den Laden am 28. Oktober 1961 betrat und Epstein nach einer Single der noch unbekannten Gruppe *Beatles* fragte, schien Brian aber kein Glück zu haben. *My Bonnie* war in England gänzlich unbekannt. Die Platte war schließlich erst im Juni in Deutschland erschienen.

Da jedoch immer mehr, vor allem junge Leute nach dieser Platte verlangten – die *Beatles* hatten unter der Hand verbreitet, sie hätten in Hamburg bereits eine Platte aufgenommen –, machte sich Brian Epstein auf die Suche nach den *Beatles*… Und fand sie im Cavern Club.

Am 9. November betrat er zum erstenmal den Cavern Club in der Mathew Street, um sie sich genauer anzusehen. Auf den ersten Blick machten der dunkle, öde Cavern Club und die *Beatles*, die auf der Bühne rauchten, aßen und Witze rissen, einen ziemlich heruntergekommenen und verwahrlosten Eindruck auf ihn. Dennoch fand er Gefallen an der Gruppe und ihrer Musik.

Da er noch dazu innerhalb kürzester Zeit 200 Exemplare von *My Bonnie* absetzen konnte, lud er sie für den 3. Dezember 1961 um 16.30 Uhr zu einem Gespräch ein und schlug ihnen vor, ihr Manager zu werden. Gegen eine Beteiligung von 25 % an allen Einkünften versprach er ihnen höhere Gagen und bessere Auftritte. John Lennon meinte, daß sich 20 % irgendwie besser machen würden und man dann nur einfach durch fünf zu teilen brauchte. Aber Epstein bestand auf 25 % und argumentierte, daß es sehr teuer sei, eine Gruppe zu starten. Nach einem weiteren Gespräch, in dem Epstein versichert hatte, daß ein Managementvertrag keine musikalische Stiländerung bedeuten würde, traf man sich am folgenden Sonntag im Casbah Club zur Vertragsunterzeichnung. Für Brian, der gleichzeitig die NEMS-Enterprises gegründet hatte, unterschrieb sein Freund Alistair Taylor.

Einen Monat später wurden die *Beatles* von der Musikzeitschrift *Mersey Beat* zur beliebtesten Gruppe Liverpools gewählt, für Brian Epstein ein erneuter Ansporn, sich intensiv um einen Schallplattenvertrag zu kümmern. Die erste Firma, die er für die *Beatles* interessieren konnte, war Decca in London. Am 1. Januar 1962 fanden die Probeaufnahmen im Decca-Studio in Westhampstead statt. Die Gruppe war nervös und unsicher. Die *Beatles* spielten *Like Dreamers Do, Hello Little Girl* und *Please Mr. Postman.* Zusätzlich spielten sie einen weiteren Song, über dessen Titel man sich aber heute selbst bei Decca nicht mehr einig ist, da nur noch Aufnahmen der drei anderen Titel existieren. Es gibt sogar eine Schallplatte, auf der diese drei Stücke enthalten sind.

Obwohl die *Beatles* von ihrem Auftritt bei Decca nicht sehr überzeugt waren, rechneten sie doch mit einem Plattenvertrag. Dick Rowe, damals Produzent und A&R-Manager bei der Decca, verließ sich auf die Entscheidung seines Assistenten Mike Smith, der noch eine zweite Gruppe an diesem Tag aufnahm, und traf damit die vielleicht gravierendste Fehlentscheidung in der Geschichte der Musikindustrie. Im März 1962 teilte er mit: »Uns hat der Sound nicht gefallen, und außerdem geht der Trend weg von Gitarrengruppen.« Damit wurden Brian Poole und die *Tre-*

*meloes* die neuesten Decca-Künstler. Einige Wochen später begann der Zweifel an ihm zu nagen. Er wollte »sichergehen« und setzte sich in den Zug nach Liverpool. Dort kam er unangekündigt an, da er vermeiden wollte, den etwas aufdringlichen Manager Epstein hofieren zu müssen. Es goß in Strömen, als er den Cavern Club erreichte. Zwischen ihm und dem Eingang befanden sich Scharen von jungen Leuten.

Er stürzte sich in das Getümmel, kam jedoch nicht voran. Durchnäßt und aufgebracht begab er sich wieder zum Bahnhof und machte sich auf den Heimweg nach London, während die *Beatles* gerade begannen, ein neues Kapitel in der Geschichte der Popmusik zu schreiben.

Obwohl in einigen *Beatles*-Büchern berichtet wird, daß die *Beatles* im Januar 1962 in Hamburg gastierten, steht es nach vielen Recherchen fest, daß die *Beatles* am 6., 10., 12. und 17. Januar sowie am 3., 24. und 28. Februar 1962 im Liverpooler Cavern auftraten.

Am 7. März 1962 spielten George Harrison, John Lennon, Paul McCartney und Pete Best für die BBC die Songs *Dream Baby, Memphis Tennessee* und *Please Mr. Postman* ein. Diese Aufnahmen wurden am nächsten Tag in der Sendung *»Teenagers' Turn«* gesendet. Erst am 11. April 1962 flogen die *Beatles* von Liverpool nach Hamburg und wurden bei ihrer Ankunft mit der Nachricht konfrontiert, daß Stuart Sutcliffe einen Tag zuvor an einem Gehirntumor gestorben war. Das siebenwöchige Engagement im neu eröffneten Hamburger Star-Club begann am 13. April 1962.

Während die *Beatles* noch in Hamburg gastierten, bot Brian Epstein seine Gruppe bei fast allen Plattenfirmen Londons an. Um nicht immer die Probebänder mit sich herumschleppen zu müssen und weil eine Platte einfach nach mehr aussah, ging er ins HMV Record Center in der Oxford Street und ließ die Bänder zu Demoplatten (Demonstrationsplatten) umarbeiten.

Der Techniker Ted Huntley, der die *Beatles*-Aufnahmen zum erstenmal hörte, war von der Musik begeistert und machte Epstein über seinen Filialleiter Kenneth Boast mit dem Musikverleger Syd Coleman bekannt. Dieser ermöglichte ihm ein Gespräch mit George Martin, Produzent bei der kleinen Plattenfirma Parlophone, die aber dem größten Schallplattenkonzern Englands angehörte, der EMI (Electric & Musical Industries).

GEORGE MARTIN, geboren am 3. Januar 1926 in London, erhielt seine musikalische Ausbildung als Oboist auf der Guildhall School of Music. 1950 kam er zur EMI und war anfangs verantwortlich für Comedy-Produktionen (*The Goons*, Peter Sellers u. a.) und Solointerpreten der romantischen Welle (Matt Monroe, Shirley Bassey). Gerade diese Zusammenarbeit mit den fast anarchistischen Komikern der Zeit überzeugte den normalerweise sarkastischen John Lennon davon, daß der höfliche ältere Mann in Ordnung sei. Nachdem Martin sich die Demobänder der *Beatles* angehört hatte, gab er sein Okay zu Probeaufnahmen. Brian Epstein telegraphierte nach Hamburg, die *Beatles* beendeten ihr Engagement und fuhren nach London, um die vielleicht letzte Chance, an einen Plattenvertrag zu kommen, wahrzunehmen.

Am 6. Juni 1962 standen sie zum erstenmal George Martin in den Londoner EMI-Studios in der Abbey

Road gegenüber. Sie spielten ihm ihre eigenen Lieder vor: *Love Me Do, Hello Little Girl, P. S. I Love You* und *Ask Me Why.* Erst Ende Juli ließ Martin wieder von sich hören: Die EMI war bereit, ihnen einen Vertrag zu geben.

Wenige Tage später, am 11. Juni 1962, spielten sie diesmal für die BBC-Radiosendung »Here We Go« die Eigenkomposition *Ask Me Why* und zwei weitere Titel: *Besame Mucho* und *A Picture Of You,* die am 15. Juni 1962 gesendet wurden.

Inzwischen waren die *Beatles* in und um Liverpool zur bekanntesten Band geworden. Im Cavern galten sie quasi als Hausband, und zu ihren Auftritten in New Brighton, Hewall, Barnston, Southport, Chester und Manchester pilgerten immer mehr Fans. Am 17. August spielten Lennon, McCartney und Harrison das letzte Mal gemeinsam mit ihrem alten Schlagzeuger Pete Best. Manager Brian Epstein hatte am Tag zuvor Pete mitgeteilt, daß er nicht mehr zur Gruppe gehören würde. Die Gründe für den Rausschmiß sind nie offengelegt worden, und es gab schon damals zumindest zwei Versionen. Die erste und gleichzeitig offizielle: George Martin habe das Schlagzeugspiel nicht gefallen. Die zweite, die die erste nicht ausschließt: Die *Beatles,* vor allem McCartney, wollten Pete Best nicht mehr in der Gruppe haben. Ihm fehlten der Witz und die bacchantische Persönlichkeit der anderen *Beatles.* Er kultivierte eher das dunkle, launische Image eines James Dean. Am 13. August wurde daraufhin Pete Best ausgebootet. Brian Epstein fiel also die unangenehme Aufgabe zu, Pete mitzuteilen, daß er nicht mehr zur Gruppe gehörte. Seine drei Mitspieler hatten dazu begreiflicherweise keine Lust, zumal sie sich bereits hinter Petes Rücken nach einem anderen Schlagzeuger umgesehen hatten. Dieser Neue hieß mit bürgerlichem Namen Richard Starkey, er nannte sich aber Ringo Starr.

RINGO STARR wurde am 7. Juli 1940 als einziges Kind von Richard und Elsie Starkey in Liverpool geboren. Er wuchs in sehr bescheidenen Verhältnissen auf. Seine Eltern ließen sich drei Jahre nach seiner Geburt scheiden. 1953 heiratete Ringos Mutter wieder, und zwar einen gewissen Harry Graves. Da er in seiner Kindheit eine Reihe schwerer Krankheiten durchmachen mußte, brachte Ringo insgesamt fast drei Jahre in Krankenhäusern zu. So blieb es nicht aus, daß ihn seine Lehrer an der Liverpool Second Modern School und später am Riversdale Technical College nur selten zu Gesicht bekamen und ihm daher auch kein Abschlußzeugnis ausstellen konnten. Mit siebzehn stand Ringo vor dem Problem, ohne ausreichende Schulbildung eine Lehrstelle finden zu müssen. In dieser gewiß nicht leichten Situation begann er sich für Musik zu interessieren. Ringo: »Ich fing als Handwerker an, aber schlug mir schon am ersten Tag auf den Daumen. Schlagzeuger wurde ich, weil es das einzige gewesen ist, was ich konnte.« Vom ersten Geld, das er sich als Botenjunge und Hilfsarbeiter verdiente, kaufte er ein Schlagzeug und begann wie besessen zu üben. Als Mitbegründer der *Eddie Clayton Skiffle Group* fand er schnell Anschluß an die gerade aufblühende Liverpooler Szene. Da Schlagzeuger in Liverpool rar waren, holte ihn Rory Storm in seine *Hurricanes*. Mit ihnen spielte er in den Sommermonaten in sämtlichen Feriencamps an der

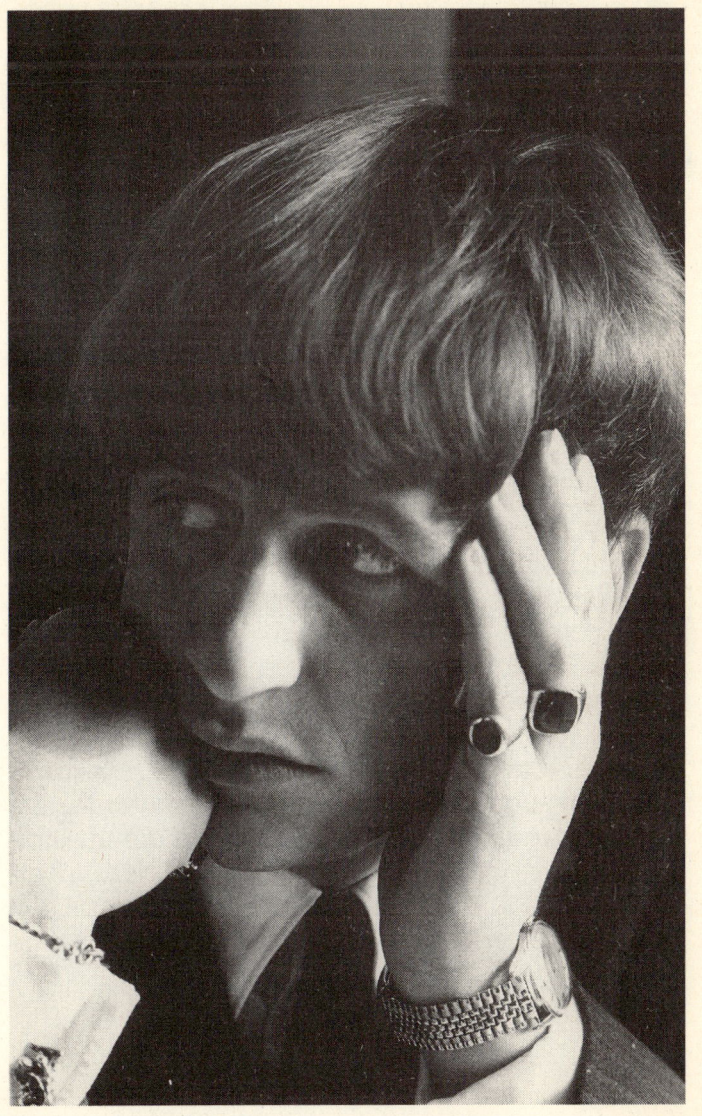

Südküste. Seine Vorliebe für große Ringe und Künstlernamen brachten Richard Starkey dazu, sich Ringo Starr zu nennen. Nach Saisonende wechselte die Gruppe auf den Kontinent über und kam auf dem Umweg über Frankreich auch nach Hamburg. Da er dort bereits einige Male als Ersatzschlagzeuger bei den *Beatles* eingesprungen war und ihn die *Beatles* – laut eigener Aussage – schon immer in der Gruppe haben wollten, gehörte er seit dem 18. August 1962 fest zu ihnen. Er schlug ein neues, lukratives Angebot von Rory Storm aus.

Ein gemütlicher Einstieg war es für Ringo und die anderen allerdings nicht. Lautstark und auch handfest demonstrierten die Fans des ehemaligen Schlagzeugers Best vor dem Cavern Club sowie vor Epsteins NEMS-Plattenladen mit Transparenten und Solidaritätsbekundungen – »Pete For Ever – Ringo Never«. Das Ausmaß des Protestes war so groß, daß Brian Epstein sich für kurze Zeit auch um seine eigene Sicherheit sorgte. Er weigerte sich, den Auftritten seiner Schützlinge im Cavern Club beizuwohnen, falls Inhaber Ray McFall ihm keinen Leibwächter zur Verfügung stellte, was dieser schließlich tat. Vielleicht hätte man auch für George, den jüngsten der *Beatles*, einen Bodyguard besorgen müssen, als die frustrierten Best-Fans den Gitarristen angriffen und ihn verprügelten. Das blaue Auge hatte er noch, als die Gruppe später im Abbey Road Studio ihre Debut-Single *Love Me Do* aufnahm.

1945, als alle vier künftigen *Beatles* schon geboren waren, begann das nukleare Zeitalter. Die Welt war anders als vorher. Unsicherer, beängstigender. Aber der Zweite Weltkrieg war auch für andere große technologische, wissenschaftliche, wirtschaftliche, politische und gesellschaftliche Änderungen ein Katalysator. Amerika erlebte einen »Baby-Boom«. Deutschland wurde geteilt. Die UNO wurde von 50 Feindstaaten der Achsenmächte gegründet. Die Blöcke, Ost und West, nahmen Gestalt an. Nationen fingen an, sich anzunähern und gleichzeitig den Abstand zu anderen zu vergrößern – NATO, COMECON, Warschauer Pakt, OAS, ANZUS usw. … Truman verwirklichte den Marshallplan. Der Aufbau verursachte erhebliche Völkerwanderungen.

Die 50er Jahre brachten nicht nur das Wirtschaftswunder nach Deutschland. Die ersten Schritte in Richtung auf ein vereintes Europa wurden unternommen. Multinationale Firmen wie IBM und Coca Cola streuten die Ernte eines neu-technisierten Amerikas rund um die Welt. Die Fronten verhärteten sich: Die UdSSR und England entwickelten Atomwaffen. 1952 hatte Amerika seine erste H-Bombe. Eisenhower wurde Präsident. 1953 erfolgte die Gleichstellung von schwarzen und weißen Soldaten. Gewalt, Putsche und Revolutionen herrschten in Kuba, Haiti, der Dominikanischen Republik, Argentinien, Brasilien und anderen südamerikanische Ländern. In Korea gab es einen bewaffneten Konflikt.

Künstler wie James Dean, Marlon Brando, Bill Haley und Elvis Presley gaben den immer mehr werdenden Jugendlichen eine eigene Musik, eine eigene Identität. Die Senatoren McCarthy und Nixon jagten »Kommunisten« in den Vereinigten Staaten.

Während Amerika Japans Transistor-Revolution ziemlich gut verkraften konnte, wurde das Land 1957 abrupt wachgerüttelt, als die UdSSR ihren »Sputnik« als ersten künstlichen Erdsatelliten in die Laufbahn um die Erde brachte. Im nächsten Jahr holte Amerika auf, und das »Space-Race« ging los. Mit der EWG und EURATOM rückte die Vision eines vereinten Europas näher. In den USA gab es ein neues Bürgerrechtsgesetz. Castro übernahm Kuba. Die UdSSR erwischte ein amerikanisches Spionageflugzeug und hielt den Pilot Gary Powers fest, während antiamerikanische Demonstrationen in Südamerika und Japan stattfanden. Jurij Gagarin war 1961 der erste Mann im Weltall, und John Fitzgerald Kennedy wurde der jüngste Präsident Amerikas. Nur einige Monate bevor die *Beatles* am 11. September 1962 ihre erste Single im Abbey Road Studio aufnahmen, dominierte die Kubakrise die Schlagzeilen. Mit einem U2-Spionageflugzeug entdeckte die CIA, daß Nikita Chruschtschow heimlich Raketen auf der nur 90 Meilen von der amerikanischen Küste entfernten Insel Kuba stationierte. Amerika forderte den Abzug, und die Welt hielt den Atem an. Der Bürgerkrieg in Nordirland zwischen der IRA und britischen Truppen brach aus. Die amerikanische Bürgerrechtsbewegung kam in den Südstaaten in Gang. Ein neues Zivilbewußtsein entstand. Die Flamen demonstrierten in Belgien.

In England verlor der prominente Regierungsminister John Profumo 1963 sein Amt – seine Beziehungen zu den Prostituierten Christine Keeler und Mandy

Rice-Davies schockierten und entsetzten das Land. Ein Jahrhundertskandal in einem Land, dessen prüde Fassade bald von Jugendlichen noch weiter heruntergerissen wurde.

Der zu der Zeit größte Postraub der Welt brachte den erfolgreichen Tätern zwei Millionen Pfund an Beute. Tausende starben in einem Erdbeben in Jugoslawien. Deutschland und Frankreich unterschrieben einen Freundschaftsvertrag, und Bob Dylan veröffentlichte seine erste LP.

Martin Luther King »hatte einen Traum«. Mit seiner flammenden Rede in Washington D.C., wo sich abertausende Demonstranten versammelten, versuchte er Weiße und Schwarze zusammenzubringen.

John F. Kennedy erklärte »Ich bin ein Berliner« und wurde fünf Monate später in Dallas niedergeschossen. Der Traum war vorbei. Jetzt schaltete die Welt in einen höheren Gang.

Die Beatlemania wurde 1964 zu einem Weltphänomen. Verängstigt wegen der Ermordung von JFK reisten die *Beatles* trotzdem zum erstenmal nach Amerika. Siebzehnjährige sind die größte demographische Gruppe. Zweiundfünfzig Prozent der amerikanischen Bevölkerung sind unter 25. »Swinging London« kriegt Schwung. Die Jugendkultur blüht.

Präsident Lyndon B. Johnson unterschreibt den »Civil Rights Act«, nachdem der »Long Hot Summer« von Rassenkrawallen im ganzen Land geprägt war. Martin Luther King erhält den Friedensnobelpreis. Die »Love Generation« versammelt sich in San Francisco für ihr erstes »Puff-In«, wo sie in aller Offenheit Marihuana raucht. Und der Krieg in Vietnam wird ernst, als die Vereinigten Staaten die Resolution vom Tonkingolf erlassen, wobei der Präsident die Befugnis erhält, offiziell Truppen in Vietnam einzusetzen. 1965 verabschiedete Amerika ein für die schwarze Bevölkerung wichtiges neues Wahlrechtsgesetz. Die Premiere des Films *Help!* lief in London. Amerika startete im Februar den Luftkrieg gegen Nordvietnam und verwirklichte den ersten massiven Truppeneinsatz im November.

1966 trat die chinesische »Rote Garde« an, um den Auftakt für Maos Kulturrevolution zu geben. Der bisher gewaltlose Kampf um Gleichberechtigung der schwarzen Amerikaner ging in Terroraktionen über, als Malcolm X und die militanten »Black Panthers« ihre schwarzen Brüder und Schwestern zum Aufstand aufriefen. John Lennon lernte Yoko Ono in einer Londoner Galerie kennen. Für die *Beatles* war 1967 ein Jahr der Extreme. Ihr »größtes« Werk, *Sgt. Pepper,* wurde veröffentlicht. Sie befanden sich auf dem kreativen Gipfel ihrer Karriere, als ihr Manager Brian Epstein am 27. August starb. Die ersten Anzeichen, daß die *Beatles* sich voneinander wegbewegten, wurden offensichtlich. Paul lernte am 15. Mai im Londoner Club Bag O'Nails seine spätere Frau Linda Eastman kennen, eine amerikanische Photographin.

Politisch und gesellschaftlich verhärteten sich die Fronten, bis sie 1968 explodierten. Studentenunruhen führten in Frankreich zu einem Generalstreik und einer Regierungsumbildung. Rassenkrawalle loderten überall in Amerika auf. Martin Luther King wurde von einem rassistischen Attentäter ermordet. Rudi Dutschke wurde in Berlin erschossen, eine Welle »außerparlamentarischer« Opposition überspülte Deutschland. Alexander Dubcek säte den »Prager

Frühling« und erntete einen sowjetischen Militärangriff. Am 1. Januar 1969 wurde Richard M. Nixon Präsident der Vereinigten Staaten. In Frankfurt am Main gab es schwere Studentenunruhen, in Amerika wurden die ersten Anti-Vietnam-Kriegsdemonstrationen durchgeführt. Am 30. Januar gaben die *Beatles* ihr allerletztes Konzert auf dem Dach des damaligen Apple-Büros in der 3 Savile Row. Wie der Film *Get Back* deutlich macht, waren die *Beatles* 1969 schon keine Gruppe mehr. Es herrschte »Krieg« – innerhalb und außerhalb der Gruppe. Die 60er Jahre waren ein Jahrzehnt voller Krisen, Konflikte, Kriege, Terror, Trauer und Tränen. Sie waren auch Jahre des Wachstums, der Hoffnung, der Träume, die sich, wie die *Beatles*, mit dem Schluß des Jahrzehnts auflösten.

Einst die Hauptstadt des Nordens, die als Hafenstadt mit der Verfrachtung von Sklaven florierte, begann Liverpool seinen Glanz mit der Eröffnung des Schiffkanals von Manchester zu verlieren. Manchester wurde zum Geschäftszentrum und Medienstandort.

Wie jede Hafenstadt hatte auch Liverpool eine buntgemischte Bevölkerung mit vielen Iren, Walisern und Chinesen. Die echten »Scousers«, wie Leute aus Liverpool nach dem Gericht Labskaus genannt werden, sind besonders für ihren nasalen Akzent, ihren selbstkritischen Humor und ihre Fußballmannschaften bekannt. Fragte man einen »Scouser«, warum so viele Komiker aus Liverpool kommen, würde er antworten, weil man ein Komiker sein müßte, um überhaupt hier leben zu können, wobei er sich auf die Armut und Arbeitslosigkeit in der Stadt bezöge. Es war auch dieser trockene Humor, der die *Beatles* für andere, und besonders für die Presse, so attraktiv machte – z.B. als George Martin die *Beatles* beim Abhören ihrer ersten Aufnahmen fragte, ob es irgend etwas gebe, was ihnen nicht gefalle, antwortet John Lennon, ihm gefalle Martins Krawatte nicht.

Das Liverpool der 50er Jahre war eine Brutstätte des Existentialismus – zumindest für viele Jugendliche und ältere Intellektuelle. Neben der Welt von Walt Disney, der Cowboys und Indianer und britischen Filmen mit »Happy-Endings« gab es auch die Filme der Schwarzen Serie, den »film noir« – verregnete Nächte, leuchtende Neonreklame, platinblonde Frauen und pessimistische Anti-Helden. Marlon Brando verkörperte Kowalski in der Verfilmung von Tennessee Williams' *Endstation Sehnsucht* und einen motorradfahrenden Rocker in *Der Wilde*. Hitchcock untersuchte die dunkleren Seiten des menschlichen Innenlebens. James Dean, der am 30. September 1955 in seinem silbernen Porsche Spyder ums Leben kam, war der Außenseiter in Filmen wie *Jenseits von Eden, Giganten* und *Denn sie wissen nicht, was sie tun.* Marlon Brando, James Dean und Elvis Presley setzten auch die Maßstäbe für das Rocker-Aussehen – hochgezogene Schultern, Hände tief in den Taschen vergraben, ein zynisches Lächeln, eine kühle Distanz und viel Pomade im Haar. Für die Mädchen stand die Hohepriesterin des Existentialismus, die französische Sängerin Juliette Greco, Modell – weißes Gesicht, weiße Lippen, schwarzbemalte Augen.

Ihre beliebteste Musik war der Rock 'n' Roll. Anstatt *How Much Is That Doggy In The Window* von Patti Page, hörten sie lieber Bill Haley, Elvis, Little Richard, Chuck Berry, Gene Vincent, Jerry Lee Lewis, Duane Eddy, Buddy Holly oder britische Künstler wie Tommy Steele und Cliff Richard.

Die Intellektuellen, die in alten Armeemänteln, Rollkragenpullovern, Kordsamthosen und Sandalen, mit langen Schals und Sonnenbrillen herumgelaufen sind, bezeichneten sich als Beatniks. Sie lasen Autoren wie Jean-Paul Sartre, Albert Camus, James Joyce, William Somerset Maugham, Fjodor Dostojewski, Anton Tschechow, Arthur Rimbaud, Ernest Hemingway, Henry Miller, Colin Wilson und Sören Kirkegaard sowie Autoren ihrer Generation wie Gregory Corso, Allen Ginsberg, Jack Kerouac, Lawrence Ferlinghetti und William Burroughs. Man vertiefte sich in Zen,

liebte Bilder des norwegischen Künstlers Edvard Munch und hörte alles von Leadbelly, Dave Brubeck bis Stockhausen.

Die 50er Jahre sahen auch starke und eigenartige Entwicklungen in der Liverpooler Musikszene, die solche Stars wie Frankie Vaughn und Billy Fury zur Welt brachte. Als Lonnie Donegan 1956 mit *Rock Island Line* einen Hit hatte, brach Liverpool und das ganze Land in »Skiffelmania« aus. Aus den unzähligen Skiffelgruppen wurden noch mehr Rock 'n' Roll-Gruppen, und eine ganz neue Szene entstand. Hunderte Gruppen spielten buchstäblich überall: in Clubs und Kellern, Kirchen aller Glaubensrichtungen, Jugendclubs, Schwimmbädern, Stadt- und Tanzhallen, Kaffeehäusern, Kinos, Schulen, Pubs sowie auf Hafenpieren, Fähren und Eislaufbahnen. Musik dominierte die Stadt. Die *Quarrymen* (mit John, Paul und George) und die *Eddie Clayton Skiffel Group* (mit der Ringo schon 1957 trommelte) waren starke Konkurrenten in einem äußerst lebendigen Umfeld von Musikern, Veranstaltern und Agenten. Und all dies von den Plattenfirmen in London völlig unbemerkt.

Mit dem 1. Oktober 1959, als Ray McFall den Cavern Club übernahm, bekam der Rock 'n' Roll eine neue Heimat. Vorher spielten nur Jazzmusiker dort, aber 1961 erkannte McFall, daß die nicht mehr die Menge anzogen. McFall begann auch, Mittagskonzerte anzubieten. 1973 wurde der ursprüngliche Cavern Club abgerissen, aber zehn Jahre später wurde ein neuer Club am selben Ort gebaut.

Mit der Veröffentlichung der ersten Ausgabe der Zeitschrift *Mersey Beat* im Juli 1961 bekam man ein deutliches Bild davon, wie groß und vielfältig die

Szene wirklich war. Im Oktober 1961 veröffentlichte *Mersey Beat,* deren Name mit dem redaktionellen Deckungsgebiet (d. h. Groß-Liverpool bzw. dem ganzen Merseyside-Gebiet) und nicht mit der später so bezeichneten Musikrichtung zu tun hat, eine Liste von über dreihundert aktiven Bands in der Gegend, die alle in den sogenannten »Jive Hives« spielen wollten. Die Musik war zudem sehr vielseitig. Bands wie die *Beatles, Gerry & the Pacemakers* oder die *Searchers* und die *Swinging Bluejeans* verkörperten den typischen Merseybeat-Sound – alle waren Quartette mit Lead-, Rhythmus- sowie Baßgitarre und Schlagzeug. Es gab aber auch andere Arten von Bands in Hülle und Fülle; das reichte von Oktetten mit Bläsern bis hin zu Frauen-Rockbands. Und es gab Gesangsgruppen und Solisten wie Cilla Black. Eine vom Tamla-Motown-Sound beeinflußte Szene existierte unter den schwarzen Künstlern, und die Folkmusik-Szene war ein wichtiger Teil des Pub-Lebens. Es entwickelte sich sogar eine gesunde Country-Szene mit etwa 40 Gruppen, die in Clubs und Fabriken spielten.

Neben den ganzen kommerziellen Pubs, Clubs, Kellern usw. gab es in den frühen 60ern auch etwa 330 Gesellschaftsclubs, die von Gewerkschaften, ortsansässigen Läden und Fabriken betrieben wurden. Diese »Clubs« standen auch vielen Bands für Konzerte zur Verfügung. Bei einer fast gleich großen Anzahl von Veranstaltungsorten und Bands haben sehr viele Künstler die Chance gehabt, eine eigene Fangemeinde aufzubauen. Die Konkurrenz war groß, aber freundlich. Die Bands haben einander angespornt. Es war eine aufregende und kreative Szene, in der die *Beatles* groß wurden.

Der Einfluß von Liverpool auf die britische Musik-szene ließ auch nach den *Beatles* nicht nach: In den 70er und 80er Jahren waren es Gruppen wie *OMD, Echo and the Bunnymen, Teardrop Explodes, Frankie Goes To Hollywood, China Crisis* oder *Icicle Works*.

# Die Jahre 1962-1964

Ringo Starr spielte am 18. August 1962 im Cavern erstmals als *Beatle*. Das Ereignis wurde sogar von der lokalen Fernsehstation Granada TV gefilmt und existiert heute noch als Filmdokument: Die *Beatles* spielten *Some Other Guy*. Am 23. August heiratete John Lennon Cynthia Powell, die ein Kind von ihm erwartete. Paul McCartney war Trauzeuge, und das »Hochzeitsmahl« fand im nahegelegenen Reeces Café statt: Sandwiches und Mineralwasser für alle! Für mehr reichte die Zeit nicht, denn am gleichen Abend traten die *Beatles* in Chester auf.

Am 11. September 1962 war es dann endlich soweit. Die *Beatles* nahmen im Abbey-Road-Studio 2 ihre erste Single auf: *Love Me Do* (A-Seite) und *P.S. I Love You* (B-Seite).

George Martin überraschte sie mit der Ankündigung, daß er, um kein Risiko einzugehen – Plattenfirmen investieren in Neulinge nur ungern viel Studiozeit und damit Geld –, den bekannten Session-Schlagzeuger Andy White zusätzlich engagiert hatte. Für Ringo kein sehr angenehmes Gefühl, gleich bei der ersten Produktion gegen einen Profi anspielen zu müssen. Die Platte erschien am 5. Oktober 1962 auf dem Parlophone-Label, und bis heute ist nicht klar, ob bei der damals veröffentlichten Version nun Ringo Starr oder Andy White am Schlagzeug saß. Im nachhinein meint George Martin: »Ich erkannte sofort, daß Ringo ein exzellenter Schlagzeuger war für das, was wir brauchten. Er war kein technischer Spieler. Leute wie Buddy Rich oder Gene Krupa stellten ihn in den Schatten, aber er war ein guter, solider Rockschlagzeuger mit einem unglaublich konstanten Beat, und er wußte, wie er den richtigen Klang aus den Trommeln holen mußte. Zu alledem hatte er einen eigenen Sound. Man erkennt Ringos Spiel sofort, und das war ein definitiver Pluspunkt für die frühen *Beatles*-Aufnahmen. Ringo hatte auch eine gesunde Einstellung zu seinem Talent: »Wann immer ich einen anderen Schlagzeuger höre, weiß ich, daß ich nicht besonders gut bin. Ich tauge nicht als Techniker, aber ich habe die ganzen Bewegungen gut drauf, wie zum Beispiel mit meinem Kopf hin und her zu wackeln. Das kommt daher, daß ich es liebe zu tanzen, aber das kann man so schlecht am Schlagzeug.«

Von einer neuen, völlig unbekannten Gruppe ein selbstkomponiertes Stück als A-Seite zu veröffentlichen war damals ein unerhörtes Wagnis. Newcomer debütierten in der Regel mit Nachziehproduktionen bekannter Hits. Und so muß es dann auch als großer Verdienst George Martins gewertet werden, daß er den *Beatles* trotz aller produktionstechnischer Hilfen ihre musikalische Identität von Anfang an nicht genommen hat. Jahre später meinte er allerdings, daß die *Beatles* bei Plattenaufnahmen erst von ihrem dritten Album an als Gruppe im eigentlichen Sinn zusammengespielt haben. Wahrscheinlich wollte er mit dieser Bemerkung seinen eigenen Anteil an ihrer Entwicklung unterstreichen.

Die Plattenfirma EMI/Parlophone promotete die Single dadurch, daß *Love Me Do* drei Wochen lang je zweimal täglich im eigenen Programm bei Radio Luxemburg gesendet wurde. Heute noch sind die Luxemburger stolz darauf, die ersten gewesen zu sein, die eine *Beatles*-Platte spielten.

Während dieser Zeit absolvierten die *Beatles* weiterhin etwa zwanzig Auftritte pro Monat, und immer häufiger wurden speziell bei der BBC aufgenommene Titel der *Beatles* gesendet: Am 26. Oktober 1962 in »Here We Go«: *Love Me Do, A Taste Of Honey* und *P.S. I Love You* und am 4. Dezember 1962 in »The Talent Spot«: *Love Me Do, P.S. I Love You* und *Twist And Shout.*

Wenige Tage zuvor, am 26. November 1962, fanden zum zweiten Mal Plattenaufnahmen bei der EMI statt. George Martin wollte *How Do You Do It* als zweite Single herausbringen, doch sprach sich besonders John Lennon gegen diese Komposition von Mitch Murray aus. Der Titel wurde zwar aufgenommen, ist jedoch bis heute nicht veröffentlicht. (1985 wollte die EMI die LP *Sessions* mit *How Do You Do It* und anderen Raritäten herausbringen, aber Ringo Starr verweigerte seine Zustimmung.) Als »Alternative« boten sie George Martin an, die Eigenkomposition *Please Please Me* herauszubringen. So wurde dieser Song zusammen mit *Ask Me Why* (B-Seite) aufgenommen und am 12. Januar 1963 veröffentlicht.

Zuvor gastierten die *Beatles* vom 18. bis 31. Dezember 1962 zum letzten Mal im Hamburger Star-Club. Über diese Zeit wird George Harrison in einem Interview 1969 sagen: »Für mich ist es ganz sicher, daß wir unseren Höhepunkt als Live-Band in Hamburg erreicht hatten. Da wir noch nicht berühmt waren, wurden die Leute von unserer Musik angezogen oder von der wie immer gearteten Stimmung, die wir verbreiteten… Und wir mußten als Band schon sehr gut sein, um jede Nacht acht Stunden spielen zu können… Als Gruppe rückten wir sehr eng zusammen in Hamburg.«

Vom letzten Auftritt im Star-Club gibt es ein Tondokument. Der Rock 'n' Roller »*King Size*« Taylor hatte ein Tonband mitlaufen lassen und sich später angeblich bescheinigen lassen, daß er über diese Aufnahmen verfügen könne. Im April 1977 erschienen die Aufnahmen erstmals in Form einer Doppel-LP. Um eventuellen rechtlichen Schwierigkeiten aus dem Weg zu gehen, wurde als Aufnahmedatum April 1962 angegeben, weil die *Beatles* zu diesem Zeitpunkt noch keinen Plattenvertrag hatten. Tatsächlich stammen die Aufnahmen aber vom 31. Dezember 1962.

Während dieser Zeit war Brian Epstein nicht untätig. Er verpflichtete Dick James als Musikverleger und gründete mit ihm die Northern Songs Limited.

Als die vier nach Liverpool zurückkehrten, lag die Beliebtheitsliste des *New Musical Express* für das abgelaufene Jahr 1962 vor. Die *Beatles* standen mit 3906 Stimmen an achter Stelle. Nicht umwerfend, aber sie waren dabei. Gewinner der Umfrage wurden die *Springfields* mit 21 843 Stimmen.

Mitte Januar 1963 erschien *Please Please Me*. Um den Plattenverkauf anzukurbeln, schickte Epstein die *Beatles* auf ihre erste große Englandtournee. Der Star war zunächst Helen Shapiro, die *Beatles* standen an vierter Stelle auf dem Programm. Das sollte sich schlagartig ändern, als am 16. Februar die Platte Nr. 1 der Charts wurde und sie damit automatisch zur Hauptattraktion der Show aufrückten.

Am 12. Februar traten sie in der überregionalen Fernsehsendung »Thank Your Lucky Stars« (ABC-TV) auf, im März folgte die nächste Tournee mit Chris Montez und Tommy Roe. Beide hatten Schwierigkeiten, sich gegen die englischen Aufsteiger zu behaupten. Die Arbeit an der ersten LP schloß sich an.

Am 11. Februar 1963 nahmen die *Beatles* (wieder im Abbey-Road-Studio 2) für ihre erste LP folgende Titel auf: *I Saw Her Standing There, Anna, Misery Chains, Boys, Baby I'ts You, Do You Want To Know A Secret, A Taste Of Honey, There's A Place* und *Twist And Shout.*

Außerdem nahmen sie die Songs *Bad To Me, I'm In Love, Hold Me Tight, Keep Your Hands Off My Baby* und *I'll Keep You Satisfied* auf, die jedoch keine Berücksichtigung fanden.

Die LP *Please Please Me* kam am 5. April auf den Markt und blieb sechs Monate in den Charts. Am 8. April wurde Johns Sohn Julian im Shefton-Krankenhaus geboren. Drei Tage später erschien die dritte Single *From Me To You,* die in den Hitparaden sofort auf den ersten Platz kam. Die sich anschließende Englandtournee – die *Beatles* wurden dabei begleitet von Roy Orbison und *Gerry and the Pacemakers* – von Mai bis Juni 1963 wurde zu einem Triumphzug für die *Beatles.* Es kam zum erstenmal zu Tumulten. Ganz England kannte sie mittlerweile. Es blieb ihnen nichts anderes übrig, als von Liverpool Abschied zu nehmen und nach London überzusiedeln. Am 3. August gaben sie ihr 294. und letztes Konzert im Cavern Club.

Mit dem 23. August 1963 hörten die *Beatles* auf, eine »normale« Band zu sein. Die ganze britische Insel schwamm plötzlich auf einer überschäumenden Woge der Begeisterung, die bis in die entferntesten Winkel des Landes reichte, denn an diesem Tag kam *She Loves You* in die Schallplattengeschäfte. Innerhalb eines Monats wurden davon eine Million Stück verkauft. Nun kamen auch die Produzenten von Englands beliebtester Fernsehshow »Sunday Night At The Palladium« nicht mehr an den *Beatles* vorbei. Dies war der erste Auftritt der *Beatles*, der vom Fernsehen direkt übertragen wurde. Die Sendung erreichte eine Sehbeteiligung von fast dreißig Millionen Zuschauern – eine neue Rekordmarke in Großbritannien. Was von jetzt an auf die *Beatles* einstürmte, war bis dahin ohne Beispiel im internationalen Showgeschäft und wird es wahrscheinlich auf absehbare Zeit auch bleiben.

Am 16. Oktober erfuhren sie, daß man erwog, sie zur alljährlichen »Royal Variety Performance« ins Prince of Wales Theatre einzuladen, einer traditionsreichen Galavorstellung der berühmtesten Künstler der Welt vor der königlichen Familie. Da die Show erst am 4. November stattfand, absolvierten die *Beatles* zuvor noch ihre erste größere Auslandstournee, die sie nach Schweden führte.

Am Abend des 4. November schien ganz London auf den Beinen zu sein. Man strömte zusammen, um vielleicht, falls man viel Glück hatte, einen kurzen Blick auf die Stars der diesjährigen Royal Variety Performance werfen zu können: Marlene Dietrich, Maurice Chevalier und zuallererst ... die *Beatles*. Sie spielten *From Me To You, She Loves You, Till There Was You* und *Twist And Shout*.

Bei der Ansage zu *Twist And Shout* leistete sich John Lennon die ironische Bemerkung: »Für unsere letzte Darbietung möchten wir Sie um Ihre Hilfe bitten. Die Leute auf den billigen Plätzen klatschen in die Hände, und die übrigen rasseln einfach mit ihren Juwelen.« – ein Spruch, der ihnen unbezahlbare Promotion einbrachte. Bei jedem anderen Künstler hätte dieser Satz, zur königlichen Familie hinaufgesprochen, der weiteren Karriere einen abrupten Schlußpunkt gesetzt. Den *Beatles* verzieh man sogar dies. Als am Sonntag darauf die Show im Fernsehen übertragen wurde, saßen nicht weniger als 26 Millionen Engländer vor ihren Empfängern.

Im Publikum befand sich auch der amerikanische Fernsehstar Jack Paar, der eine Filmaufzeichnung des Auftritts mit nach Hause nahm und schon am 3. Januar 1964 in seiner eigenen landesweiten NBC-Sendung ausstrahlte.

Jahrelang hat man gerätselt, ob Lennon diese Äußerung spontan oder wohlüberlegt gemacht hatte. Die Antwort findet man am ehesten, wenn man sich seine Worte im Originalton anhört – inzwischen gibt es eine Raubpressung mit dem kompletten Auftritt. Die Sätze sind so akzentuiert gesprochen, die Kunstpause so effektvoll eingesetzt, daß es sich nur um eine vorbereitete Äußerung handeln kann. Die *Beatles* waren nicht nur Musiker, sie waren sich auch der Wirkung ihrer Späße bewußt. Am nächsten Morgen berichteten alle Zeitungen über den Ausspruch Lennons. Die Erwachsenen empfanden diese Respektlosigkeit schlichtweg als »shocking«, die Jugendlichen fanden sie einfach toll.

Um einen Eindruck davon zu gewinnen, in welch ungeheurem Tempo und mit welch mitreißender Dynamik die Karriere der vier, einmal in Gang gekommen, sich fortentwickelte, braucht es nur einige wenige Zahlen. Die Plattenverkäufe jener Zeit sind ein brauchbarer Gradmesser für die grenzenlose Begeisterung – genannt »Beatlemania« – eines nach Millionen zählenden Publikums.

Für die zweite LP *With The Beatles* lagen Vorbestellungen für über 250 000 Stück vor. Elvis Presley hielt bisher den Rekord mit 200 000 Exemplaren. Sieben Tage später erschien die Single *I Want To Hold Your Hand,* die eine weitere Steigerung brachte. Sie war über eine Million mal vorbestellt worden. Und so ging es bis zum Jahresende weiter. Anfang Dezember sind die *Beatles* mit nicht weniger als sieben Titeln gleichzeitig in der britischen Top-Twenty-Liste vertreten. Im Pop Poll, der Beliebtheitsumfrage des *New Musical Express,* standen sie mit 14 666 Stimmen an erster Stelle. Von *She Loves You* wurden bis Ende 1963 allein in England 1,3 Millionen Stück abgesetzt, von *I Want To Hold Your Hand* noch mal fast ebenso viele. Und das bereits zu einer Zeit, als die Verbreitung der elektronischen Unterhaltungsmedien, im Vergleich zu heute, noch in den Anfängen steckte.

Nach einem Auftritt in der Fernsehserie »Juke Box Jury« am 7. Dezember ging es vierzehn Tage später zur ersten »Beatles Christmas Show« nach Bradford und Liverpool. Mit dabei waren – treffender ausgedrückt müßte man sagen, im Rahmenprogramm wirkten mit: Rolf Harris, The Baron Knights, The Fourmost, Billy J. Kramer and the Dakotas, Tommy Quickly und Cilla Black. Ihr erstes überaus erfolgreiches Jahr endete mit einer Auszeichnung besonderer Art. Im Jahrbuch der *Encyclopedia Britannica* wurden sie mit dem Satz gewürdigt: »1963 war das Jahr der *Beatles.*«

Anfang 1964, nur fünfzehn kurze Monate nach der ersten Single, lag ihnen ganz England zu Füßen; jetzt galt es, das Ausland zu erobern. Am 15. Januar kamen sie nach Frankreich, das bisher englischen Popimporten immer recht reserviert gegenübergestanden hatte. Nach anfänglichen Schwierigkeiten gelang es ihnen, auch das verwöhnte Publikum des Pariser Olympia für sich einzunehmen. Noch während die *Beatles* in Paris auf der Bühne standen, erreichte sie eine Nachricht, mit der sie nie und nimmer gerechnet hatten. Sie waren mit *I Want To Hold Your Hand* innerhalb von nur drei Wochen zur Nr. 1 der US-Hitparade geworden. In diesem Augenblick bewies Brian Epstein wieder einmal, daß er die 25% wert war, die ihm die Beatles von ihren Gagen zahlten. Er arrangierte eine Tournee durch die USA.

Ende Januar war Decca-Promotionsmann Tony Hall, der eine Wohnung in der Greene Street gegenüber dem *Beatles*-Appartement hatte, in London mit dem amerikanischen Plattenproduzenten und legendären Exzentriker Phil Spector unterwegs. Begleitet wurden die beiden von den *Ronnettes*, die Spector ebenfalls betreute. Die *Beatles* bekamen Wind davon und bestanden darauf, die Mädchengruppe und besonders die Leadsängerin Ronnie Spector kennenzulernen. Hall gab eine Party aus diesem Anlaß. Trotz anfänglichen Schwierigkeiten, die mit Phil Spectors Launen zu tun hatten, kam das Gespräch aber nach einigen Stunden verhältnismäßig gut in Gang, als Spector begann, Details über seine Platten zu enthüllen. Obwohl ihr Verhältnis zu Spector noch recht neu war, vertrauten die *Beatles* ihm. Als sie dann ein paar Tage später zum erstenmal nach Amerika fliegen sollten, baten sie ihn, dabeizusein. Während des Fluges fragten sie ihn über Amerika aus. Am 7. Februar landeten sie um 13.35 Uhr auf dem New Yorker Kennedy-Airport. Die sehr nervösen *Beatles* baten Spector um einen Gefallen. »Es ist eigentlich komisch, aber sie hatten wirklich Angst, aus dem Flugzeug zu steigen. Sie hatten Angst vor Amerika. Sie sagten: ›Du gehst zuerst‹. Das Attentat auf Kennedy hatte ihnen einen großen Schreck eingejagt. Sie meinten wirklich, daß jemand möglicherweise auch sie umbringen könnte.«

Schon Tage vor ihrer Ankunft in New York warben die dortigen Radiostationen für den großen Moment. *Beatles*-Platten wurden rund um die Uhr gespielt, und die Discjockeys forderten alle Teenager auf, zum Flughafen zu pilgern, um den *Beatles* einen großen Empfang zu bereiten.

Brian Epstein hatte ganz bewußt einen schulfreien Tag gewählt. Zuvor wurden Handzettel verteilt: »Die *Beatles* kommen!« Und jedem, der zum Flughafen käme, wurde eine *Beatles*-Platte versprochen. Die neugeworbenen Fans bekamen ihre Platten und die Presse ihre Schlagzeilen: Die Polizei sah sich machtlos einer 10 000köpfigen Menge gegenüber, die in Hysterie ausbrach und den Flughafen für Stunden lahmlegte. Währenddessen fuhren die *Beatles*, Manager Brian Epstein, die Roadmanager Neil Aspinall und Mal Evans sowie Johns Ehefrau Cynthia in Cadillacs mit Air-conditioning zum Plaza Hotel, wo auch die erste Pressekonferenz der *Beatles* in den USA stattfand.

All diese Promotionaktivitäten waren aber nur die Spitze des Eisberges. Capitol Records, die amerikanische EMI-Firma, die *I Want To Hold Your Hand* veröffentlichte, hatte sich schon etwas anderes einfallen lassen. Nachdem die ersten drei *Beatles*-Singles und eine LP auf kleinen unabhängigen Labels (Vee Jay und Swan), in Amerika veröffentlicht wurden, weil Capitol sie abgelehnt hatte, ging Epstein in die Offensive und zwang die Aufmerksamkeit von Capitol Records auf seine Schützlinge. Noch geschockt von Epsteins Forderung nach einer 40 000--Dollar--Promotioninvestition, ein zu dieser Zeit unerhörtes Ansinnen, gab Capitol nach und ging an die Arbeit. Man sagten Epstein landesweite, ganzseitige Anzeigen zu sowie eine intensive Radiobemusterung durch das Aussenden von über 3000 vorab gepreßten Singles. Fast könnte man sagen, daß Capitol selbst einer »Beatlemania« verfallen war. An alle Angestellten wurden *Beatles*-Perücken verteilt, und es erfolgte die Anweisung, diese auch während der Arbeit zu tragen. Plattenhändler und Radiostationen wurden mit Aufklebern, Flugblättern und Perücken nahezu überschwemmt. Capitol sah die Gelegenheit, *I Want To Hold Your Hand* zu promoten, das am 26. Dezember veröffentlicht werden sollte, als einen willkommenen positiven Lichtblick im Schatten der amerikanischen Tragödie vom 22. November 1963 an, der Ermordung von John F. Kennedy. Ob diese ganze Kampagne wirklich notwendig war, ist eine berechtigte Frage. Sicher ist, daß Capitol zeitweise große Schwierigkeiten hatte, die Nachfrage zu erfüllen. Die Preßwerke liefen rund um die Uhr, um den Bestellungen von über einer Million Exemplaren nachkommen zu können.

Am Morgen des 8. Februar besuchten John, Paul und Ringo den Central Park in New York, begleitet von fast vierhundert kreischenden Mädchen und unter starkem Andrang der Presse. Nachmittags fanden die Proben für die anstehende »Ed Sullivan Show«, eine der damals beliebtesten Fernsehsendungen Amerikas, statt, Ankleide-Proben am nächsten Tag und dann der Liveauftritt vor ca. 73 Millionen Zuschauern. Der nächste Tag war vollgestopft mit weiteren Interviews für TV, Radio und Presse. Am 11. Februar fuhren sie mit dem Zug von New York nach Washington, wieder mit einem Troß von Reportern im Schlepptau. Nach einer Pressekonferenz gaben sie am Abend ihr Konzert im Washington Coliseum. Wieder in New York, gaben die *Beatles* zwei weitere Konzerte, diesmal in der Carnegie Hall vor jeweils 6000 Besuchern. Beide Shows wurden von EMI in Stereo aufgezeichnet, jedoch nie veröffentlicht.

Am 16. Februar flogen die *Beatles* nach Miami Beach. Dort fand live im Mau Mau Club des Deauville Hotels die zweite »Ed Sullivan Show« mit ihnen statt. Die dritte Show, eine Aufzeichnung, wurde am 23. Februar ausgestrahlt.

Wieder zurück in England, begannen unmittelbar darauf am 2.3.1964 die Dreharbeiten zu ihrem ersten

Kinofilm *A Hard Day's Night*. Es hat dann noch genau 31 Jahre gedauert, bis das damals mitgedrehte Hintergrundmaterial, die Kommentare der Vier sowie Gastauftritte von Peter Noone, Herman's Hermits, Roger McGuinn (The Byrds) und Micky Dolenz (The Monkeys), als Video und Laser-Disc veröffentlicht wurde. Am 28.3.1995 erschien weltweit als Video »You Can't Do That: The Making of *A Hard Day's Night*«. Zur Verblüffung aller Fans – moderierte Phil Collins als Gaststar. Dafür gab es einen einfachen Grund: Er hat beim ersten Film der Beatles bereits als Komparse mitgewirkt. Noch während der Dreharbeiten zu *A Hard Day's Night* erschien am 20.3.1964 die neue Single *Can't Buy Me Love*.

Es klingt unfaßbar, selbst für unsere mittlerweile an Superlative gewöhnten Ohren, aber allein in England und den USA waren schon vor dem Veröffentlichungsdatum Vorbestellungen in Höhe von drei Millionen Stück bei den Händlern eingegangen. Die reibungslos und perfekt funktionierende Showmaschinerie des größten Plattenmarktes der Welt potenzierte die Erfolge der *Beatles* zu einer nie erlebten, völligen Beherrschung eben dieses Marktes. Als ob riesige Dämme gebrochen wären, überschwemmte ihre Musik die Hitparaden der USA. Bis zu dreizehn Titeln gleichzeitig, davon Platz eins bis fünf hintereinander, waren zeitweise in den Billboard Top 100 Charts notiert.

In London wurden unterdessen John Lennons schriftstellerische Talente einer besonderen Auszeichnung für wert befunden. Man lud ihn anläßlich des Erscheinens seines ersten Buches *In His Own Write* zum »literarischen Frühstück« in die renommierte Buchhandlung Foyles ein. Der letzte, dem diese Ehre zuvor zuteil geworden war, war kein Geringerer als George Bernard Shaw. Lennon bedankte sich statt einer von ihm erwarteten Rede mit den Worten: »Gott segne Sie!«

Der 6. Mai brachte dann wieder für alle vier einen Anlaß zur Freude. Das britische Fernsehen widmete ihnen ein ausführliches Bildschirmporträt unter dem Titel »Around the Beatles«.

Mittlerweile wurden die Ruhepausen zwischen den einzelnen Aktivitäten immer kürzer. In einem klug kalkulierten und dichtgedrängten Terminplan nutzte Brian Epstein die erste Woge des frischen Ruhms, um die *Beatles* zu immer neuen Höhen weltweiter Popularität hinaufzukatapultieren. Ihre bislang anstrengendste und ausgedehnteste Tournee führte sie im Juni durch Holland, Dänemark, Hongkong, Australien und Neuseeland, wo sie besonders enthusiastisch gefeiert wurden. 300 000 Menschen sollen dem Polizeibericht zufolge damals die Straßen von Adelaide (Australien) gesäumt haben, um ihnen zuzujubeln. Ringo Starr hatte leider nicht sehr viel von diesem Triumphzug. Er konnte ihn nur vom Londoner Krankenbett aus auf dem Fernsehschirm mitansehen, da ihm kurz vor Beginn der Tournee die Mandeln entfernt werden mußten. Die drei anderen wollten ohne ihn zunächst gar nicht fahren. Erst auf Epsteins hartnäckiges Drängen hin akzeptierten sie Jim Nicol als Ersatzmann.

Am 6. Juli fand in Englands Hauptstadt die Premiere ihres ersten Kinofilms *A Hard Day's Night* in Anwesenheit von Prinzessin Margret und Lord Snowdon statt. Film plus dazugehörendes Soundtrack-Album mußten innerhalb weniger Wochen unter großem Zeitdruck fertiggestellt werden und wurden zu einem erneuten Meilenstein ihrer Karriere. Der Film, so dozierten die Kritiker, sei brillant genug, die britische Filmindustrie mit einem Schlag um gut zehn Jahre voranzubringen. Das Album war ihr erstes, das ausschließlich eigenes Material enthielt – man rühmte sie als die besten Songschreiber seit Schubert.

Erst Ende Juli, Anfang August hatten die *Beatles* Gelegenheit, zum erstenmal einen kurzen Urlaub einzuschieben. John und George suchten sich die Kanarischen Inseln aus, Ringo und Paul die Bahamas. Brian Epstein bereitete während dieser Zeit ihre erste richtige Amerikatournee vor. Sie führte vom 19. August bis 21. September über eine Entfernung von 22 441 Meilen durch 24 Städte. Mit dieser Tournee setzten die *Beatles* neue Meilensteine der Rockgeschichte und änderten den Kurs des Musikgeschäfts. Egal wo sie landeten, warteten bis zu 5000 »Beatlepeople« am Flughafen, rund um das Hotel und am Veranstaltungsort, um ihre Idole, wenn auch nur flüchtig, zu sehen. Wie nie zuvor versuchten Armeen von Polizei und privaten Sicherheitsspezialisten, die fast immer frenetische Menge zu kontrollieren. Merchandising, der Verkauf aller Art von Artikeln mit dem Namen oder den Abbildungen eines Stars, nahm eine neue Bedeutung an. Auf dieser Tournee veränderten die *Beatles* das Wesen von Popkonzerten. Sie verlagerten die Konzerte aus den kleinen Hallen und zeigten, daß man auch ein Stadion mit kreischenden Fans füllen konnte. Diese Umstände führten auch zu Innovationen im technischen Bereich. Da die *Beatles* ihre eigene Musik wegen des Geschreis der Fans nicht mehr hören konnten, begannen Firmen damit, neue, leistungsfähigere und für Stadionkonzerte taugliche Verstärker und Beschallungssysteme zu entwickeln. Auch die Gagen der *Beatles* für die Konzerte brachen alle Rekorde. In Kansas City bekamen sie von Charles O. Finley für ihren halbstündigen Auftritt die bislang höchste Gage, die je in den USA gezahlt worden war: 150 000 Dollar, und als die Tournee zu Ende ging, hatten die *Beatles* eine Beteiligung von einer Million Dollar eingespielt. Unter diesen Umständen fiel es Epstein nicht schwer, das Angebot eines New Yorker Syndikats abzulehnen. Die Herren boten ihm für die Abtretung seiner Rechte an den *Beatles* die astronomische Summe von 3 175 000 Pfund Sterling!

Eine vierwöchige Englandtournee schloß sich an, die wiederum in die Proben für die neue Christmas Show mündete – Premiere am 24. Dezember im Hammersmith Odeon, wo auch die Dreharbeiten für den Film *A Hard Day's Night* stattgefunden hatten.

## Amerika – die größte Hürde

»Jetzt greifen wir die Staaten an!« – Brian Epstein

Es war und ist immer noch keineswegs selbstverständlich, daß erfolgreiche Gruppen und Künstler aus England und Europa je eine Chance bekommen, Amerika, den größten homogenen Plattenmarkt der Welt, zu erobern. Damals wie heute schicken europäische Plattenfirmenangestellte wöchentlich Stapel neuer Veröffentlichungen ihren amerikanischen Schwesterfirmen zu. Heute wie damals erfüllt das Stöhnen amerikanischer A&R-Manager die Gänge der Firmengebäude. Seit über fünfzig Jahren dominieren die USA die Unterhaltungsindustrie – inklusive der Popmusik. Es ist selten, daß ein europäischer Künstler sich in den USA behaupten kann. Selbst ein Charterfolg zu Hause zählt in den Staaten kaum. Viele hatten es schon versucht, zum Beispiel Cliff Richard. Der Capitol Records A&R-Manager Dave Dexter Jr. bekam jede Woche einen Karton voller Singles von der britischen Mutterfirma EMI. Einmal gelang es ihm während des wöchentlichen A&R-Meetings, seinen Kollegen in Los Angeles zu überzeugen, das Risiko einzugehen, einen erfolgreichen englischen Künstler zu veröffentlichen. Dexter setzte all seine Möglichkeiten für Cliff ein. Vergebens. Der Nr.-1-Sänger aus England verschwand einfach in Amerika. Also war es kein Wunder, daß Dexter, ein ehemaliger Jazz-Journalist, den Spott und Hohn seiner Kollegen nicht herausfordern wollte, als er eines Tages *Love Me Do* im Karton fand. Er lehnte ab.

Frustriert, weil die meisten Angebote doch von den

Amerikanern abgelehnt wurden, gründete EMI eine neue Firma in den USA. Transglobal hatte den Auftrag, die Aufnahmen, die von Capitol verworfen wurden, bei einer der vielen anderen amerikanischen Plattenfirmen unterzubringen. Mit *Love Me Do* hatten sie jedoch auch kein Glück. Wenig später aber, nachdem Dexter auch *Please Please Me* ignorierte, drehte der Transglobal-Geschäftsführer Paul Marshall wieder seine Runden.

Von den Majors bekam er zwar die Tür gezeigt, aber vom Chicagoer Vee-Jay-Label wurde er mit offenen Armen empfangen.

Am 23. Februar 1963 veröffentlichte Vee Jay mit falsch geschriebenem Gruppennamen *(Beetles) Please Please Me,* die erste *Beatles*-Platte in Amerika. Während der Song der erste Nr.-1-Hit für die *Beatles* in England wurde, bekam er wenig Funkeinsatz in den Staaten, und dann auch nur auf den Hauptmärkten. Bald war *Please Please Me* weg vom Äther. Einen Monat später versuchte es Vee Jay mit *From Me To You,* aber zu mehr als Platz Nr. 116 reichte es in den wichtigen amerikanischen Billboard-Charts nicht. Trotzdem begann es im Hintergrund zu brodeln: In Los Angeles stieg die Single auf Platz 31 in den Top 40 beim Lokalsender KRLA, und innerhalb von zwei Wochen nahm der Sänger Del Shannon (Runaway) eine Coverversion auf. Obwohl wenig erfolgreich, konnte Shannons Version trotzdem die Position 77 in den Billboard-Charts erreichen.

Trotz der schlechten Ergebnisse der *Beatles*-Singles veröffentlichte Vee Jay am 22. Juli 1963 das Album *Introducing The Beatles.* Weil von der LP weniger als 800 Exemplare verkauft wurden, hatte

Vee Jay keine weiteren Optionen auf Produktionen der Gruppe. Als im Herbst desselben Jahres von *She Loves You* als erster Beatles-Platte über eine Million Exemplare in England verkauft wurden, lizensierte das in Philadelphia beheimatete Swan Label die Single. Veröffentlicht am 16. September, wurde *She Loves You* vom Billboard-Magazin zwar gelobt, bekam aber wenig Funkeinsatz – hauptsächlich in den nordöstlichen Staaten – und verkaufte nur etwa 1000 Exemplare.

Trotz all dieser Mißerfolge schlug die *Beatles*-Musik auch in Amerika langsam, aber sicher ihre Wurzeln. Dank des kanadischen Funkeinsatzes, der aus *Love Me Do* dort einen Hit machte, hörten Jugendliche in New York, Chicago und anderen nördlichen Städten immer mehr von den *Beatles*. Dazu kamen Los Angeles, Philadelphia und andere Großstädte. Die Bühne war bereitet für den Durchbruch.

Aufgenommen in den EMI-Studios in London am 17. Oktober 1963, landeten die Aufnahmen von *I Want To Hold Your Hand* eine Woche später bei Brian Epstein in seinem NEMS-Büro. Lächelnd sagte er zu seinem Assistenten Alistair Taylor: »Jetzt greifen wir die Staaten an!«

»Ich? Ich mag die *Beatles.* Sie machen mich reich.«
Ein fliegender Händler in Indianapolis, der ›I Hate
The Beatles‹-Anstecker verkaufte.

In unserer abgeklärten Zeit ist der Verkauf von Merchandising-Artikeln eine Selbstverständlichkeit. Auch
die unbekannteste Band hat eigene T-Shirts oder Auf-
kleber zu verkaufen. In den 50er Jahren war das eher
die Domäne von Film- und Fernsehstars in Amerika.
In den frühen 60ern gab es immer noch keinen Musiker, mit Ausnahme von Elvis Presley, der so viel Interesse erregen konnte, daß größere Umsätze mit solchen Gegenständen erzielt werden konnten. Das haben die *Beatles* in ungeahnter Weise geändert.
Als Brian Epstein durch seinen Rechtsanwalt David
Jacobs eine Vereinbarung mit Nicky Byrne machte,
wußten sie nicht, was eine faire Beteiligung für die
Vergabe von solchen Lizenzen sein konnte. Der
Durchbruch der *Beatles* in Amerika lag noch in der
Zukunft, und das Ausmaß ihres Erfolgs war für nie-
manden absehbar. Byrne schlug 10% für die *Beatles*
vor. Jacobs akzeptierte. Diese Beteiligung wurde später auf 46% (dies entsprach meist etwa 7% des Einzel-
preises) erhöht, aber die Millionen, die Byrne und
seine Partner vorher kassierten, waren Lehrgeld für
Brian und Co. Dieser Fall war nur die Spitze des Eis-
bergs. Erst auf ihrer Amerikatournee lernten die
Engländer, wie kreativ, abgeschmackt und skrupellos
andere Leute sein konnten, wenn es darum ging,
Geld mit den *Beatles* zu verdienen oder für sich
selbst unbezahlte Promotion zu machen.

Einer der ungewöhnlichsten Fälle ereignete sich, als der damals sehr populäre amerikanische Sänger Pat Boone versuchte, seine Verluste zu begrenzen. »Die *Beatles* waren die einzigen, die Platten verkauften«, erzählte der Hitmacher (*Love Letters In The Sand, Speedy Gonzales*) später. »Es machte keinen Sinn, ins Studio zu gehen, um etwas aufzunehmen, denn selbst wenn man Funkeinsatz bekam, mußte man sich mit niedrigen Verkaufszahlen zufriedengeben. Eine Zeitlang verkaufte keiner von uns Platten. Und das war ein Problem.«

Boone ließ sich aber etwas einfallen. Er besorgte sich eine Lizenz, um Lithographien von *Beatles*-Gemälden herzustellen. Jede Lithographie war numeriert. Diese Numerierung nutzte er für einen Wettbewerb. Dreißig Käufer dieser Bilder würden Eintrittskarten für das Konzert der *Beatles* in Las Vegas gewinnen. Prompt verkaufte er Hunderttausende davon. Beim ersten Konzert in Las Vegas tauchte Boone sogar persönlich mit seinen Lithographien auf. Als er sie den *Beatles* vorlegte, fragte Paul, was das denn solle, daß seine Finger so seltsam in der Luft hingen – auf dem Original-Gruppenphoto, das als Vorlage für die Gemälde diente, habe er eine Zigarette in der Hand. »Ich glaube, daß der Künstler Leo Janssen selbst die Änderung machte«, antwortete Boone. »Er ahnte, daß ich kein Bild verkaufen wollte, auf dem jemand raucht.« Paul erwiderte: »Nun Pat, du weißt, wenn wir rauchen, dann rauchen wir.«

Auch die Teenie-Zeitschrift *Datebook* hatte sich einiges einfallen lassen, um ihre Auflage während der 64er Amerikatournee der *Beatles* zu erhöhen. Leserinnen, die sich bei der Zeitschrift schriftlich meldeten, bekamen nämlich einen Presseausweis, der sie als *Datebook*-Reporter akkreditierte. Die Resonanz war enorm, die Auswirkungen auch. Bei den über dreißig Pressekonferenzen, die die *Beatles* während der Tournee abhielten, waren die Backfische immer in der Mehrheit gegenüber den Berufsjournalisten. Im großen und ganzen störte das Derek Taylor, den *Beatles*-Pressereferenten, gar nicht. Zwar gingen die Teenager ihm manchmal auf die Nerven, aber sie stellten doch meistens viel bessere Fragen als die wesentlich älteren Profis.

Der New Yorker Radiosender WABC nutzte eine andere Chance, um höhere Einschaltquoten zu erzielen. Als die *Beatles* durch eine Masse von kriechenden, heulenden, grapschenden Mädchen drängten, um in das Delmonico-Hotel zu gelangen, wurde eine St.-Christopherus-Medaille von Ringos Hals gerissen. Der Schlagzeuger, der in Amerika der populärste Beatle war (die Fanpost war 3:1 für Ringo), blieb unverletzt, war aber ziemlich aufgewühlt. Diese Medaille bedeutete ihm sehr viel. WBAC Programmdirektor Rick Sklar sah seine Gelegenheit gekommen. Einer seiner DJs interviewte per Telefon Ringo in dessen Hotelzimmer, der eine rührende, emotionsgeladene Bitte an den unbekannten Täter vortrug, seine Medaille doch zurückzubringen. Ringo versprach einen »Kuß der Versöhnung« als Belohnung. Alle paar Minuten ließ Sklar über das Radio bekanntgeben, daß jeder, der etwas über den Fall wußte, sich umgehend beim Sender melden sollte. Es kamen Hunderte von Anrufen, und es dauerte nicht lange, bis die 16jährige Angie McGowen mit der echten Medaille auftauchte. Um noch mehr Promotion aus der Situation herauszuholen, versteckte Sklar das Mädchen in der WABC-Suite des Hotels und sendete die Nachricht weiter – bis etwa 16.00 Uhr am nächsten Tag. Selbst Ringo wußte nicht, daß seine Medaille schon gerettet war. Als der Sender Ringo das Mädchen zusammen mit drei ihrer Freundinnen präsentierte, gaben er und Paul McCartney dem Mädchen und ihren Begleiterinnen viel mehr als nur den einen versprochenen Kuß.

Auch die Hotelchefs waren nicht auf den Kopf gefallen. Im San-Francisco-Hilton erfand der Chefkoch die Beatle-Burgers – vier kleine Hamburger, serviert auf einem Stück Brot mit fein gehacktem, zu *Beatles*-Frisuren arrangiertem Salat verziert. In Seattle, Cinncinati und Detroit haben Hotels Teppiche, gebrauchte Seife, Handtücher, Bettlaken und Möbel, angeblich aus den Zimmern der *Beatles*, an Reporter und Fans verkauft.

In Key West, Florida erhielten die *Beatles* eine Einladung des Millionärs Tony Martinez, ihn privat zu besuchen und in seinem Pool zu baden. Dankbar nahmen sie an. Später aber erfuhren sie, daß Martinez das Wasser in kleine Flaschen abfüllen ließ und diese für angeblich wohltätige Zwecke verkaufte. Es war jedoch nie zu erfahren, für welche Wohlfahrtsorganisation er sammelte.

Nicht alle Versuche, an den *Beatles* zu verdienen, waren aber so harmlos. In Las Vegas drohte die Mutter eines Mädchens, das eine (harmlose) Nacht in der *Beatles*-Suite verbrachte, den *Beatles* mit einer Klage wegen des Lächerlichmachens einer Minderjährigen. Als die Fab Four durch Neil Aspinall davon erfuhren, waren sie sprachlos. Er schlug vor, den Frauen

10 000 Dollar zu geben, um die Sache aus der Welt zu schaffen. Nur nach langem Hin und Her konnte er John Lennon, der den Zwischenfall nicht als Erpressung erkannte, davon überzeugen.

Es hätte aber auch noch schlimmer kommen können. Als der *Beatles*-Sicherheitsspezialist Bob Bonis in der Lobby eines Hotels in Atlantic City, New Jersey, stand, hörte er, wie eine Mutter ihrer Teenie-Tochter erklärte, »wenn du oben bist, sorg dafür, daß John Lennon im Zimmer ist, und dann schreist du – Vergewaltigung. Wir werden reich werden.«

## Die Jahre 1965-1970

Auch das hat es damals gegeben: In Londons Straßen wurden am 11. Februar 1965 Hunderte von jungen Mädchen in Trauerkleidung gesehen, denn an diesem Tag führte Ringo seine langjährige Freundin Maureen Cox zum Traualtar. Für die Flitterwochen blieben den beiden nur wenige Tage in der englischen Grafschaft Sussex, denn nach einigen Terminen im Plattenstudio flogen die *Beatles* am 22. Februar von London über New York auf die Bahamas. Dort begannen die Dreharbeiten zu ihrem zweiten Film *Help!*. Regie führte, wie schon bei *A Hard Day's Night,* Richard Lester.

Am 10. März 1965 traten sie die Heimreise nach London an, um kurze Zeit später, am 13. März, nach Salzburg zu jetten.

In Obertauern filmten die *Beatles* täglich etwa acht Stunden, daheim in London fanden bis Mitte Mai 1965 in den Twickenham-Filmstudios weitere Dreharbeiten statt. Anfang Juni begann es in der Londoner Gerüchteküche zu brodeln. Erste Hinweise tauchten auf, daß man sich an höchster Stelle mit ihnen beschäftigte – sie sollten einen Orden bekommen! Die Gerüchte wurden zur Gewißheit, als am 12. Juni der Buckingham Palace offiziell bekanntgab, daß den *Beatles* wegen ihrer Verdienste um die britische Exportindustrie der Orden MBE (Member of the Order of the British Empire) fünfter Klasse verliehen werden würde. Überreicht werden sollte ihnen die Auszeichnung am 26. Oktober 1965. Mit Ausnahme von Paul nahmen sie diese Ordensverleihung freilich nicht ganz ernst, wie ihre Reaktionen zeigen.

GEORGE HARRISON: »Ich hätte nicht gedacht, daß man fürs Rock 'n' Roll-Spielen einen Orden kriegt!«

RINGO: »Das ist ein erstklassiger Orden, genau wie die Inschrift, oder? Ich werde ihn aufbewahren, um ihn zu tragen, wenn ich alt bin. Es ist so ein Ding, das man aufbewahren möchte.«

JOHN: »Ich dachte, du müßtest Panzer fahren oder Kriege gewinnen, um den MBE zu bekommen.«

Um sein zweites Buch *A Spaniard In The Works* der Öffentlichkeit vorzustellen, unterbrach John am 25. Juni für einen Tag die gerade laufende Europatournee, die durch Frankreich, Italien und Spanien führte. Ab 4. Juli waren sie wieder in England und bereiteten die Premiere des Films *Help!* vor. Wieder mußte die Musik zum Film unter Zeitdruck produziert werden. Die permanenten Zwänge, unter denen sie während dieser Zeit standen und denen sie (noch) keinen

Widerstand entgegenbringen konnten oder wollten, veranlaßten John, sich später ausdrücklich von diesem Projekt zu distanzieren. Das Filmprojekt hatte zunächst den Arbeitstitel *Eight Arms To Hold You,* unter dem der Streifen auch in die Kinos kommen sollte. Lennon hatte sogar schon einen gleichnamigen Song geschrieben, als man in letzter Minute den Film in *Help!* umbenannte. Nicht rechtzeitig genug, um den Aufdruck »From The United Artists Release *Eight Arms To Hold You*« auf der amerikanischen Single *Ticket To Ride* abzuändern.

Wenig Zeit blieb auch für die Vorbereitung der neuen USA-Tournee. Am 24. August traten sie erneut in der »Ed Sullivan Show« auf, die nicht live gesendet wurde, sondern zeitversetzt am 9. September 1965.

Zum bis dahin gigantischsten Ereignis der Rockgeschichte wurde ihr Auftritt im New Yorker Shea Stadion. Dort, wo sonst die besten Baseballteams der USA aufeinandertreffen, spielten die *Beatles* unter freiem Himmel vor 55 000 tobenden, schreienden, frenetisch jubelnden Fans. Mit zwölf Kameras wurde das Spektakel für den Fernsehfilm »Shea« festgehalten. Der Film beginnt damit, daß die *Beatles* ihren letzten Song spielen: *I'm Down.* Dann wird – praktisch als Rückblende – nicht nur das Konzert der *Beatles* gezeigt, sondern auch die ganze Atmosphäre des Konzerts geschildert. Einen kleinen Kunstgriff erlaubten sich die Filmemacher: Ringos Gesang bei *Act Naturally* muß wohl nicht gerade zufriedenstellend ausgefallen sein, vielleicht weil die *Beatles* es speziell nur bei diesem Auftritt, statt des üblichen *I Wanna Be Your Man,* spielten. So legte man kurzerhand die Schallplattenaufnahme unter Fangeschrei und schnitt hier und da ein paar Takte heraus, um die Aufnahme mit dem Bild zu synchronisieren. Den Teenagern im Shea Stadion dürfte der etwas daneben geratene Gesang nicht aufgefallen sein, denn beim Stand der damaligen Verstärkertechnik war es so gut wie ausgeschlossen, daß man überhaupt etwas von der Musik mitbekam. Erst sechs Jahre später, vor dem Hintergrund einer ins Riesenhafte gewachsenen Popularität der Rockmusik, gelang es der amerikanischen Gruppe *Grand Funk Railroad,* bei einem einzigen Konzert eine noch größere Zuschauermenge zu mobilisieren.

Inzwischen wurde auch dieser Rekord längst übertroffen. Aber – dies sei an dieser Stelle einmal erwähnt – die Rekorde der *Beatles* (Schallplattenverkaufszahlen, Konzertbesucherzahlen etc.) müssen vor dem Hintergrund der damaligen Zeit betrachtet werden. Musik für junge Leute wurde bis dahin allenfalls in größeren Theatern gespielt. Die Mobilisierung von Tausenden von Jugendlichen für ein einziges Konzert war praktisch undenkbar. Ebenso war der Markt für Schallplatten längst nicht so groß wie heute. Das heißt: Wenn damals eine Single eine Million mal verkauft wurde, müßte man diese Zahl – um sie auf die heutigen »Marktverhältnisse« zu übertragen – etwa mit zehn multiplizieren.

London im Herbst 1965: Den *Beatles* wurden auf einen Schlag fünf Ivor-Novello-Medaillen überreicht, eine Auszeichnung der britischen Schallplattenindustrie, dem Oscar im Filmgeschäft vergleichbar. Sie planten für den Dezember eine neue England-Tournee, die Arbeit an der LP *Rubber Soul* begann, und die Verleihung des Ordens MBE durch die Köni-

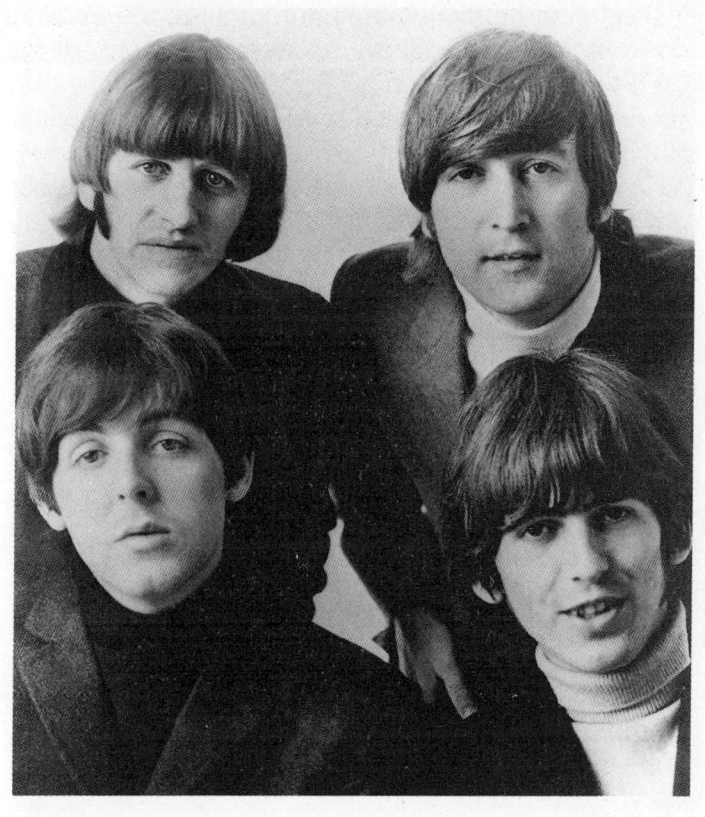

gin am 26. Oktober bewirkte, daß auf den Buckingham Palace ein wahrer Regen von zurückgeschick-
ten Medaillen anderer Ordensinhaber niederging.
Vornehmlich Militärs waren es, die ihre jahrzehnte-
lange Pflichterfüllung im Dienste der Krone durch die
Verleihung desselben Ordens an eine Popgruppe
herabgesetzt glaubten.

Die Jahreswende 1965/66 verbrachten die *Beatles*, da keine Christmas Show auf dem Programm stand, im Kreise ihrer Familien.

George nützte die Zeit der relativen Ruhe, um seine Hochzeit mit Pattie Boyd, die er bei den Dreharbeiten zu *A Hard Day's Night* kennengelernt hatte, vorzubereiten. Die Trauung fand am 21. Januar 1966 im Epson Register Office statt. Damit war Paul als einziger noch Junggeselle, was wohl damals nur seine Dauerverlobte Jane Asher betrübt haben dürfte. John nutzt die Zeit, um Maureen Cleave von der Tageszeitung *Evening Standard* ein Interview zu geben, das nach seinem Erscheinen am 4. März für Furore in den Staaten sorgte.

Nach all der Hektik, dem Streß und der Überbeanspruchung während der vergangenen Jahre wurde 1966 zum bisher ruhigsten Jahr ihrer Karriere. Die ersten drei Monate reservierten sie für einen ausgedehnten Urlaub, von dem sie erst Anfang April nach London zurückkehrten. Sofort fingen sie mit den Aufnahmen für die neue LP *Revolver* an. Eine neue Single stand auch ins Haus – *Paperback Writer* –, außerdem eine Tournee durch Deutschland, Japan und Neuseeland.

In Deutschland gaben sie je zwei Konzerte in München, Essen und Hamburg. Die Bravo-*Beatles*-Blitztournee war ein voller Erfolg – wie übrigens alle ihre Konzerte! Das Münchner Abendkonzert wurde vom Fernsehen aufgezeichnet und wenige Tage später ausgestrahlt, bis auf die Titel *She's A Woman, If I Needed Someone, Day Tripper, I Wanna Be Your Man* und *Paperback Writer.* Ob diese Titel damals mitgefilmt und später nur der Schere zum Opfer gefallen sind, konnte bis heute nicht geklärt werden. Die beiden Auftritte in Essen wurden nicht gefilmt, von einem der beiden Hamburger Auftritte tauchten »Schnipsel« in der deutschen Fernsehsendung »Monographien: Damals in Hamburg« und kurioserweise in der in Australien gezeigten Sendung »Rock Arena Special: The Legend *Beatles*« auf.

Erwähnenswert ist die Pressekonferenz der *Beatles* in Hamburg, in der sich Paul McCartney massiv über die dümmlichen Fragen der Reporter beschwert (TV-Sendung »Monographien: Damals in Hamburg«).

Ihr Auftritt in der Hamburger Ernst-Merck-Halle am 26. Juni als Abschlußkonzert der dreitägigen Deutschlandtournee wurde zu einer grandiosen Wiedersehensfeier mit alten Bekannten aus der Top-Ten- und Star-Club-Zeit. Obwohl es den *Beatles* aus Sicherheitsgründen untersagt war, das Hotel zu verlassen, schlichen sie sich nachts aus einem Fenster hinaus.

Das gleiche Programm wie in Deutschland spielten die *Beatles* auch sechsmal an drei Tagen in der Budokan Hall in Tokio: am 30. Juni sowie am 1. und 2. Juli 1966. Die Konzerte hatten aber auch eine dunkle Seite. Bei der Ankunft in Tokio wurden die *Beatles* darüber informiert, daß eine einflußreiche Gruppe militanter, reaktionärer Studenten gegen die Konzerte protestierte, die sie als Beleidigung der japanischen Kultur ansahen. Die Polizei registrierte mehrere Morddrohungen und hatte solch strenge Sicherheitsvorkehrungen getroffen, daß die *Beatles* verängstigt waren und sich sich fragten, ob Geld sie für diesen großen Druck entschädigen konnte.

In Manila gab es noch einen weiteren ernsthaften und beängstigenden Zwischenfall. Die damalige First

Lady Imelda Marcos lud die *Beatles* zu einer Party im Palast ein. Brian Epstein schlug die Einladung aus, aber seine Absage kam zu spät, um die aufwendigen Vorbereitungen abbrechen zu können. Selbst nachdem der britische Botschafter ihn dringend gebeten hatte, seine Meinung zu ändern, blieb Epstein stur. Er hatte keine Ahnung, was für eine Auswirkung dies haben würde. Zwar kamen *die Beatles* bei den 100 000 Besuchern im Rizal Stadion gut an, aber in Fernsehberichten über den Zwischenfall, die später gesendet wurden, bezichtigt man die Gruppe der Unfreundlichkeit und Undankbarkeit, was einen »nationalen« Wutausbruch hervorrief. In einem Versuch, seinen Fehler wiedergutzumachen, eilte Epstein zum Sender, um eine Erklärung und Entschuldigung ausstrahlen zu lassen. Leider wurde seine Rede ständig durch laute elektrische Störungen unterbrochen, und seine Botschaft kam nicht durch. Am nächsten Morgen erschien die Schlagzeile »*Beatles* weisen Präsidenten ab«, und bevor die Gruppe das Land verlassen konnte, geriet sie in massive Krawalle, wobei sie von patriotischen Bürgern tätlich angegriffen wurde.

Im Anschluß flogen die genervten *Beatles* nach Neu-Delhi, wo sich George zum erstenmal mit Ravi Shankar, einem der prominentesten Sitarspieler Indiens, traf.

Kurz vor Beginn ihres Amerika-Trips erregte ein Satz John Lennons, aus dem Zusammenhang eines drei Monate alten Interviews mit der Kolumnistin Maureen Cleave herausgelöst, beträchtliches Aufsehen bei Fans und in der breiten Öffentlichkeit. Die Bemerkung Johns, *die Beatles* seien nun »populärer als Jesus Christus«, veranlaßte eine Radiostation in Georgia sogar dazu, eine öffentliche Verbrennung von *Beatles*-Schallplatten zu inszenieren. Erst als John sich auf Anraten Epsteins zu einem halbherzigen Dementi bereitfand, glätteten sich die Wogen der Empörung, und ihre letzte Tournee – was damals freilich noch niemand ahnte – konnte planmäßig am 11. August um 12.30 Uhr mit dem Flug von London nach Chicago beginnen. Was nicht heißt, daß die extremen Fanatiker nicht noch unterwegs gewesen wären. Während des Konzerts in Memphis, Tennessee, wurde die Gruppe von Mitgliedern des Ku-Klux-Klans belästigt, und mittendrin explodierte ein Knallfrosch auf der Bühne – eine abschreckende Erinnerung daran, wie leicht es für einen Verrückten sein würde, mit einer Waffe einen oder mehrere der *Beatles* umzubringen. Zum erstenmal in ihrer Karriere waren *die Beatles* nicht mehr nur Helden in Amerika.

Am 29. August endete die USA-Reise mit einem Konzert im Candlestick Park von San Francisco. Es sollte ihr letztes Konzert werden. In England selbst waren sie zum letzten Mal am 1. Mai 1966 im Wembley Pool beim Polwinner's Concert des New Musical Express öffentlich aufgetreten. Übrigens war das der einzige Auftritt der *Beatles* in einem gemeinsamen Programm mit den *Rolling Stones.*

Damals war wohl nur wenigen Eingeweihten klar, daß die *Beatles* keine Tourneen mehr machen würden. Und die *Beatles* selbst ließen auch nicht verlauten, daß es ihr letzter Auftritt war. Eine Kombination von Streß, Angst und einer klaffenden Lücke zwischen ihrem exakt kalkulierten Studiosound und den technischen Realisationsmöglichkeiten einer Live-

Präsentation auf der Bühne führte dazu, daß sie einfach keine Angebote mehr annahmen, während ihre Fans auf die nächste Tournee warteten.

Private Unternehmungen außerhalb der Gruppe bestimmten von diesem Zeitpunkt an in zunehmenden Maße ihr Leben. John übernahm im Oktober 1966 die Rolle des Corporal Gripweed in dem Film *How I Won The War,* und ohne es zu wissen, leitete er nur kurze Zeit später das Ende der *Beatles* ein – bei einer Vernissage in der Londoner Indica Gallery lernte er am 9. November die japanische Künstlerin Yoko Ono kennen. Paul schrieb unterdessen die Filmmusik zu *The Family Way.* George flog mit Frau Pattie nach Bombay und Ringo nach Spanien. Selbst den treuesten *Beatles*-Fans in der Heimat wurde nun so langsam bewußt, daß es die *Beatles* in ihrer alten Form wohl nicht mehr geben würde. Demonstrationen vor dem Haus von Brian Epstein waren die Folge, denn man gab ihm die Schuld, daß sie nicht mehr öffentlich auftreten wollten. Als Indiz hierfür wurde seine Weigerung angeführt, die *Beatles* bei einem Wohltätigkeitskonzert für die Opfer des Grubenunglücks von Aberfan auftreten zu lassen.

Die Gründe für ihre Tourneemüdigkeit lagen sicher woanders. Zum Teil wahrscheinlich an dem Zwang, bei Konzerten immer nur ihre Plattenerfolge nachspielen zu müssen, um den Verkauf anzuheizen. Dazu kam, daß sie in immer stärkerem Maße mit Drogen – Hasch und LSD – in Berührung kamen und das so erweiterte subjektive Empfindungsspektrum nur noch mit Hilfe komplizierter Studiotechnik und gigantischem Produktionsaufwand in Musik umsetzen konnten. Gegen Ende des Jahres begannen die Arbeiten an einer neuen LP und einer Single, die eine Stilwende andeutete. Am 17. Februar 1967 erschien *Strawberry Fields Forever* (A-Seite) und *Penny Lane* (B-Seite). Beide Titel gehörten in die Kategorie des britischen Acid Rock mit rückwärts eingespielten Bandpassagen, surrealen Texten voller Doppeldeutigkeiten, mystischen Streicherklängen und mysteriösem Gemurmel, wobei die B-Seite vom Gros des Publikums wesentlich leichter zu konsumieren war. Die ersten 25 000 Singles, die zur Auslieferung kamen, zierte ein besonderes Plattencover. Es zeigte die vier als Babies.

Gleichzeitig mit der Wandlung ihrer Musik hin zur Verinnerlichung veränderte sich auch ihre äußere Erscheinung. Die Haare wurden länger, in den ehemals glattrasierten Gesichtern sprossen Bärte. Um der Platte die rechte Promotion mit auf den Weg geben zu können, wurden zwei Kurzfilme gedreht. Dennoch erreichte sie als erste seit *Please Please Me* nicht auf Anhieb Platz eins der englischen Hitliste. Am 25. Februar 1967 wurde die Single zunächst auf Platz drei notiert und erst in der nächsten Woche, am 4. März, auf Platz eins (New Musical Express).

Die folgenden Monate waren ausgefüllt mit Arbeiten an der *Sgt. Pepper*-LP. Als die Platte am 1. Juni 1967 erschien, war sie eine der ersten Konzeptalben (LPs, deren Kompositionen miteinander in Beziehung stehen) der Popgeschichte und bewirkte zunächst ganz vordergründig, daß sich ein Teil der bisherigen Fans von ihnen abwandte mit dem Eindruck, dies sei keine *Beatles*-Musik mehr.

*Sgt. Pepper's Lonely Hearts Club Band* ist ohne Zweifel das wichtigste Album der 60er Jahre, richtungweisend für die nachfolgende Pop- und Rockmusik.

Dauerte die Produktion der ersten *Beatles*-LP nur sechzehn Stunden, so benötigten die *Beatles* für *Sgt. Pepper* über fünf Monate und siebenhundert Arbeitsstunden, bis alle Gesangs- und Instrumentalspuren auf der Vier-Kanal-Tonbandmaschine aufgezeichnet und abgemischt waren. George Martin dazu: »Es war ein technischer Alptraum. Hätte ich acht oder sechzehn Spuren gehabt, hätte ich viel besser arbeiten können. Aber ich hatte nur vier Spuren, und auf die mußte ich alles draufpacken.« Die Produktion der LP verschlang die für 1967 astronomische Summe von 40 000 Pfund (damals ca. 380 000 DM) – mehr als die Herstellung aller anderen *Beatles*-Platten zusammen bisher gekostet hatte.

*Sgt. Pepper* war nicht nur die erste LP mit einem Klappcover, sondern auch die erste, auf der alle Texte abgedruckt waren. Die Idee, lebende Persönlichkeiten (z. B. Bob Dylan, Sonny Liston und Tony Curtis) und verstorbene (z. B. Carl Jung, Mae West und Edgar Allan Poe), berühmte (z. B. das Vargas-Mädchen, Karl Marx und W. C. Fields) und weniger berühmte (z. B. den Liverpooler Fußballer Albert Stubbins, den Radiostar Issy Bonn und den Maler Wallace Borman) Persönlichkeiten zusammen mit der Gruppe abzubilden, kam von Paul. Das inzwischen berühmteste Plattencover aller Zeiten wurde von dem Photographen Michael Cooper aus London arrangiert und belichtet. Auf dem Cover gab es noch weitere Photos der *Beatles* zu sehen, die zum Teil Anlaß für das Gerücht waren, daß Paul gestorben wäre. In einem Photo kehrte er den Rücken zur Kamera, und Fans meinten, daß ein Double eingesetzt wurde. Diese Interpretation führte dazu, daß sie auch dachten, daß das Blumenarrangement ein Grab symbolisieren sollte.

Da die *Beatles* ohnehin keine Konzerte mehr geben wollten, waren sie nicht mehr gezwungen, ihre Songs in jenen bescheidenen Rahmen zu zwängen, welcher damals live auf der Bühne zu produzieren war. Die Atmosphäre im Studio war gelöst und locker; die *Beatles* hatten zwei Monate Urlaub voneinander genossen. Außerdem arbeiteten sie nun immer seltener alle vier gemeinsam im Studio. Vielmehr kamen sie oft unregelmäßig, um neue Ideen auszuprobieren, ein paar Experimente aufzunehmen, um sie später wieder zu verwerfen.

Allerdings hielt diese Stimmung nicht lange vor. Paul, der seit jeher schon  Vermittler zwischen Brian Epstein und den *Beatles* gewesen war und der bei George Martin als Musiker am höchsten in der Gunst stand, übernahm allmählich die Regie im Studio. McCartney stand den Experimenten von John Lennon und George Harrison zeitweise irritiert gegenüber. John Lennon entwickelte sich mehr und mehr zum Avantgardisten der Popmusik, George Harrison vertiefte seine Neigung zur östlichen Philosophie, der er ein Jahr zuvor begegnet war hatte, und Ringo Starr war zum damaligen Zeitpunkt wahrscheinlich schon auf der Suche, um sich in anderen Bereichen zu profilieren. Paul McCartney hatte zu dieser Zeit, kurz nach Beendigung der *Beatles*-Tournee,  seine Rolle als Attraktion bei Live-Auftritten aufgeben müssen. Vielleicht erklärt dies den Live-Auftritt der *Sgt.-Pepper-Band* als »Rahmenhandlung« der LP. Trotzdem war diese Musik nicht mehr so zugänglich wie die »Komm, hab' mich lieb«-Lieder auf früheren *Beatles*-Platten.

Von nun an begannen sich *Beatles*-Platten verstärkt auf Intellektuellentreffs zu drehen. Texte wurden vorwärts und rückwärts interpretiert, und jeder Hörer glaubte, seine eigene Bedeutung zu entdecken. Die Fans interpretierten versteckte Hinweise auf Rauschgift, den angeblichen Tod Paul McCartneys und weitere »Botschaften«. Selbst Ringo mußte zugeben: »Bei einigen Songs habe ich auch nie kapiert, worum's dabei gehen sollte.« Und John Lennon dazu: »Es gibt nur etwa hundert Leute, die unsere Musik verstehen.« Die Leute der BBC gehörten nicht dazu: Sie setzten den Song *A Day In The Life* auf die Schwarze Liste.

*Die Beatles* schien dies kaum zu interessieren. Durch Vermittlung von George, der auf dem Umweg über die indische Musik auch mit der indischen Mystik Bekanntschaft gemacht hatte, lernten sie zwei Monate später den Maharishi Mahesh Yogi kennen. Zusammen mit ihren Frauen, mit Mick Jagger, Marianne Faithfull und Hunter Davies fuhren sie am Freitag, den 25. August nach Bangor in Nordwales, um durch die belehrenden Weissagungen des Yogi Hilfe in ihren Drogenproblemen und die große »Erleuchtung« zu erfahren. Ihre Meditationen wurden jäh unterbrochen durch eine schreckliche Nachricht aus London. Brian Epstein war am Sonntag, dem 27. August, in seiner Villa in der Chapel Street tot aufgefunden worden. Obwohl sie in letzter Zeit seltener Kontakt mit ihm hatten, waren sie tief betroffen. Sofort aufkommende Selbstmordgerüchte wurden am

8. September durch eine Erklärung des Untersuchungsrichters von Westminster dementiert: »Mr. Epsteins Tod ist als Unfall anzusehen. Er starb an der kumulativen Wirkung des in einem Schlafmittel enthaltenen Barbiturats.«

Aufgrund der heutigen wissenschaftlichen Erkenntnisse geht man jedoch inzwischen davon aus, daß es sich nicht um einen Unfall gehandelt hat, da eine kumulative Wirkung von Barbituraten bei regelmäßiger Einnahme nicht vorliegen kann. Mit zunehmender Dosis baut der Körper die Barbiturate immer schneller ab, so daß eine Ansammlung der Medikamente oder deren Bestandteile im Körper (kumulative Wirkung) kaum möglich ist. Barbiturate werden heute kaum mehr zur Herstellung von Schlafmitteln verwendet.

Brian Epstein, längst mehr Freund als Manager seiner Gruppe, hatte es verstanden, alles Geschäftliche und Finanzielle von ihnen fernzuhalten, damit sie sich ganz auf ihre Musik konzentrieren konnten. Seine letzte Tätigkeit hatte darin bestanden, mit ihnen den Fernsehfilm *Magical Mystery Tour* vorzubereiten. Die Idee zu diesem Film kam Paul am 11. April 1967 auf einem Flug von New York nach London, als er mit der Arbeit an dem gleichnamigen Song begann. Die Inspiration dafür waren die Geschichten über die Abenteuer von Ken Kesey, dem Autor von *On Flew Over The Cuckoo's Nest* und seinen Merry Pranksters, die Paul in Amerika las. Noch am 24. August gab es Vorbesprechungen über die Dreharbeiten mit Brian Epstein, jetzt mußten sie das einmal begonnene Filmprojekt alleine durchziehen. Die treibende Kraft war weiterhin Paul McCartney. Die

Außenaufnahmen fanden ohne Drehbuch und Konzept vom 11. bis 16. September in Devon und Cornwall statt, die Innenaufnahmen und der Schnitt erfolgten in den Flugzeughallen von West Malling bei Maidstone in Kent.

Am zweiten Weihnachtsfeiertag 1967 hatte der Film in England Bildschirmpremiere. Die Kritiken waren zum erstenmal fast durchgehend schlecht. Man kann sie auch, im Vergleich zu den Lobeshymnen bei früheren Anlässen, als vernichtend bezeichnen. Niemand vermag freilich aus heutiger Sicht schlüssig zu beweisen, ob mit Brian Epstein an ihrer Seite das Debakel hätte vermieden werden können.

Aber die *Beatles* traf die Enttäuschung nicht mehr so hart. Dem Erfolg beim großen Massenpublikum maßen sie nicht mehr den gleichen Stellenwert bei wie früher. Ihre persönlichen Interessen und Neigungen kristallisierten sich immer deutlicher als die auslösenden Momente bei ihren Plänen und Handlungen heraus. Über Weihnachten nutzte Ringo die produktionsfreie Zeit, um in Rom an der Seite Richard Burtons und Marlon Brandos die Rolle eines mexikanischen Gärtners in dem Film *Candy* zu spielen.

George flog am 7. Januar 1968 erneut nach Indien, um sich von Ravi Shankar in indischer Musik unterweisen zu lassen. Ringo trat am 6. Februar in der Cilla Black Show auf, für die Paul die Titelmusik geschrieben hatte, und sang gemeinsam mit Cilla den Song *Act Naturally.*

Am 14. Februar brach eine Flut von Auszeichnungen über die *Beatles* herein. Sie wurden zur »besten Gruppe der Welt« und zur »besten Gruppe Englands« gewählt. *All You Need Is Love, Hello Goodbye* und *Penny Lane* wurden zu den drei »besten Platten des Jahres 1967« erklärt, das Album *Sgt. Pepper* zur »LP des Jahres«.

Die Monate Februar bis April verbrachten sie in Indien beim Maharishi, lediglich Ringo kehrte bereits nach vierzehn Tagen wieder nach England zurück. Als die Single *Lady Madonna* am 15. März auf den Markt kam, war er der einzige der vier, der sich in London aufhielt. Kaum waren John und Paul wieder in England, begann für sie eine Zeit hektischer Aktivitäten. In ersten Interviews gaben sie zu, daß sie von ihrem indischen Lehrer nicht mehr so recht überzeugt waren. Auf einer Pressekonferenz im April 1968 gaben alle vier bekannt, daß sie bereits am 14. August 1966 die Firma Apple mit einem Stammkapital von umgerechnet 25 Millionen DM gegründet hatten. Künftig sollte Apple nicht nur Musik, sondern auch Filme, Bücher, Mode und Unterhaltungselektronik vertreiben. Mary Hopkin war die erste Künstlerin, mit der sie am 4. Mai einen Vertrag abschlossen. Sie war auch die einzige Apple-Künstlerin, die Erfolg hatte. Paul McCartney produzierte ihre erste Single *Those Were The Days* und ihre erste LP *Postcard* und überließ ihr seine Komposition *Goodbye*. Mit *Knock Knock Who's There*, weder von den *Beatles* geschrieben noch produziert, belegte sie beim »Grand Prix de l'Eurovision 1972« den zweiten Platz. Danach wurde es trotz weiterer Schallplattenaufnahmen still um sie.

Am 11. Mai 1968 flogen John und Paul nach New York, um auch in den USA ihr neues Unternehmen Apple Records and Films zu etablieren. Durch Epsteins Tod dazu gezwungen, wurden sie immer mehr und mehr zu Geschäftsleuten, die einen Riesenbesitz zu kontrollieren hatten. Die Zukunft zeigte, daß sie hierbei nicht immer eine glückliche Hand haben sollten.

Die Arbeit am sogenannten *White Album* begann im Juni 1968. Einer breiten Öffentlichkeit zeigten sie sich noch einmal in scheinbarer Eintracht bei der Premiere des Zeichentrickfilms *Yellow Submarine* am 17. Juli. In den USA wählte man diesen Film zum drittbesten Film des Jahres.

Die von Heinz Edelmann gezeichneten *Beatles* befreien die »*Sgt. Pepper Band*« und beenden die Herrschaft der musikfeindlichen »*Blaumiesen*«. Ein Film

voller Märchenhaftigkeit, Ironie und Poesie. In der Schlußsequenz sind schließlich die *Beatles* in natura zu sehen, die noch einige »Souvenirs« von den Zeichentrick-Abenteuern präsentieren: Ringo zum Beispiel hat noch ein »Zauberloch« in der Hosentasche.

Für die Synchronisation des Zeichentrickfilms *Yellow Submarine* standen die *Beatles* nicht zur Verfügung, da sie neben Schallplattenaufnahmen nun mehr und mehr persönlichen Interessen nachgingen. John, der im Frühjahr Yoko Ono kennengelernt hatte, wurde nun immer häufiger mit ihr gesehen.

Die erste Platte aus dem Apple-Label erschien am 30. August 1968 – es war *Hey Jude*. Am selben Tag wurden John und Yoko wegen unerlaubten Rauschgiftbesitzes verhaftet. Paul, der inzwischen in New York die Fotoreporterin Linda Eastman kennengelernt hatte, zog einen Schlußstrich unter seine langjährige Freundschaft mit Jane Asher. Die Story vom »Traumpaar des Pop«, von vielen Gazetten liebevoll gepflegt, wurde durch die Wirklichkeit abrupt beendet.

Einen Monat darauf erschien die von Hunter Davies geschriebene Biographie *der Beatles*. Sie wurde in den USA zum Bestseller.

Als äußeres Zeichen für die im Inneren sich längst anbahnende Trennung kam am 1. November das erste Soloalbum von einem der vier heraus. George Harrison legte seine LP *Wonderwall* vor, die Gruppe selbst dokumentierte ihre vereinten Anstrengungen drei Wochen darauf mit der Veröffentlichung des »weißen« Doppelalbums *The Beatles*. Hier wurde zum erstenmal ein bisher nur für nebensächlich gehaltenes Erkennungsmerkmal für die Urheberschaft aller Kompositionen durchgängig deutlich. Vom

Sänger der Leadstimme stammte früher auch die Grundidee zum jeweiligen Song – jedenfalls in den allermeisten Fällen –, die dann von John und Paul gemeinsam ausgearbeitet wurde. Die Lieder des neuen Doppelalbums hingegen stammten nach Auskunft John Lennons von Anfang bis Ende fast ausschließlich nur noch von jeweils einem der vier. John und Paul beschränkten sich lediglich darauf, Schwachstellen in der Musik des anderen zu überdecken oder zu beseitigen, so daß man das »weiße« Album eher als eine Zusammenstellung von Solostücken als die gemeinsame Arbeit einer Gruppe ansehen muß. Trotzdem entstanden damals Gerüchte, *die Beatles* wollten wieder live auftreten. John war jedoch der einzige, der das damals auch tat. Er trat in einem Fernsehfilm auf, allerdings zusammen mit den *Rolling Stones,* der fast fertiggestellt, aber nie veröffentlicht wurde. Bis auf zwei kurze Ausschnitte gelangte nichts an die Öffentlichkeit, obwohl die *Stones* zumindest damals keine Einwände bezüglich einer Aufführung gehabt haben sollen. Mit ziemlicher Sicherheit steht fest, daß das Österreichische Fernsehen eine Kopie besaß oder noch in seinen Archiven hat.

Die letzten Wochen des Jahres verbrachten die *Beatles getrennt.* John Lennon hatte sich schon am 8. November 1968 von Cynthia scheiden lassen, als er im Januar 1969 mit seiner ständigen Begleiterin Yoko Ono zu den Dreharbeiten an dem Film *Let It Be* erschien. Die Arbeiten in den Londoner Twickenham-Studios war begleitet von Streitereien und Uneinigkeit. Die *Beatles* versuchten, eine Langspielplatte aufzunehmen, und Regisseur Michael Lindsay-Hogg unternahm den Versuch, dies in einem Film

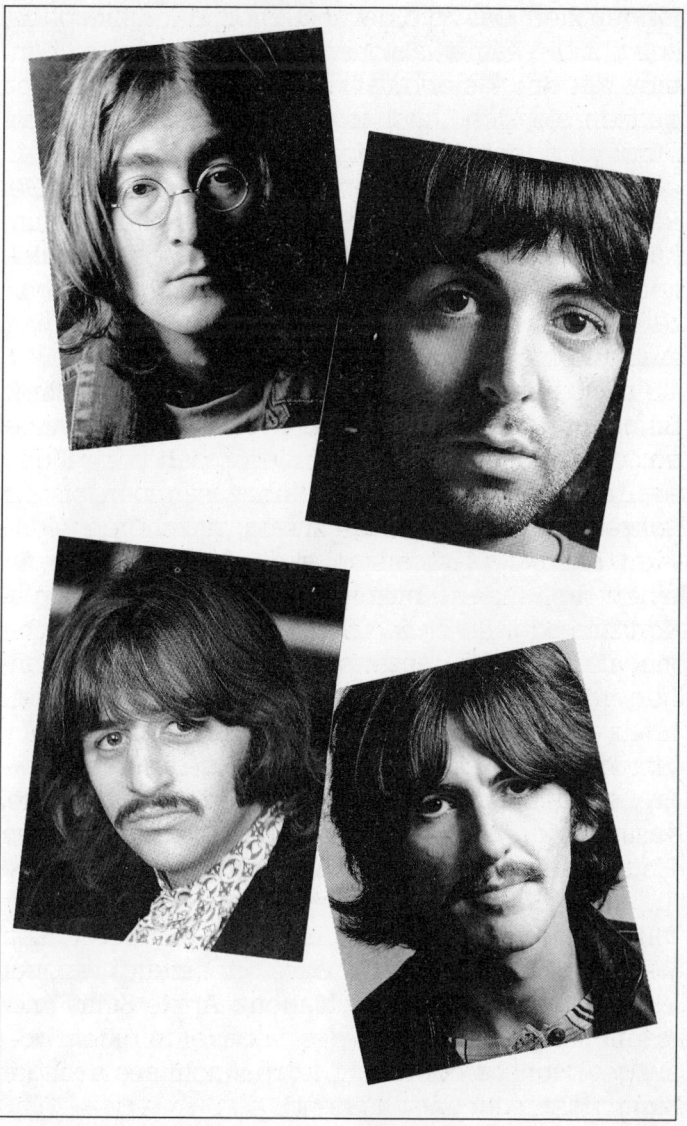

festzuhalten. Das Studio war zu groß, die Atmosphäre zu kühl, die Kameras störten, und das schlechte Winterwetter drückte ebenfalls auf die Stimmung. Lustlos quälten sie sich durch die Aufnahmesessions hindurch und feuerten am Ende die Bänder wütend in die Ecke. Das Erscheinen der LP, die zunächst *Get Back* und dann *Let It Be* heißen sollte, wurde auf unbestimmte Zeit verschoben. Tausende Meter bespielter Bänder, die bei den Proben mitgeschnitten worden waren, verschwanden auf dunklen Kanälen und tauchten später als Raubpressungen wieder auf.

Am 30. Januar spielten sie live auf dem Dach ihres Bürohauses in der Savile Row 3 vor Filmkameras und ein paar wenigen Leuten. Derweil brach unter ihnen auf der Zufahrtsstraße der Verkehr zusammen, bis die Polizei sie nach 42 Minuten zwang, aufzuhören.

Im Februar verdichteten sich die Anzeichen für einen drohenden Konkurs des noch jungen Apple-Konzerns, der bis zu 20 000 Pfund Verlust pro Woche machte. Um die Finanzen wieder in Ordnung zu bringen, wurde der amerikanische Geschäftsmann Allen Klein, der bereits die *Shirelles*, Sam Cooke, Bobby Vinton, die *Stones*, Donovan und einige andere Showgrößen betreute und sich darauf spezialisiert hatte, ausstehende Tantiemen für seine Künstler bei ihren Plattenfirmen einzukassieren, zum neuen geschäftsführenden Manager bestellt. Diese Entscheidung ging auf Johns Initiative zurück, der entgegen allen Warnungen von Freunden davon überzeugt war, nur Klein könne das leckgeschlagene Apple-Schiff wieder flottmachen. Ob Paul das Debakel mit Klein vorausgeahnt hatte oder nicht, ist vielleicht aus heutiger Sicht nicht mehr entscheidend.

Er wollte damals unter allen Umständen verhindern, daß Klein die Geschäfte in die Hand bekam, denn er hielt seinen künftigen Schwager John Eastman, den Sohn des arrivierten New Yorker Rechtsanwalts Lee Eastman, der schon als General Counsel für die Gruppe tätig war, für den weitaus geeigneteren Mann. Nach einem Meeting mit John und Yoko im Dorchester Hotel am 28. Januar 1969 konnte Klein in geschickt geführten Gesprächen unter vier Augen auch George und Ringo auf seine Seite ziehen, indem er ihnen unter Anspielung auf die dominierende Rolle von John und Paul mehr Geltung nach außen und auch mehr Geld versprach. Auf diese Weise unterlief er die hartnäckige Opposition Paul McCartneys, der aus den ständigen Querelen Konsequenzen zog und seine geschäftlichen Verbindungen zur Firma Apple und den anderen zu lösen begann. Ein weiterer Grund für die sich immer deutlicher abzeichnenden Spannungen mag im Bestreben Pauls gelegen haben, in gewisser Weise in die Rolle Brian Epsteins zu schlüpfen, um als die integrierende und treibende Figur nach außen zu wirken. So jedenfalls hat es John in späteren Interviews dargestellt.

Ende März endeten die Arbeiten an dem Film *Let It Be.* Kurz zuvor – am 12. März – hatte Paul Linda Eastman auf dem Standesamt Marylebone geheiratet. Auch John heiratete wieder. Er ließ sich am 20. März in Gibraltar mit Yoko Ono trauen. Im Anschluß daran hielten sie eine Demonstration für den Frieden ab, auf ganz eigene Art: Sie veranstalteten im Amsterdamer Hilton ein siebentägiges »Bed-in«, wobei die Weltpresse ausreichend Gelegenheit bekam, ins Privatleben der beiden Jungvermählten Einblick zu nehmen. Die Fans konnten an diesem Protest teilhaben – mit dem Kauf einer Langspielplatte *(The Wedding Album)*, die wenige Monate später erschien.

Am 12. April erschien die Single *Get Back,* und nur einen Monat später bereits die nächste, *The Ballad Of John And Yoko.* Die Popwelt registrierte die kurze zeitliche Abfolge mit Staunen und reagierte prompt mit neuen Trennungsgerüchten, zumal gleichzeitig Soloplatten von John und George erschienen waren. Und so war es auch in dieser Hinsicht bezeichnend, daß Ringo Starr allein den Ivor Novello für *Hey Jude* entgegengenommen hatte.

In konsequenter Weise vollzog sich in den nächsten Wochen die Auflösung der Gruppe. John Lennon gab am 1. Juli 1969 vor einflußreichen Presseleuten bekannt, daß andertags die erste Single seiner neuen Formation *The Plastic Ono Band* erscheinen werde. Zwar sagte er nicht, daß dies gleichzeitig auch das Ende der *Beatles* bedeutete, aber er machte deutlich, die Arbeit mit der neuen Band sei ihm wichtiger. Außerdem plane er Konzerte mit ihr in allernächster Zukunft. Am 13. September fand bereits das erste statt. In Toronto trat die *Plastic Ono Band* vor 20 000 Zuschauern bei einer Rock 'n' Roll Revival Show auf und spielte in folgender Besetzung: John Lennon (Gesang und Gitarre), Yoko Ono (Gesang und Tamburin), Eric Clapton (Sologitarre), Klaus Voormann (Baß) und Alan White (Schlagzeug). Der 26. September 1969 schien alle Trennungsgerüchte zu widerlegen: An diesem Tag wurde die *Beatles* LP *Abbey Road* veröffentlicht. Sie war durch das Engagement von George Martin zustandegekommen, der nur bereit war, unter »alten« Bedingungen zu produzieren: alle vier *Beatles* gemeinsam bei der Sache und abgesprochene Aufnahmezeiten ohne die Anwesenheit Unbeteiligter. Es funktionierte – halbwegs: Nachdem die eine Hälfte der Songs fertig aufgenommen war, die anderen fragmentarisch vorlagen und am 8. August 1969 das Foto für die Plattenhülle gemacht worden war, blieb Produzent George Martin nichts anderes übrig, als die nicht fertigen Aufnahmen zu einem Medley zusammenzufügen, welches auf Seite zwei der LP zu hören ist.

Die LP-Hülle bot wieder Nahrung für das Gerücht, Paul sei tot: barfuß, ein Autokennzeichen läßt sich »28 if« lesen, Paul hat die Augen geschlossen und hält als Linkshänder die Zigarette rechts. Dabei hält McCartney die Zigarette nur deshalb rechts, weil er vorher – wie ein Foto belegt – in der Nase popelte – mit einem Finger der linken Hand!

In den Monaten Oktober bis Dezember gingen sie wieder ihren Soloambitionen nach. Zum erstenmal entschloß sich auch Ringo Starr, eine LP alleine zu machen. Er nahm seine *Sentimental Journey* auf. Am 24. Oktober kam die zweite Single der *Plastic Ono Band* mit dem Titel *Cold Turkey* heraus. George trat unterdessen am 2. Dezember zusammen mit Delaney and Bonnie in Bristol auf.

Auch die Jahreswende 1969/70 brachte keine Änderung in den abgekühlten Beziehungen der Gruppenmitglieder untereinander . Nun begann auch Paul an seiner ersten Solo-LP zu arbeiten, während Ringo in den ersten drei Monaten des Jahres 1970 mehrmals im britischen Fernsehen auftrat. John bediente sich ebenfalls des Mediums Fernsehen, um seine

*Plastic Ono Band* und die politische Botschaft in ihren Liedern populärer zu machen – er gab am 12. Februar 1970 ein kurzes Gastspiel in der wöchentlichen Hitparadensendung »Top Of The Pops« und stellte seine neue Single *Instant Karma* vor, die innerhalb einer Woche aufgenommen und veröffentlicht worden war.

Das eigentliche Auseinanderbrechen der *Beatles* vollzog sich innerhalb weniger Wochen. Zwar erschien am 6. März noch die gemeinsame Single *Let It Be*, jedoch bereits einen Monat später, am 10. April, gab Paul bekannt, daß er aus persönlichen, musikalischen und finanziellen Gründen nicht mehr mit den *Beatles* zusammenspielen werde. Für ihn hätten die *Beatles* aufgehört zu existieren. Wie zur Bestätigung dieser Verlautbarung kam eine Woche später seine erste Solo-LP auf den Markt. Johns knapper Kommentar dazu konnte abweisender kaum sein: »Rubbish!« (Mist).

Als letzter gemeinsamer Abgesang wurde am 8. Mai die langerwartete LP *Let It Be* veröffentlicht, die von dem amerikanischen Produzenten Phil Spector im Auftrag von Allen Klein im wesentlichen aus dem kilometerlangen Bandmaterial, das bei den Filmaufnahmen angefallen war, zusammengestellt wurde. Gerade wegen dieser Bearbeitung entschied sich Paul, einen Schlußstrich zu ziehen. Vor der Veröffentlichung hatte Spector den *Beatles* jeweils eine Kopie der bearbeiteten Bänder geschickt und ihnen versichert, daß ihre Änderungswünsche berücksichtigt werden würde. Als Paul die Änderungen an seinem Song *The Long And Winding Road* hörte, wurde er wütend, und Spector war nicht zu erreichen. In diesem Augenblick wußte er, daß es keinen Sinn hatte, mit den *Beatles* weiterzumachen. Nie zuvor hatte jemand an der eigentlichen Musik herumgemacht. Jetzt, mit Klein an Bord, wurden Kompositionen gegen seinen ausdrücklichen Wunsch geändert und sogar veröffentlicht.

Das von Paul bewußt und überraschend vorgezogene Erscheinungsdatum seiner ersten Solo-LP – Ringo versuchte ihn übrigens vorher noch zu überreden, damit zu warten – behinderte recht beträchtlich die Verkäufe von *Let It Be.* Auch die Premiere des gleichnamigen Films über die Entstehung dieses Albums konnte daran nicht mehr viel ändern.

Wenn es auch nicht von grundlegender Bedeutung ist, an welchem Tag genau *die Beatles* als Gruppe offiziell aufgehört haben zu bestehen, so mag es doch vielleicht aus historisch-chronologischer Sicht interessant sein, sich auf ein bestimmtes Datum zu einigen, an dem der endgültige Schlußstrich gezogen wurde. Dieses Datum ist wohl der 10. April 1970, als Paul McCartney mit seinen Gefühlen an die Öffentlichkeit trat. Allerdings dauerte es bis zum 12. März 1971, bis die *Beatles* als juristische Geschäftsform nicht mehr existierten. Drei Wochen dauerten die Anhörungen in der Chancery Division des Hohen Gerichts, wo Paul, der fast täglich im Gericht erschien, gegen John, George und Ringo klagte, um so Allen Klein zu entmachten. Er wollte erzwingen, daß ein Zwangsverwalter ernannt wurde, der die finanziellen Angelegenheiten der Gruppe kontrolliert und korrekt abwickelte. Paul gewann, und James Douglas Spooner wurde zum Zwangsverwalter ernannt.

## Brian Epstein und NEMS Enterprises

»Ich habe alles für *die Beatles* gemacht, und tue das auch weiterhin.« – Brian Epstein

Harry und Queenie Epstein waren zufrieden mit dem Erfolg ihres Sohnes. Er hatte die NEMS-Plattenläden kräftig ausgebaut und ihnen einen sehr guten regionalen Ruf verschafft. Also waren seine Eltern nicht so erfreut, als Brian ihnen ankündigte, Manager einer Popgruppe werden zu wollen. Er hatte gerade die *Beatles* im Cavern Club gesehen und hörte überall herum, um herauszubekommen, was sie für ein Management hatten. Leider konnte er nur wenig in Erfahrung bringen, aber er glaubte an seine eigenen Fähigkeiten und an einen Publikumserfolg dieser Gruppe. Sein Enthusiasmus vermochte seine Eltern zu überzeugen, ihm finanziell zu helfen, aber er mußte dabei die Hilfe seines »bodenständigeren« Bruders Clive in Anspruch nehmen.

Am 26. Juni 1962, fast drei Wochen nach den ersten Aufnahmen *der Beatles* in den Abbey Road Studios, trugen Brian Epstein und sein Bruder Clive die Firma NEMS Enterprises Limited in das Liverpooler Handelsregister ein. Alles in allem würde Epstein im Laufe der Jahre etwa 65 weitere Firmen gründen, um den vielfältigen Aspekten des stets wachsenden Geschäftes Rechnung zu tragen.

Brian Epstein war ein blutiger Anfänger, als er die *Beatles* unter Vertrag nahm, aber er war fleißig. Außerdem war er von seinen Fähigkeiten, eine Gruppe zu managen, völlig überzeugt und war sicher,

daß ein großer Plattenvertrag leicht zu bekommen sein würde. Er glaubte nämlich, daß die führenden Plattenfirmen keine Zeit verschwenden würden und eine Gruppe, die vom Chef des größten Plattenimperiums im Nordens betreut wurde, sofort unter Vertrag nähmen. Bekanntlicherweise sah die Realität zunächst etwas anders aus. Jedoch war Epsteins Hartnäckigkeit, die Ablehnung fast aller Plattenfirmen wegzustecken, der entscheidende Faktor.

Selbst in seinem frühesten Vertrag, dem Managementvertrag mit den *Beatles*, der ihm 25% aller Einnahmen der Gruppe zusicherte, war der faire Geschäftsmann immer präsent – als ob die *Beatles* Mitglieder seiner Familie wären, gab er ihnen einen zehnprozentigen Anteil an NEMS.

Dies hinderte aber viele nicht an kurzsichtiger Kritik über die scheinbar schlechten Vereinbarungen, die er für die *Beatles* aushandelte. Sicherlich hätte Epstein zu dieser Zeit praktisch jeden Vertrag unterschrieben, aber die Bedingungen, die er mit Parlophone aushandelte, waren für die damalige Zeit besser als die, die er bei anderen Plattenfirmen bekommen hätte. Heutzutage erscheint eine Beteiligung von einem Penny pro verkaufter Single sehr gering. 1962 jedoch war es üblich. Dazu kommt, daß der einjährige Vertrag den *Beatles* eine jährliche Beteiligungserhöhung von 25% während der nächsten vier Optionsjahre zusicherte.

An der Verlagsfront nahm Epstein den Rat von George Martin an und suchte Lee Sheridan auf, besser bekannt als Dick James, einen Tanzkapellensänger und Chart-Star der 50er Jahre. Um Epsteins Skepsis gegenüber James' Stellenwert in der Industrie zu beseitigen, gelang es jenem innerhalb von nur wenigen Minuten, die *Beatles* in der populären Fernsehsendung »Thank Your Lucky Stars« zu plazieren. Brian war beeindruckt. Die Vereinbarung, die James Epstein anbot, war ebenso ungewöhnlich wie der Mann selbst. Anstatt die normalen zehn Prozent des Ladenpreises für Notenblätter und fünfzig Prozent für Senderechte und Coverversionen zu fordern, blickte Dick James weit über den begrenzten Horizont der normalen Verlagshäuser, die als reine Inkasso-Büros funktionierten, hinaus. Er bot Epstein folgendes an: eine gemeinsame Firma zu gründen, Northern Songs, in der James und sein Partner Charles Emmanuel Silver die Hälfte der Einnahmen bekämen, während Lennon und McCartney jeweils 20% und Epstein zehn Prozent erhalten sollten. Epstein nahm dieses ungewöhnliche

Angebot an, mit dem Wissen, daß er soeben eine reiche Einnahmequelle für seine Künstler und sich erschlossen hatte.

Die erste Phase der »Beatlemania« brachte auch eine in der Popindustrie noch nie dagewesene Nachfrage an Merchandising-Artikeln. Von Anstecknadeln, Pullovern und Bilderbüchern über Jacken und Stiefeln bis hin zu Plastikgitarren und Bettwäsche wollten die Fans nahezu jeden Gegenstand mit den Abbildungen der *Beatles* »verschönert« haben. Selbst Perücken und angeblich mit in Dosen gefüllter »*Beatles*-Atem« waren zu kaufen. Zunächst dachte Epstein, daß diese Nachfrage hauptsächlich wegen dem bevorstehenden Weihnachtsfest so groß war, aber als diese Lawine nicht nachließ, realisierte Epstein schnell, daß er Hilfe brauchte. Hierfür wählte er den Star-Rechtsanwalt David Jacobs aus. Jacobs riet ihm, eine spezielle Firma für die weltweite Verwaltung und Abwicklung der Merchandising-Rechte zu beauftragen.

Er plädierte für Nicky Byrne, der früher den Londoner Condor Club gemanagt hatte. Sich seines Glücks bewußt, gründete Byrne mit fünf Kollegen eine Merchandising-Firma namens Stramsact und eine amerikanische Schwesterfirma Seltaeb (*Beatles* rückwärts geschrieben). Da Epstein oft vorgeworfen wurde, er könne keine Arbeiten delegieren, übertrug er diesmal Jacobs die Aufgabe, die Vereinbarung zwischen diesen beiden Firmen und Epsteins NEMS selbständig auszuhandeln und zu unterschreiben, was sich im nachhinein als großer Fehler herausstellte. Jacobs hatte in diesem Fall auch keine Ahnung, wie eine faire Beteiligung aussehen sollte. Als Byrne absurd niedrige zehn Prozent vorschlug, dachte Jacobs, dies sei besser als gar nichts. Diese Entscheidung kostete Epstein und die *Beatles* Millionen an entgangenen Einnahmen, bevor es Epstein gelang, Nicky Byrne dazu zu bringen, die *Beatles*-Beteiligung auf 46% zu erhöhen.

Noch in einem anderen Fall wurden Epstein und die *Beatles* um gewaltige Einnahmen »gebracht«, als er sich bei den Verhandlungen mit United Artists über die Beteiligung am Film *A Hard Day's Night* nur mit 7,5% zufriedengab. Wie Produzent Walter Shenson sich erinnert, wäre UA durchaus bereit gewesen, dem Manager bis zu 25% der Gewinne abzutreten. Zudem beinhaltete der Vertrag nicht nur Optionen für die nächsten zwei Filme der *Beatles*, sondern gab Shenson auch für fünfzehn Jahre sämtliche Rechte an der Verwertung der Filme.

Mit dem heutigen Wissen fällt es beim Zurückblicken manchmal schwer, bei diesen Zahlen nicht zu schmunzeln. Dies ist aber wegen mehrerer Faktoren eine überhebliche Einstellung: Epstein betrat mit den *Beatles* ständig Neuland. Es gab einfach keine Vorbilder und vergleichbaren Fälle, an denen er sich hätte orientieren können. Hinzu kommt noch die Tatsache, daß sämtliche Verträge und Vereinbarungen gemacht wurden, bevor die Gruppe ihren großen Durchbruch in Amerika hatte. Niemand, nicht einmal Epstein, hätte sich vorstellen können, wie enorm ihr Erfolg werden würde. Da er dies nicht einschätzen konnte, ist es zum Beispiel auch kein Wunder, daß Epstein sich mit den 7,5% Beteiligung von United Artists an einem Popmusikfilm (die bis dato fast nie Kassenerfolge waren) zufriedengegeben hat.

Doch bis zum Januar 1967, als Epstein den *Beatles*-Vertrag mit der EMI neu verhandeln konnte, hatte er einiges dazugelernt. Wie üblich wollte die Plattenfirma die Künstler langfristig an sich binden, aber Epstein lehnte das Angebot ab, das die *Beatles* für neun Jahre verpflichten würde, nur Aufnahmen für die EMI zu machen. Er wollte eine Situation vermeiden, in der die Gruppe der Firma neue Songs zu liefern hätte, diese aber eventuell nicht liefern könnte. Statt dessen schloß er einen Fünf-Jahres-Vertrag ab, mit einer Mindest-Ablieferungsverpflichtung, die die *Beatles* leicht vor den festgelegten Terminen erfüllen konnten. Die Beteiligungen, die er zusätzlich aushandeln konnte, waren für die Zeit damals revolutionär und wegbereitend: In England bekamen sie zehn Prozent bei Singles und Alben. Dies erhöhte sich auf 15% für Verkäufe von über 10 000 und 30 000 Einheiten. In Amerika stieg die Erhöhung sogar auf schwindelerregende 17,5%.

Brian war zwar von den *Beatles* besessen, aber das hielt ihn nicht davon ab, ganz im Stil von Larry Parnes, sich ein eigenes Reich aufzubauen.

Neben den *Beatles* managte Epstein auch einige Top-Acts. *Gerry and the Pacemakers* hatten mit Hits wie u. a. *I'm The One, Don't Let The Sunny Catch You Crying* und *Ferry Cross The Mersey* eine Reihe von Top-20-Hits in Amerika. *Billy J. Kramer and the Dakotas* konnten es immerhin bis zu drei Hits in Amerika bringen, und ihren Stellenwert zu Hause untermauerten sie mit dem Nr.-1-Hit *Little Children.* Mit der Hilfe von Epstein und der NEMS-Mannschaft konnte Cilla Black, das singende Garderobemädchen, es zu einer sehr langfristigen Karriere als eine der *»Top-Allround-*

*Entertainerinnen*« auf Bühne und im Fernsehen bringen.

NEMS Enterprises betreute jedoch auch eine Riege anderer Künstler. Unter denjenigen, die nur begrenzten lokalen Erfolg geniessen konnten, befanden sich Künstler wie *The Big Three, The Merseybeats, The Fourmost, The Remo Four, Tommy Quickly, Cliff Bennett and the Rebel Rousers, Sounds Incorporated, The Ruskies, Michael Haslam, Silkie and Paddy, Klaus and Gibson* (mit Klaus Voormann, einem Freund der *Beatles* aus ihrer Hamburger Zeit).

Als die *Moody Blues* zu NEMS Enterprises kamen, hatten diese ihre besten Tage schon hinter sich und konnten nicht mehr an ihre alten Hits anknüpfen. Andererseits war es ein Glück für den Paramount-Sänger Gary Brooker, daß er seine Gruppe und NEMS verließ, um der Frontmann von *Procol Harum* zu werden.

Obwohl viele dieser Künstler sehr vielversprechend waren, brauchten sie alle im Prinzip ein neues Image und ständige Betreuung, was die Möglichkeiten ihres neuen, überarbeiteten Managers überstieg.

Als Ray McFall, Inhaber des Cavern Clubs, finanzielle Probleme bekam, bat er Brian Epstein seine Aktien der Zeitschrift *Mersey Beat* zum Kauf an. Brian übernahm die Anteile und änderte den Charakter der einzigen britischen Zeitschrift, die auch in Amerika vertrieben wurde. *Mersey Beat* verlor den Biß und konnte nicht mehr mit den glänzenden Londoner Blättern konkurrieren. Nach kurzer Zeit mußte Epstein das Heft mit *Disc* fusionieren.

Aber mit so vielen Talenten im eigenen Haus lag es auf der Hand, auch als Veranstalter die Umsätze zu optimieren. Brian veranstaltete einige Popkonzerte mit Erfolg, aber er wollte mehr.

Am 5. April 1965 pachtete Epsteins Firma Japsic Productions Limited das Londoner Saville Theater in der Shaftesbury Avenue. Dort wollte er seine Liebe fürs Theater mit Einnahmen aus Pop-Konzerten finanzieren. Einige dramatische Produktionen wurden inszeniert, wie zum Beispiel die Londoner Premiere von James Baldwins *The Amen Corner*, aber es waren die sonntäglichen Popkonzerte, die das Theater sehr berühmt machten. Brian Epstein, der bis zu seinem Tod die Leitung hatte, präsentierte ein Großaufgebot der britischen und amerikanischen Rock 'n' Roll-, Soul-, R&B-, Blues- und Rock-Musiker – von Fats Domino, Chuck Berry und Bo Diddley über *Procol Harum*, *Pink Floyd* und *The Who* bis hin zu Ben E. King, den *Chiffons* und Del Shannon.

1965 überschritt NEMS mit der Übernahme der Vic Lewis Agentur wieder eine neue Schwelle. Damit erlange die Firma die Kontrolle über die Bookings für Matt Monroe und Donovan und wurde zur britischen Vertretung von Tony Bennett, Herb Alpert, Pat Boone, Trini Lopez, Roger Miller, Johnny Mathis und den *Supremes.*

Brian Epstein verfügte jetzt über Talente im Überfluß, und sein eklektizistischer Geschmack war immer für eine Überraschung gut. Manchmal nahm er trotz aller guten Vorsätze sehr rätselhafte Umleitungen in Kauf – das Sponsoring des anglo-spanischen Stierkämpers Henry Higgens ist nur ein Beispiel.

Die Intensität seiner Beschäftigung mit den *Beatles*, seine Schlaflosigkeit, die Drogen und der Streß, verursacht durch seine Versuche, seine homosexuellen

Aktivitäten zu verheimlichen, haben ihren Preis gefordert. Privat wollte Brian Epstein schon 1967 mit der Ausnahme der *Beatles* und Cilla Black seine Anteile an NEMS loswerden. Kaufangebote für NEMS hatte er schon genug, aber sobald er erwähnte, daß die *Beatles* nicht im Deal eingeschlossen waren, wurde es ihm deutlich, daß er den gewünschten achtstelligen Bertrag nicht erhalten würde. Aber dann kamen Robert Stigwood, ein unternehmungsfreudiger Australier, der in England eine Bookingagentur gründete, um bald darauf auch Künstler-Manager, Musikverleger, Veranstalter und Plattenproduzent zu werden, und sein neuer Partner, der ehemalige Finanzier David Shaw. Beeindruckt von Stigwoods „savoir flair" und seinen Ideen bot Epstein eine Fusion ihrer Firmen an und räumte der Robert Stigwood Organisation die Option ein, 51% von NEMS Enterprises Ltd. für die überraschend niedrige Summe von 500 000 Pfund zu kaufen. In den NEMS-Stall brachten Stigwood und Shaw damit auch solche erfolgreichen Künstler wie die *Bee Gees,* die *Foundation* und die Supergruppe *Cream.* Die Fusion fand am 13. Januar 1967 statt.

Trotz des unerwarteten Todes von Brian Epstein wollte Stigwood seine Option ausüben, um NEMS doch noch zu kaufen. Die *Beatles* und andere haben jedoch starken Widerstand geleistet, und Clive Epstein, Brians jüngerer Bruder, der an Brians Stelle als NEMS-Geschäftsführer trat, mußte die Option zurückziehen. Anstatt der Firma bekam Stigwood nur eine Abfindung, und er verließ die Firma samt seinen Künstlern.

Erst als Allen Klein und John Eastman auf der Szene erschienen waren, hatte Brian sich entschieden seine

NEMS-Anteile an die *Beatles* zu verkaufen. Clive, der nach Vorwürfen von John Eastman, daß der NEMS-Vertrag mit den *Beatles* damals nicht in Ordnung war, kein Interesse mehr an der Sache hatte, verkaufte nach dem Tod seines Bruders seine Anteile an Triumph Investments, die damit die Kontrolle über NEMS in die Hände bekamen.

*»All you need is love...«*

CYNTHIA POWELL LENNON: Cynthia Powell wurde am 10. September 1939 in Blackpool geboren. Sie hatte zwei Brüder und verbrachte ihre Jugend im noblen Hoylake. 1957 begann sie ihr Studium am Liverpool College of Art, wo sie John Lennon im Unterricht kennenlernte. Am Anfang hatte er für sie nur zynische Bemerkungen über ihre »piekfeine« Herkunft übrig. Trotzdem wurden sie ein Paar. In gewissem Sinne hat Cynthia viel von sich für John aufgegeben – sie bemühte sich sehr, Johns Idol Brigitte

Bardot möglichst ähnlich zu werden. Sie zog sich auffällig sexy an, obwohl sie sich eigentlich sehr unwohl dabei fühlte. Als sie entdeckte, daß sie schwanger war, meinte John, sie sollten heiraten. Am 8. April 1963 brachte Cynthia ihren Sohn Julian zur Welt. Am 23. August 1963 heirateten John und Cynthia. Obwohl sie mit Pattie Harrison, Jane Asher und Maureen Starkey gut auskam, hatte sie Probleme mit dem Celebrity-Dasein ihres Mannes. Sie bevorzugte es, zu Hause zu sein, anstatt mit ihrem Mann auf Tournee zu gehen. Daß John und Cynthia sich auseinanderleben würden, schien praktisch vorprogrammiert, aber erst als Yoko Ono in Johns Leben trat, war es endgültig vorbei: Cynthia und John wurden am 8. November 1968 geschieden. Seitdem heiratete sie noch zweimal, aber auch diese Ehen wurden geschieden. 1978 veröffentlichte Cynthia ihre Autobiographie, *A Twist of Lennon*.

YOKO ONO: Am 18. Februar 1933 als Tochter wohlhabender Eltern in Tokio geboren, verbrachte Yoko einen großen Teil ihrer Kindheit und Twen-Jahre, mit Ausnahme der Zeit des Zweiten Weltkriegs, in den USA. 1956 verließ sie die Sarah Lawrence School in ihrem dritten Jahr und heiratete den japanischen Komponisten und Musiker Toshi Ichiyanagi gegen den Willen ihrer Eltern. Die Ehe hielt sechs Jahre und wurde 1963 geschieden. Kurze Zeit später heiratete sie den Filmproduzenten Tony Cox, mit dem sie eine Tochter mit dem Namen Kyoko hat. In der Zwischenzeit gelang es ihr, eine gewisse Bekanntheit als Konzeptkünstlerin, Filmemacherin und Autorin zu erlangen. Bei einer Vernissage in der Londoner Indica Gallery lernte sie am 9. November 1966 John Lennon

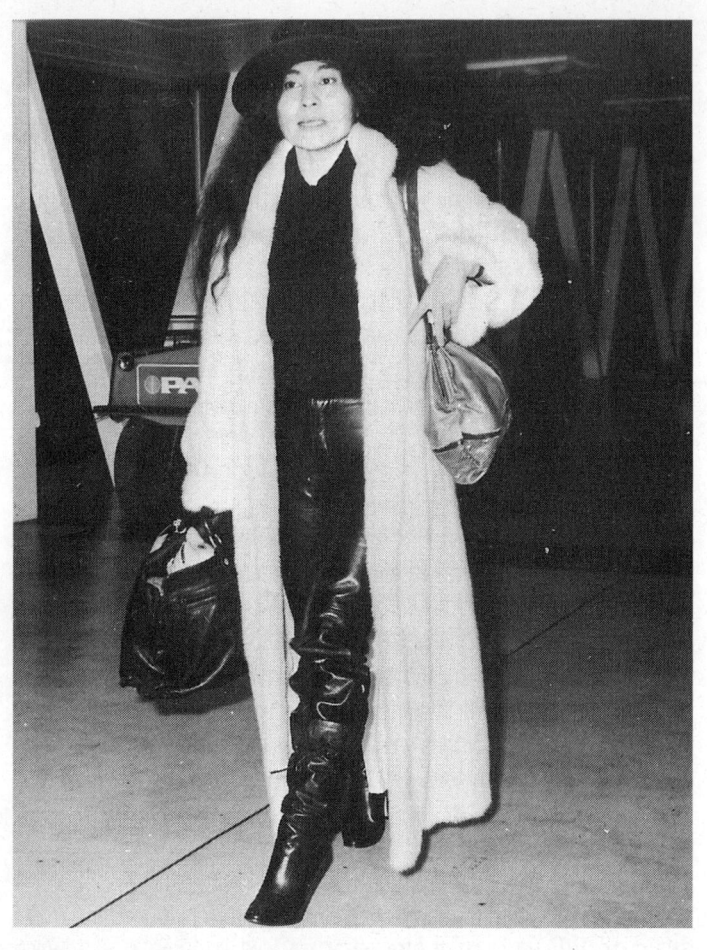

kennen. Obwohl sie behauptet, zu dieser Zeit dieser Begegnung wenig Bedeutung beigemessen zu haben, begann sie einige Monate später, aggressiv um John zu werben. Im Mai 1968 tauchte Yoko bei John zu Hause auf. Seine Frau und sein Sohn waren in Urlaub, ebenso Tony Cox und Yokos Tochter. Yoko blieb, und sie nahmen Songs auf, die kurz darauf als *Two Virgins* veröffentlicht wurden. Als Cynthia zurückkam und Yoko in ihrem Haus vorfand, reichte sie nach kurzer Zeit die Scheidung ein. Yoko wurde am 2. Februar 1969 von Tony Cox geschieden. Am 20. März heiratete sie John.

Yoko Ono – eine kreative, eigenwillige Frau, die dominieren, ermutigen und unterstützen konnte – hatte schon in ihrer ersten Ehe ihre Stärke und ihren Freiheitsdrang gezeigt. Genau diese Charakterzüge brauchte John Lennon. Er schätzte es, seinen künstlerischen Horizont von jemandem erweitern zu lassen. Sie arbeiteten in allen kreativen und geschäftlichen Bereichen immer enger zusammen. Nach einer Fehlgeburt brachte sie am 9. Oktober 1975 ihren Sohn Sean Ono Lennon zur Welt. Während John sich fünf Jahre lang um das Kind kümmerte, führte Yoko sehr erfolgreich die Geschäfte. Nach dem tragischen Tod ihres Mannes hat Yoko viel geleistet, um die Erinnerung an John Lennon weltweit wachzuhalten.

PATTIE BOYD HARRISON: Die am 17. März 1944 geborene Patricia Anne Boyd lernte George Harrison bei den Dreharbeiten für den Film *A Hard Day's Night* kennen. Sie hatte vom Regisseur Richard Lester eine kleine Rolle in dem Film bekommen. Lester hatte das 22jährige Model schon früher in einem Werbespot

für Kartoffelchips eingesetzt. Sie und Harrison wurden am 21. Januar 1966 getraut. 1969 lernte sie bei einer Party in Brian Epsteins Savile Theater Eric Clapton kennen, der sich »auf den ersten Blick« in sie verliebte. Während Pattie und Eric während der nächsten Jahre eine sporadische und frustrierende Affäre hatten, wurden auch George und Eric gute Freunde. Als Pattie ihre Beziehung zu Clapton abbrach, verfiel er dem Heroin. Erst im Februar 1973 entschied er sich, in Behandlung zu gehen. Als er wieder »clean« war, traf er sich erneut mit den Harrisons, und seine Besessenheit für Pattie loderte wieder auf. George, der die Situation kannte, hatte sich offensichtlich mit der Tatsache abgefunden. Als Eric ihn mit dem Satz »Ich liebe deine Frau. Was wirst du machen?« konfrontierte, antwortete George salopp: »Was du auch willst, Mann!«. Kurz danach (am 6. Juli 1974) verließ Pattie George und zog zu Eric. Am 10. Juni 1977 wurden George und Pattie geschieden. 1984 verließ Pattie auch Eric Clapton, reichte allerdings erst am 5. Juni 1988 die Scheidung ein.

OLIVIA TRINIDAD ARIAS HARRISON: 1948 in Mexiko geboren, wuchs Olivia in Kalifornien auf und besuchte dort die Schule. Nach ihrem Schulabschluß arbeitete sie in der Merchandising-Abteilung der in Los Angeles beheimateten Plattenfirma A&M, wo sie George Harrison 1974 kennenlernte. Er engagierte sie sofort als Sekretärin für seine eigene Plattenfirma Dark Horse. Als George an Hepatitis erkrankte und die Behandlung bei ihm nicht anschlug, nahm Olivia ihn zu einem chinesischen Akupunkteur mit, der den Musiker heilte. George wußte, daß er die Frau seines

Lebens gefunden hatte, aber sie mußten mit der Heirat warten, bis die Scheidung von Pattie offiziell war. Ihr Sohn Dhani kam am 1. August 1978 zur Welt, die Hochzeit wurde am 7. September 1978 gefeiert.

MAUREEN COX STARKEY wurde am 4. August 1946 in Liverpool geboren. Sie war Kosmetikerin und Friseuse, bevor sie am 11. Februar 1965 Ringo heiratete. Die Scheidung wurde am 17. Juli 1975 verkündet. Damals bekam Maureen eine einmalige Summe von 125 000 Pfund sowie einen jährlichen Unterhalt von 23 000 Pfund für sich selbst und jeweils 2 500 Pfund für ihre drei Kinder Zak (geboren am 13. September 1965), Jason (geboren am 19. August 1967) und Lee Parkin (geboren am 11. November 1970). Diesen Unterhalt erhöhte Ringo freiwillig auf 70 000 bzw. 10 000 Pfund. 1987 klagte Maureen ihre eigenen Anwälte wegen Fahrlässigkeit bei der Verhandlung der Summe an, weil sie 125 000 Pfund zu niedrig fand. Sie verlor den Fall und wurde mit 200 000 Pfund Gerichtskosten belastet. Mit 48 Jahren starb Maureen in Los Angeles an Leukämie. Ringo, ihre drei Kinder und ihr zweiter Mann, Isaac Tigrett, der Mitbegründer des Hard Rock Cafes, standen ihr bei.

BARBARA BACH, 1951 in New York unter dem Namen Goldbach geboren, war zunächst Fotomodell. In Europa bekam sie Rollen in Filmen wie der James-Bond-Verfilmung *The Spy Who Loved Me*, *The Humanoid*, *Force Ten At Navaronne*, *The Jaguar Lives*, *The Volcanic Island*, *The Unseen* und *Caveman*. Während der Dreharbeiten zu *Caveman* lernte sie den Co-Star Ringo Starr kennen. Sie heirateten am 27. April 1981.

LINDA EASTMAN McCARTNEY: Linda Louise Eastman, die Tochter von Lee Eastman, einem sehr erfolgreichen Anwalt der Unterhaltungsindustrie und Ur-
heberrecht-Spezialisten, wurde am 24. September
1942 in New York geboren. Wie Yoko Ono besuchte
auch Linda die exklusive Sarah Lawrence School. An
der Princeton University studierte sie Geschichte und
Kunst, bis ihre Mutter 1960 bei einem Flugzeug-
unglück starb. Als Fluchtreaktion heiratete sie, zog
nach Tucson, Arizona, und bekam am 31. Dezember
1963 ihre Tochter Heather. Obwohl die Ehe nur ein
Jahr hielt, nahm sie in Tucson auch Unterricht in Pho-
tographie. Als Linda und ihre Tochter nach New York
zurückkehrten, begann sie, als Photojournalistin zu
arbeiten. Bei einer Party der Zeitschrift *Rolling Stone*
war sie als einziger Photograph zugelassen. Sie war
auch Hausphotographin der legendären Konzerthalle
Filmore East. Schon 1965 photographierte sie die
*Beatles* in Österreich bei den Dreharbeiten für den
Film *Help!*, lernte die Gruppe aber erst 1965 im Shea
Stadion kennen. 1967 reiste Linda nach London, um
verschiedene Musiker zu photographieren. Während
dieses Besuches stellte der *Animals*-Bassist Chas
Chandler Linda Paul persönlich vor. Ein paar Tage
später war sie auch bei einer exklusiven *Sgt.- Pepper*-
Premierenparty in der Wohnung von Brian Epstein
anwesend. Nachdem Linda und Paul sich 1968 in
New York und Los Angeles erneut trafen, lud er sie
ein, zu ihm nach England zu kommen.

Sie verließ Amerika, und die beiden heirateten am
12. März 1969. Weil Paul schon gerichtliche Schritte
wegen der Auflösung der *Beatles* unternommen
hatte, kam keiner der anderen drei *Beatles* zur Hoch-

zeit. Paul adoptierte Heather, und Linda brachte noch drei Kinder zur Welt: Mary (geboren am 29. August 1969), Stella (geboren am 12. September 1971) und James Louis (geboren am 12. September 1977).

Viele Fans akzeptierten Linda am Anfang nicht, und als Paul die Gruppe *Wings* gründete und darauf bestand, daß Linda Keyboards lernte und mitspielte, wurde die Amerikanerin Zielscheibe von Spott und Hohn. Sie blieb aber hartnäckig, und Paul brachte ihr das Spielen bei. Sie veröffentlichte eine eigene Platte *(Seaside Woman)* unter dem Namen *Suzi & the Red Stripes* und arbeitete bei zwei Zeichentrickfilmen mit: *The Oriental Nightfish* und *Seaside Woman*. Neben den Ausstellungen ihrer Photos veröffentlichte Linda auch erfolgreiche Kochbücher mit vegetarischen Rezepten und brachte sogar eine eigene Marke vegetarischer Gerichte in die Supermärkte. Linda und Paul sind reine Vegetarier.

# Chronologie der Schallplatten-aufnahmen

### Die Platten der Beatles

In dieser Chronologie der Schallplattenaufnahmen und -veröffentlichungen der *Beatles* finden sich nur Aufnahmen, die die Fab Four (gemeinsam) gemacht haben. Aus Gründen der Übersichtlichkeit gehen wir nur auf die Veröffentlichungen in England ein. Songkopplungen oder Zweit- und Wiederveröffentlichungen bleiben hier unberücksichtigt.

Die *Beatles*, vor allem John Lennon und Paul McCartney, schrieben auch sehr viele Songs für andere Künstler, hauptsächlich aus dem Stall ihres Managers. Sehr oft nahmen sie an deren Aufnahmen auch als Gastmusiker teil. Es würde den Rahmen dieses Buches sprengen, würden wir all diese Sessions und Veröffentlichungen mit berücksichtigen.

Von Beginn der »Beatlemania« an bis heute sind die *Beatles* für Heerscharen von Musikern und Künstlern eine beständige Quelle der Inspiration. Immer wieder werden ihre Songs von anderen Interpreten neu aufgenommen, sehr oft mit großem Erfolg.

Als John Lennon, Paul McCartney und George Harrison zusammen mit den anderen Mitgliedern der damaligen *Quarrymen* im Jahre 1958 eine Schellackplatte aufnahmen, ahnte niemand, welche Fülle an Evergreens, Hits und das Musikgeschehen revolutionierenden Songs diese jungen Männer einmal produzieren würden.

In ihre Hamburger Zeit fiel die erste wirkliche Plattenaufnahme. Unter der Regie von Bert Kaempfert fungierten sie als Backingband des damals recht populären Sängers Tony Sheridan. Mit ihm zusammen entstand die musikalisch zwar nicht beeindruckende, aber für ihre Geschichte sehr wichtige Aufnahme *My Bonnie*, gekoppelt mit dem alten Gospel-Klassiker *When The Saints Go Marching In*. Denn durch sie wurde, als Raymond Jones im Oktober 1961 im NEMS-Schallplattenladen danach fragte, Brian Epstein auf die anscheinend so populären *Beatles* aufmerksam. Nur knapp fünf Monate später, nachdem fast alle Plattenfirmen sie abgelehnt hatten und selbst ihre Demo-Aufnahmen für das Decca-Label mit den berühmten Worten: »Der Trend geht weg von Gitarrenbands« verworfen wurden, fanden sich die *Beatles* im September 1962 in den bald legendären Abbey Road Studios wieder, um *Love Me Do* und *P.S. I Love You* einzuspielen: Ihre erste Schallplatte als *The Beatles* und ihr erstes Zusammentreffen mit George Martin.

Single *LOVE ME DO / P.S. I LOVE YOU*
Aufnahmedatum: 11. September 1962
Erscheinungsdatum: 5. Oktober 1962 (Die Angaben beziehen sich ausschließlich auf die Erstveröffentlichung in Großbritannien.)

Um kostbare Zeit und Geld zu sparen, war der Session-Schlagzeuger Andy White von George Martin ins Studio beordert worden. Sowohl Ringo Starr wie auch Andy White spielten verschiedene Takes von *Love*

*Me Do* ein. Wer von den beiden nun wirklich auf der veröffentlichten Version spielte, ist auch heute noch nicht ganz sicher und eigentlich auch nicht mehr wichtig, denn die Qualität von Ringo Starrs Schlagzeugspiel wurde von allen Beteiligten erkannt. Das tonangebende Instrument bei *Love Me Do* ist die von John Lennon gespielte Mundharmonika. Zum damaligen Zeitpunkt war es recht ungewöhnlich, einen Popsong mit dieser Klangfarbe zu versehen. Capitol Records in den USA lehnten die Single unter anderem wegen der Harp – wie die Amerikaner die Mundharmonika nennen – ab. John wollte der Produktion durch Hinzunahme dieses Instrumentes eine besondere Note verleihen, und tatsächlich bestimmt die Mundharmonika in Verbindung mit der leicht wiederzuerkennenden Melodie den Song. In der Instrumentierung war der Grundstock für das künftige Zusammenspiel gelegt: Leadgitarre George Harrison, Rhythmusgitarre John Lennon, Baß Paul McCartney, Schlagzeug Ringo Starr.

Die Leadstimme bei *Love Me Do* sang John Lennon, mit Paul und George als Begleitung.

Die B-Seite *P.S. I Love You,* am selben Tag aufgenommen, zeigt die ersten Anzeichen für die Fähigkeit McCartneys, romantische Liebesballaden zu schreiben. Auf der veröffentlichten Version spielt Andy White Schlagzeug, Ringo Tambourine und Maracas.

*Love Me Do* erreichte durch recht solide Verkaufszahlen in der Region Liverpool – und vielleicht auch durch die angeblichen Eigenkäufe von Brian Epstein – Platz 17 in den englischen Charts (New Musical Express). Die Single ist sicher kein Meilenstein in der

Geschichte der Popmusik, doch George Martin sagte in seinen Memoiren: »Ich war mir nach den Aufnahmen absolut sicher, eine Hitgruppe in meinen Händen zu haben, obwohl ich wußte, daß die Songs der ersten Single noch nicht die richtige Qualität hatten.«

Single *PLEASE PLEASE ME / ASK ME WHY*
Aufnahmedatum: 26. November 1962
Erscheinungsdatum: 11. Januar 1963

George Martin, der *Please Please Me* schon von den Aufnahmesessions für die erste Single kannte, war mit dem Tempo und der Struktur des Songs überhaupt nicht einverstanden. Er wollte, daß *die Beatles* den Titel *How Do You Do It,* eine Mitch-Murray-Komposition, als nächste Single veröffentlichten. Doch nachdem sie das Lied aufgenommen hatten, sprach sich vor allem John vehement dagegen aus. Die *Beatles* mochten den (Murray-)Song einfach nicht, also überarbeiteten John und Paul das (eigene) Lied solange, bis sie George Martin überzeugt hatten. Die endgültige Konzeption und Komposition war dann auch beispielhaft für die *Beatles*-Musik der kommenden Jahre. Wieder war Lennons Mundharmonikaspiel das hervorstechende Merkmal, und nicht wenige Kritiker sagen noch heute, daß diese Single wohl die beste sei, die die *Beatles* je gemacht hätten. *Please Please Me* ist auf jeden Fall aggressiver und aufregender als ihr Vorgänger, und Lennons Gesang strotzt vor Emotionalität.

Das verworfene *How Do You Do It* wurde übrigens

in der Version von *Gerry and the Pacemakers* später ein respektabler Nummer-1-Hit in den englischen Charts.

Die Rückseite *Ask Me Why* ist wieder eine Ballade, ähnlich *PS. I Love You.*

*Please Please Me* war schon kurz nach der Veröffentlichung auf Platz 17 notiert. Am 16. Februar erreichte sie dann den ersten Platz. Allein 1963 verkaufte sich die Single über eine Viertelmillion Male und brachte ihnen so die erste silberne Schallplatte ein.

John Lennon sagte hierzu: »Über diese Silberne habe ich mich mehr gefreut als über all die anderen, die wir nachher bekamen. In diesem Augenblick nämlich fühlte ich, daß mein Wunschtraum wahr werden würde.«

LP *PLEASE PLEASE ME*
Aufnahmedatum: 11. Februar 1963
Erscheinungsdatum: 5. April 1963

Aufgenommen in nur zwölf Stunden, zeigt *Please Please Me* die *Beatles* in Hochform. Zur damaligen Zeit hieß es, um die »wahren« *Beatles* zu hören, müsse man in den Cavern Club gehen. Vielleicht wollte George Martin deshalb zunächst an jenem Ort eine Live-Platte aufnehmen. Es ging ihm um die Energie und Rauhheit in der Musik der *Beatles.* Und letztendlich waren die Aufnahmen für *Please Please Me* in den Abbey Road Studios die größtmögliche Annäherung an diese Live-Atmosphäre.

PLEASE PLEASE ME • THE BEATLES

Die auf dem Album vertretenen Songs waren das Grundgerüst des Bühnenprogramms der vier, und da sie diese Lieder fast mehrmals täglich vor Publikum spielten, übernahm man kurzerhand auch fast alle Arrangements. George Martin sagte hierzu: »Die Jungs sangen über zwölf Stunden lang. Es war eine effektive Non-Stop-Aufführung. Sie lutschten Kehlkopfpastillen und stürzten becherweise Milch hinunter, damit sie nicht heiser wurden.«

*I Saw Her Standing There*

war die perfekte Eröffnungsnummer. McCartneys klassischer Rock 'n' Roll-Einzähler: »*One, two, three, four*« – dann die kraftvoll einsetzende Musik, das erzeugte sofort Aufmerksamkeit beim Zuhörer. Und bis heute hat diese Aufnahme keinen Staub angesetzt.

Für lange Zeit blieb dieser Song einer der beliebtesten bei ihren Auftritten. John Lennon spielte ihn sogar noch bei seiner letzten Live-Show im November 1974.


*Misery*

war eigentlich Helen Shapiro angeboten worden, doch deren Management lehnte den Song ab. *Misery* ist eine etwas süßliche Ballade, gesungen von John Lennon, der auch die Leadgitarre spielte. Die Piano-Zwischenteile übernahm George Martin.


*Anna*

wurde von Arthur Alexander komponiert, dessen Titel *A Shot Of Rhythm & Blues* schon zu Star-Club-Zeiten ein fester Bestandteil des *Beatles*-Repertoires war. John Lennon, der die Leadstimme sang, wollte das Stück unbedingt auf der Platte haben, vielleicht auch, weil er sich gut mit den Textzeilen »What am I, what am I supposed to do« identifizieren konnte.

## Chains

eine Jerry-Goffin/Carol-King-Komposition, kam in der Originalversion von *The Cookies* bis auf Platz 17 in den amerikanischen Charts. George Harrison sang hier die Leadstimme, John spielte Leadgitarre.

## Boys

war der erste Song, bei dem Ringo der Leadsänger war, unterstützt von Paul. Sicherlich können sich seine stimmlichen Leistungen nicht mit denen von Lennon und McCartney messen, doch gleicht Ringo dies mit der ihm eigenen charmanten Persönlichkeit bestens aus. *Boys*, komponiert von Luther Dixon, wurde erstmals 1960 von der Girl-Group *The Shirelles* aufgenommen und war die B-Seite ihrer Nummer-1-Single *Will You Love Me Tomorrow.*

## Baby It's You

ist ein weiterer Song der *Shirelles*, die neben den *Miracles* übrigens zu Johns Lieblingsvokalgruppen gehörten. Das Lied erreichte in der Originalversion Position 8 in Amerika. Komponiert wurde es von dem erfolgreichen Autorenteam Bacharach-David-Williams. Natürlich ist der einfühlsame Sänger in dieser Version dann auch John Lennon.

*Do You Want To Know A Secret*

ist eine John-Lennon-Komposition, in der George die Leadvocals übernahm. Paul und John begleiteten ihn als Background-Chor.

Die Idee zu diesem Titel hatte John aus einem Walt-Disney-Film. John erinnert sich: »In *Cinderella* oder *Fantasia* kam ungefähr folgender Satz vor: ›Willst du ein Geheimnis wissen, versprich mir, darüber nicht zu reden, sondern hilf mir beim Wünschen‹.« Komponiert hat Lennon den Song in der Falkner Street 37 in Liverpool. Dort befand sich die geheime Wohnung von Brian Epstein, die er großzügigerweise Cynthia und John überlassen hatte, als sie im August 1962 heirateten.

*A Taste Of Honey*

wird von einem »doppelten« McCartney gesungen. Pauls Stimme wurde durch einen immer noch sehr beliebten Studiotrick gedoppelt. Auf diese Weise sang er mit sich selbst im Duett. Die Idee hierzu stammte von George Martin.

*There's A Place*

ist musikalisch sehr stark an *Please Please Me* angelehnt und erzählt in der ersten Person die Gedanken eines Teenagers. Dieses Stück wurde oft mit der von Brian Wilson geschriebenen *Beach-Boys*-Komposition *In My Room* verglichen, die die gleiche Thematik hatte. Doch sowohl in textlicher Hinsicht wie auch durch Johns und Pauls Harmoniegesang überragen die *Beatles* die *Beach Boys* hier um Längen. Das Zusammenwirken der Gitarren mit Lennons Mundharmonika in Verbindung mit dem Text ermöglichte es den Teenagern, sich nur allzu genau mit den *Beatles* zu identifizieren, und umgekehrt zeigten die *Beatles* ihre Fähigkeit, Gedanken und Gefühle der jungen Generation auf den Punkt zu bringen.

### Twist And Shout

war 1962 ein großer Hit für die amerikanische Formation *The Isley Brothers* und beendet mit einer aggressiven, energiegeladenen Einspielung, ähnlich einer letzten Zugabe bei einem Live-Konzert, hier das erste Album der *Beatles*.

*Twist and Shout* ist purer Rock 'n' Roll und bildet zusammen mit dem Eröffnungssong der Platte, *I Saw Her Standing There*, eine Art Klammer, in deren Zwischenraum die *Beatles* ihren Standpunkt des Rock 'n' Roll definieren.

Daß Spontaneität und Rock 'n' Roll harte Arbeit sein können, bestätigte dann auch George Harrison: »Die Aufnahmen zu unserer ersten LP waren eine Tortur. Ich hatte nachher blutige Fingerkuppen, habe mir aber nichts anmerken lassen, denn ich wollte nicht, daß wir die Aufnahmen abbrechen mußten. Es war doch so wichtig für uns.«

Das Cover der englischen LP zeigt die *Beatles* im Treppenhaus des EMI-Gebäudes am Manchester Square. Zehn Jahre später wurde das Photo noch einmal nachgestellt und, zusammen mit dem Original-foto, für das rote und blaue Doppelalbum verwandt.

*Please, Please Me* war über sechs Monate in den englischen Albumcharts und erreichte Platz 1, nur um im November von ihrer nächsten LP abgelöst zu werden.

Zusätzlich zu diesen zehn Songs befinden sich noch die Stücke der ersten beiden Singles auf der LP.

Single
*FROM ME TO YOU / THANK YOU GIRL*
Aufnahmedatum: 4. März 1963
Erscheinungsdatum: 12. April 1963

*From Me To You* komponierten Lennon und Mc-Cartney im Bus, während sie im Februar '63 zusammen mit Helen Shapiro auf Tournee waren. Der Song hat einen leichten Blues-Einschlag, kombiniert mit einer einfachen, aber um so wirkungsvolleren Melodie. Die Inspiration zur Titelgebung war die Leserbriefkolumne des *New Musical Express*, die »From You To Us« hieß. Fast hätten sie das Stück gar nicht aufgenommen. Dazu John Lennon: »Wir dachten zuerst, es wäre zu stark bluesorientiert, aber als George Martin die Mundharmonika mit ins Arrangement nahm, klang es ganz gut.«

*Thank You Girl* ist eine gemeinsame Produktion von John und Paul und sollte eigentlich die B-Seite für eine der ersten Singles werden. Während der Aufnahmen trug der Song noch den Titel *Thank You Little Girl*.

*From Me To You* wurde sofort Nummer 1 in der englischen Hitparade, obwohl der Titel nicht auf der nur eine Woche vorher erschienenen LP vertreten war. Bei Konzerten änderten die *Beatles* den Text oft auch in *From Us To You* um, und genauso war dann auch der Name ihrer regelmäßigen BBC-Radioshow.

Single *SHE LOVES YOU / I'LL GET YOU*
Aufnahmedatum: 1. Juli 1963
Erscheinungsdatum: 23. August 1963

Auch *She Loves You* schrieben Paul und John zusammen. Es war die erste Platte der *Beatles*, die sich über eine Million mal verkaufen sollte, und es war bis 1978 die am häufigsten verkaufte Single in England überhaupt. Abgelöst wurde *She Loves You* erst von Paul McCartneys *Mull Of Kintyre.*

*She Loves You* war inspiriert von den amerikanischen Call-and-Response-Liedern. Paul McCartney erinnert sich: »Als wir den Song im Hotel in Newcastle schrieben, griffen wir einfach die Idee dieser Call-and-Response-Lieder auf. Zwei von uns singen ›*She Loves You*‹, und die anderen antworten mit ›*Yeah Yeah Yeah*‹. John und ich fanden eigentlich, daß es eine etwas lausige Idee war, diese recht spezifisch amerikanische Sache zu übernehmen, aber wenigstens hatten wir jetzt die Basis für den Song.«

Diese *Yeahs* waren nach Veröffentlichung der Single dann doch etwas mehr als nur die Basis. Der Song mit den *Yeahs* sorgte dafür, daß spätestens ab diesem Zeitpunkt die *Beatles* als musikalische Erscheinung unsterblich sein sollten. In den etwas mehr als zwei Minuten des Songs schienen sie eine

Sprache gefunden zu haben, die schon kurz darauf alle Teenager dieser Welt nur zu gut verstanden.

George Martin wußte sofort nach dem Einspielen des Songs: »Jungs, das ist wieder ein garantierter Hit.«

*I'll Get You* ist eine John-Lennon-Komposition, die während der Aufnahmen noch *Get You In The End* hieß. In Amerika wurde sie im Mai 1964 als B-Seite der auf dem Swan-Label erschienenen Single *She Loves You* veröffentlicht.

Für *She Loves You* bekamen die *Beatles* ihre erste Goldene Schallplatte. Der Song wurde danach noch von über sechzig weiteren Gruppen und Künstlern als Coverversion aufgenommen, unter anderem auch von Peter Sellers und dem englischen Fußballclub Tottenham Hotspurs.


LP *WITH THE BEATLES*
Aufnahmezeitraum: verschiedene Sessions Juli bis Oktober 1963
Erscheinungsdatum: 22. November 1963

Sofort nach der Veröffentlichung war *With The Beatles* auf der Topposition in England und blieb dort ununterbrochen 21 Wochen lang. Die Vorbestellungen betrugen mehr als 250 000 Exemplare. Bis dahin war das Album *Blue Hawaii* von Elvis Presley mit 200 000 Stück der Spitzenreiter gewesen.

Vom Aufbau her ist *With The Beatles* ähnlich konzipiert wie das vorherige Album. Wieder beginnt die Platte mit einer Eigenkomposition und wird auf Seite 2 mit einer amerikanischen Coverversion beendet. Die ersten vier Songs auf Seite 1 sind von drei ver-

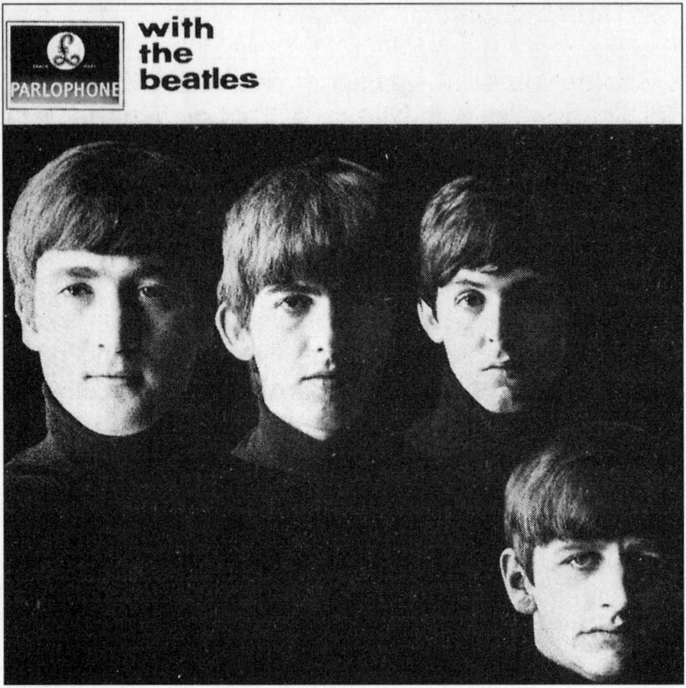

with
the
beatles

schiedenen *Beatles* komponiert, auf der zweiten Seite wechseln sich dann Eigen- und Fremdkompositionen ab. Jedoch hat man das Gefühl, daß sie sich zu diesem Zeitpunkt ihrer Qualitäten als Songschreiber immer bewußter wurden. Die Interpretationen der amerikanischen Originale befruchten ihre Eigenkompositionen. Gleichzeitig wird man sich durch diese Art »Gegenüberstellung« der Qualität der *Beatles*-Songs bewußt und erkennt, daß sie den Rock 'n' Roll nicht nur nachspielen, sondern ihn zu etwas Eigenem machen.

*It Won't Be Long*

eröffnet mit John als Sänger das zweite Album der *Beatles*. Musikalisch ist es an *From Me To You* angelehnt.

*All I've Got To Do,*

aufgenommen am 11. September 1963, ist eines der selten gecoverten (nachgespielten) Stücke der Gruppe. Gesungen wird es von John. Der Text spiegelt sicherlich seine Ängste und Sehnsüchte wider: einerseits Liebe zu wollen, andererseits Angst vor ihr zu haben. Eine Thematik, die Lennon sein ganzes Leben hindurch begleitet hat.

*All My Loving*

wurde komponiert und gesungen von Paul McCartney. Die Idee dazu kam ihm angeblich bei der morgendlichen Rasur. George Harrison bereicherte diese Aufnahme durch ein brillantes Gitarrensolo.

*All My Loving* wurde von über 100 anderen Künstlern gecovert, unter anderem von Count Basie, *The Chipmunks* und dem *George Martin Orchestra*. Auf letzterer Version singt sogar Dick James, der Verleger der *Beatles*, einige Textzeilen.

## Don't Bother Me

ist die erste Harrison-Komposition auf einer *Beatles*-Platte, und George war hier auch der Sänger. Es gibt eine ganz interessante Geschichte zu dem Titel. Der erste Originalsong der *Beatles*, der in der Zeitschrift *Mersey Beat* erwähnt wurde, war die Harrison-Komposition *Cry For A Shadow*. Immer wenn der Herausgeber Bill Harry George traf, fragte er ihn nach neuen eigenen Stücken. Gleichzeitig neckte er Harrison damit, das Songschreiben doch nicht nur John und Paul zu überlassen. Also schrieb George *Don't Bother* Me (Geh mir nicht auf die Nerven) und beendete damit die ständigen Nachfragen von Harry.

## Little Child

ist die letzte Eigenkomposition auf Seite l. John Lennon singt und eröffnet die Nummer auch mit seinem Mundharmonika-Spiel.

## Till There Was You

ist eine Komposition aus dem Broadway-Musical *The Music Man*, geschrieben von Meredith Willson. Die *Beatles* nahmen dieses Stück schon während der Demo-Aufnahmen für Decca auf und spielten es auch in ihrem Hamburger Live-Programm. Bei den Aufnahmen soll Brian Epstein gesagt haben, daß Pauls Gesang einige Brüche aufwies. John reagierte darauf in seiner typischen Art: »Wir machen die Platten, du zählst weiterhin die Prozente.«

George Harrison spielt hier ein dem Flamenco ähnliches Gitarrensolo.

## Please Mr. Postman

von den *Marvelettes* war im Dezember 1961 ein Megaseller in den Staaten. Geschrieben vom Autorenteam Holland-Bateman-Gordy wandelten die *Beatles* das Stück in einen pulsierenden Soul-Beat um. Der Leadgesang ist von John Lennon, unterstützt von den hervorragend arrangierten Harmoniestimmen von Paul und George.

## Roll Over Beethoven

war für Chuck Berry der zweite Hit in Amerika und erreichte im Juni 1956 Platz 29 in den amerikanischen Charts. Live wurde der Song in der Version der *Beatles* von John Lennon gesungen. Im Studio übernahm George den Gesang. Dieser Song wurde bei den Amerika-Konzerten der *Beatles* immer besonders gut vom Publikum angenommen. *Roll Over Beethoven* hatten die *Beatles* schon seit ihren frühesten Tagen – damals noch als *The Silver Beatles* – im Live-Repertoire. Daß die Studiofassung ihrer Live-Version in nichts nachstand, kann man auch auf den Platten *Live At The Star Club in Hamburg* und *Live At The Hollywood Bowl* hören. Chuck Berry selbst war sehr angetan von der Aufnahme der *Beatles*: »Die haben's gut gebracht, besser hätte ich es auch nicht gekonnt.«

1994 wurde dieser Song als Filmmusik für den *Backbeat*-Soundtrack noch einmal aufgenommen. Eine Underground-All-Star-Band, unter anderem mit Thurston Moore *(Sonic Youth)*, Greg Dulli *(Afghan Whigs)* und Dave Grohl *(Nirvana)*, spielte die alten Klassiker aus den frühen *Beatles*-Tagen neu ein, und auch bei diesem Vergleich schneiden die *Beatles* mehr als gut ab.

### Hold Me Tight

ist eine Paul-McCartney-Komposition, wobei er auch die Leadvocals beisteuerte. Angeblich sollte dieses Stück schon auf die erste Platte kommen, doch nach den Aufnahmen im Februar 1963 waren die Bänder nicht mehr auffindbar, und so vertagte man das Stück auf das nächste Album.

### You Really Got A Hold On Me

ist eine weitere Tamla-Motown-Cover-Version. Im Original von *Smokey Robinson and the Miracles* war es im November 1962 ein sehr großer Hit in Amerika. Die *Beatles* nahmen den Song am gleichen Tag wie *Money (That's What I Want)* mit John als Leadsänger auf.

Zu keiner Zeit war der Einfluß schwarzer Musik auf die *Beatles* größer als bei der Arbeit an *With The Beatles*.

## I Wanna Be Your Man

ist eine Gemeinschaftskomposition von John und Paul. Das Stück war noch unvollendet, als die beiden es innerhalb weniger Minuten im Proberaum der *Rolling Stones* zu Ende schrieben. Die *Stones* veröffentlichten diesen »geschenkten« Song am 1. November 1963 und erreichten Position 15 in den englischen Charts. Die *Beatles* nahmen *I Wanna Be Your Man* am 11. September 1963 auf. Den Leadgesang übernahm Ringo Starr, und er zeigte, daß er bei Stücken ohne großen Tonumfang ein ganz passabler Sänger war.


## Devil In Her Heart

war ein kleiner Hit für die weibliche Gesangsgruppe *The Donays* 1962. Die *Beatles* nahmen diesen von Richard Drapkin komponierten Titel mit George als Leadsänger am 18. Juli 1963 auf.


## Not A Second Time

Dieser inzwischen typisch zu nennende *Beatles*-Song stammte von John. Bei der Aufnahme spielte George Martin Klavier.

John sagte über dieses Lied: »Über *Not A Second Time* schrieb William Mann in der *Times* einen Artikel, in dem er sich über die Medianten und die äolischen Kadenzen am Ende des Liedes ausließ. Er verglich es mit Mahlers *Lied von der Erde*. Aber für mich waren es Akkorde wie alle anderen auch. Das

war das erstemal, daß jemand so etwas über uns geschrieben hat.«

*Money (That's What I Want)*

ist eine weitere Nummer aus dem Motown-Katalog.
Geschrieben von Berry Gordy und Janie Bradford, war
es 1960 ein großer Hit für den Sänger Barrett Strong.
Der Song war eines von Johns Lieblingsliedern. Zum
erstenmal für die Decca-Demosessions aufgenommen, hatte *Money* einen festen Platz im Live-Programm der *Beatles*. Lennon nahm einen Mitschnitt
dieses Songs vom Toronto Rock 'n' Roll Revival Concert mit der *Plastic Ono Band* auf sein *Live-Peace-in-
Toronto*-Album.

Single *I WANT TO HOLD YOUR HAND / THIS BOY*
Aufnahmedatum: 19. Oktober 1963
Erscheinungsdatum: 29. November 1963

Nur eine Woche nach dem Erscheinen von *With
The Beatles* brachte ihre Plattenfirma diese neue
Single auf den Markt. Eine Single, die alle bis dahin
aufgestellten Rekorde in der Musikindustrie übertref-
fen sollte und gleichzeitig der Wegbereiter für den
Durchbruch der *Beatles* in Amerika war.
 In England gab es Vorbestellungen von über einer
Million Stück. Natürlich sprang die Single sofort auf
Platz 1 der nationalen Charts. Bis zum Ende des Jah-
res '63 wurden allein in England über 1 250 000 Ex-
emplare verkauft. Mit über 15 Millionen verkauften

146

Einheiten weltweit ist *I Wanna Hold Your Hand* noch heute die am meisten verkaufte britische Single.

In Amerika sollte die Single am 13. Januar 1964 erscheinen, doch der in Washington beheimatete DJ Carrol James spielte die Single, die er von einer Freundin aus England erhalten hatte, schon vorher nahezu stündlich. Die dadurch ausgelöste Resonanz zwang die amerikanische Capitol, den Erscheinungstermin auf den 27. Dezember 1963 vorzuverlegen. Statt wie geplant 200 000 Kopien zu pressen, erhöhte man die Auflage auf eine Million.

Musikalisch war *I Wanna Hold Your Hand* komplexer und subtiler als ihre früheren Singles. Es besteht aus fünf Teilen und erinnert im Refrainaufbau und der Art des Gesangs an amerikanische Gospelstücke. Paul und John singen gemeinsam.

*This Boy* wurde von einem Journalisten der *Times*, William Mann, als »...von der Harmonie her eines ihrer interessantesten Stücke« beschrieben.

Der Song stammte von John Lennon, der auch den Gesang übernahm. Paul sang die zweite Stimme.

Für den Film *A Hard Day's Night* spielte das *George Martin Orchestra* den Song noch einmal ein. Aus *This Boy* wurde hier *Ringo's Theme*.


Single *CAN'T BUY ME LOVE / YOU CAN'T DO THAT*
Aufnahmedatum: 25. Februar 1964
Erscheinungsdatum: 20. März 1964


Wieder brachen sie mit dieser Single Rekorde. Die Vorbestellungen in England beliefen sich auf etwa 1 400 000 Exemplare, in Amerika waren es fast zwei

Millionen. Die Single katapultierte sich sofort auf Platz 1 der Charts in England und Amerika. Als *Can't Buy Me Love* in der zweiten Woche Nummer 1 in Amerika wurde, befanden sich noch dreizehn weitere *Beatles*-Singles in den Hot Hundred, fünf davon unter den ersten zehn.

Komponiert hatten John und Paul das Stück während ihrer Zeit in Paris, wo sie ein Engagement im Olympia-Theater hatten. George spielte bei der Aufnahme eine neue zwölfseitige Rickenbacker-Gitarre, den Gesang übernahm Paul. Paul war es auch, der sich über die Textinterpretationen einiger Musikkritiker beklagte: »Jeder kann ein Lied interpretieren, wie er will. Aber wenn einer ankommt und sagt, *Can't Buy Me Love* besinge eine Nutte, dann reicht es mir. Das geht einfach zu weit.«

Das Stück selbst wurde schon kurz nach Erscheinen von vielen internationalen Topstars neu aufgenommen. Die erfolgreichste und vielleicht auch beste Version gelang Ella Fitzgerald zusammen mit dem *Count Basie Orchestra*. Ihre Aufnahme, bei der die *Beatles* anwesend waren, erreichte in England nur kurze Zeit nach der *Beatles*-Veröffentlichung Platz 30.

*You Can't Do That*: Wieder spielt George die zwölfseitige Gitarre zu dieser Lennon-Komposition. John, der den Titel sang, sagte dazu: »Dies war mein Versuch, zu sein wie Wilson Pickett. Das Stück kam aber nur auf die Rückseite, weil *Can't Buy Me Love* zu gut war.«

Bei der Aufnahme spielte Ringo Bongos und Paul die Cowbell (Kuhglocke).

EP *LONG TALL SALLY*
Aufnahmedatum: 26./27. Februar 1964
Erscheinungsdatum: 19. Juni 1964

Wurden EPs (Extended Play = verlängerte Spielzeit) bis dahin von den Plattenfirmen meistens dazu benutzt, schon veröffentlichte Singles zu koppeln und noch einmal auf den Markt zu werfen, entschied sich die englische EMI hier für eine EP mit bis dato in England noch nicht veröffentlichten *Beatles*-Stücken. Die vier Songs auf dieser EP (ein *Beatles*-Original und drei Coverversionen) gelangten auf Platz 11 in den englischen Single-Charts. Heutzutage sind EP-Veröffentlichungen selten, doch in den Sechzigern erschien eine Fülle davon. Es gab sogar eigene Charts für diesen zwischen Single und LP liegenden Tonträger, in denen die *Beatles* mit *Long Tall Sally* natürlich auf den ersten Rang kamen.


*I Call Your Name*

kam schon einige Monate vorher in der Version von *Billy J. Kramer and the Dakotas*, die auch von Epstein gemanagt wurden, auf den Markt. John war der Sänger und sagte über diesen Song: »Ich schrieb dieses Lied damals noch in Liverpool, nur der mittlere Teil entstand in London. Ich mag es.« Im Mittelteil des Liedes fällt die Band in einen Ska – eine etwas schnellere Form des Reggaes –, und John sagte später dazu: » Wir taten es absichtlich und völlig bewußt.«

## Slow Down

ist ein weiterer alter Favorit aus den Star-Club-Tagen. John und Paul spielen diese Larry-Williams-Nummer im Duett. George Harrison bewies mit seinem Solo erneut, daß er einer der besten Gitarristen des Pop war. Der Klavierpart wurde von George Martin eingespielt.

## Long Tall Sally

war 1956 in England ein Hit für Richard Penniman, besser bekannt als Little Richard. Der Song ist ein Lieblingslied von Paul gewesen und war ein Knaller in ihrem frühen Live-Programm. Die Fans gerieten aus dem Häuschen, die Veranstalter allerdings eher in Panik. Auf der EP zeigt sich Paul McCartney in Hochform. Sein Gesang wirkt energiegeladen wie selten, sehr gut abgestimmt mit Harrisons dynamischem Gitarrenspiel.

Der Song findet sich auch auf den Alben *Live At The Hollywood Bowl* und *The Beatles! Live At The Star Club In Hamburg* 1962.

## Matchbox

schrieb sich Carl Perkins, einer der berühmtesten amerikanischen Rock 'n' Roll-Gitarristen der ersten Stunde, selbst auf den Leib. Ringo versuchte, als Leadsänger das Beste daraus zu machen. Paul spielte Klavier, und George und John teilten sich das Gitarrensolo.

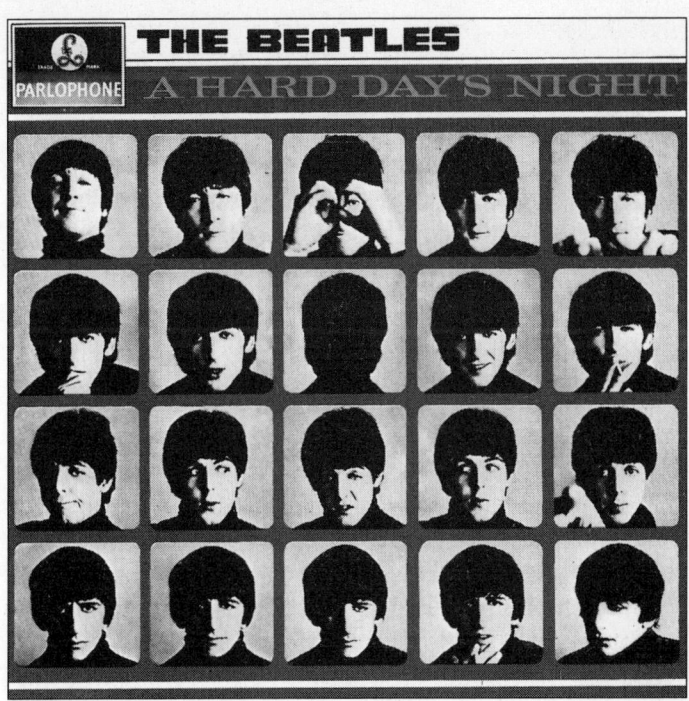

LP *A HARD DAY'S NIGHT*
Aufnahmezeitraum: Mitte März bis Anfang Juni 1964
Erscheinungsdatum: 10. Juli 1964

Diese LP ist sozusagen der Soundtrack zum gleichnamigen Film der *Beatles*. Der Titel stammt angeblich von Ringo, der nach einem erschöpfenden Drehtag den Seufzer ausstieß: »That's a hard day's night.« Diese Langspielplatte ist die erste, die nur Lennon/McCartney-Material enthält. Nach der Veröffentlichung scheute sich der amerikanische Komponist und Dirigent Leonard Bernstein nicht, einen gewagten Vergleich anzustellen: »Diese Burschen sind die besten Komponisten seit Schubert.«

Im Juli 1964 veröffentlichte die EMI schon eine Single mit zwei Stücken – *A Hard Day's Night* und *Things We Said Today* –, die auf dem Album enthalten sind. Wieder lagen die Vorbestellungen für diesen Appetithappen auf die LP bei annähernd einer Million Exemplaren.

### A Hard Day's Night

lebt von Georges Rickenbacker-Gitarre. Ihr besonderer Klang eröffnet das Stück, bei dem sich John und Paul den Gesang teilen. Nachdem der Titel des Films bereits feststand, mußten sie jetzt nur noch den Song dazu komponieren. Es war das erstemal, daß sie eine Art Auftragskomposition erledigen sollten. Wie man hören kann, gelang es ihnen brillant. Georges Gitarrensolo wurde von George Martin am Klavier unterstützt.

### I Should Have Known Better

war ganz um Johns Gesang herum arrangiert, der stellenweise auch gedoppelt wurde. Den speziellen Reiz erzielte George wieder durch die Rickenbacker-Gitarre. John spielte die kurzen Harfe-Passagen, Paul akustische Gitarre.

*If I Fell*

ist vielleicht das schönste und beste Liebeslied, das John Lennon je gesungen und komponiert hat. Seine Gitarrenparts wurden teilweise gedoppelt. George Harrison übernahm die Leadgitarre.

*I'm Happy Just To Dance With You*

wurde von John speziell für George Harrison geschrieben, da dieser keine eigenen Kompositionen zu diesem Album beisteuerte.

»Ich lese immer, daß Paul und ich George zurücksetzen und ihm keine Möglichkeit geben, mit seinen Stücken auch Erfolg zu haben. Aber das stimmt nicht. Ich habe George angespornt wie ein Verrückter«, war einmal an anderer Stelle von John zu diesem Thema zu hören.

*And I Love Her*

wurde von Paul komponiert und gesungen. Es ist ohne Zweifel eine der schönsten McCartney-Kompositionen. George spielt ein an die Klassik angelehntes Gitarrensolo, Ringo unterlegt das Stück mit seinem Bongospiel. *And I Love Her* ist eine der beliebtesten *Beatles*-Balladen. Es wurde über dreihundert Mal gecovert, unter anderem von Ray Davies, Connie Francis und Smokey Robinson.

*Tell Me Why*

Auf dieser Aufnahme hört man bis zu fünf Gesangsstimmen. Die Sänger waren John, Paul und George, deren Stimmen auch noch gedoppelt wurden. Den Klavierpart spielten Paul und John gemeinsam ein.

*Can't Buy Me Love*
(siehe Single)

*Any Time At All*

wurde von John Lennon geschrieben. Er war hier Leadsänger und Mann am Klavier zugleich. Interessant ist der Soloteil, bei dem das Klavier und Georges Gitarre einen Dialog führen. John sagte sehr viel später über *Any Time At All:* »Ein anderes Lied aus der Zeit, als wir an *A Hard Day's Night* arbeiteten. Ich schreibe heute nicht mehr so wie damals, aber ich glaube, ich könnte es, wenn ich es versuchen würde.«

*I'll Cry Instead*

sollte eigentlich eines der Lieder im Film sein, doch wie John sich erinnert, »mochte Richard Lester den Song nicht, deshalb setzten wir ihn auf die Rückseite des Albums. Ich mag ihn sehr.«
John war der Sänger von *I'll Cry Instead.* Der Song

wurde in den Staaten als Single veröffentlicht und erreichte in den Charts als höchste Notierung Platz 25.

### Things We Said Today

war die B-Seite der Single *A Hard Day's Night*. Paul schrieb dieses einfache Stück um zwei Akkorde herum. Noch heute spielt er es manchmal bei seinen Live-Konzerten.

### When I Get Home

nahmen die *Beatles* am 2. Juni 1964 auf. Bei diesem John-Lennon-Song hört man sehr gut seine damalige Vorliebe für weibliche Soul-Vokalgruppen heraus. Johns gedoppelte Stimme wird in den hohen Passagen durch Pauls zweite Stimme gefestigt.

### You Can't Do That
(siehe Single)

### I'll Be Back

John Lennon: »Eines meiner ersten Lieblingslieder von denen, die ich selbst geschrieben habe. Ich finde es auch heute noch gut.«

Angeblich bekam John die Idee zu diesem Stück, während er einen Song von Del Shannon auf der Gitarre nachspielte. John singt hier gemeinsam mit

Paul, dessen Baßspiel auf dieser Aufnahme kaum auszumachen ist.

Single *I FEEL FINE / SHE'S A WOMAN*
Aufnahmedatum: 6./8. Oktober 1964
Erscheinungsdatum: 27. November 1964

Diese Single erreichte in England und in Amerika wieder sofort den ersten Platz.

*I Feel Fine* hattte gleich zu Beginn eine Besonderheit zu bieten. Die *Beatles* ließen das Stück mit einem Gitarren-Feedback von John beginnen. John war darauf mächtig stolz. In einem Playboy-Interview sagte er: »Das war ich, inklusive des Gitarrenriffs mit dem ersten jemals aufgenommenen Feedback. Ich fordere jeden dazu heraus, mir eine frühere Aufnahme zu finden – abgesehen von den alten Blues-Nummern aus den Zwanzigern.«

*She's A Woman* wurde von Paul am 8. Oktober 1964 während der Aufnahmen zur LP *Beatles For Sale* geschrieben. Ursprünglich sollte dieser Titel die A-Seite der Single werden, doch entschied man sich kurzfristig anders. Paul bewies mit diesem Lied noch einmal deutlich, daß er neben melodischen Balladen auch gute Rocksongs schreiben und singen konnte.

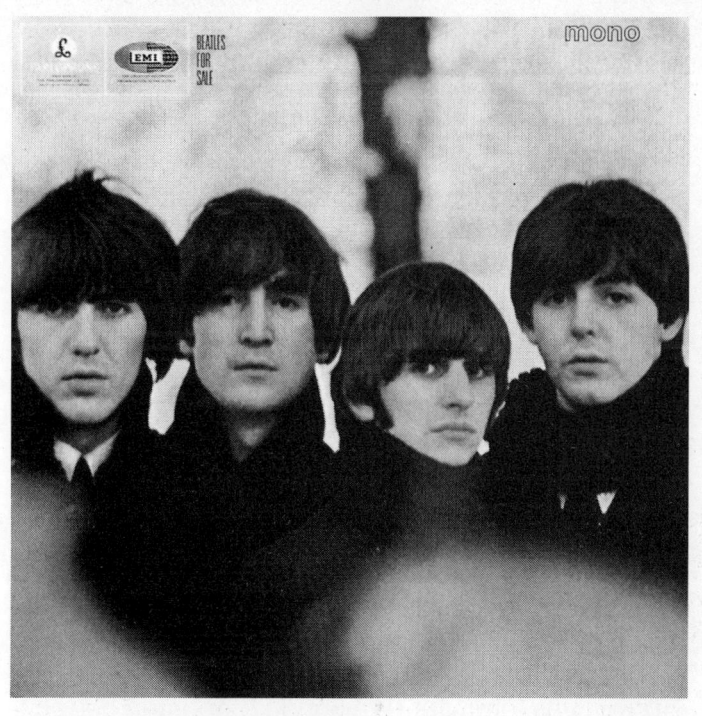

LP *BEATLES FOR SALE*
Aufnahmezeitraum: 21. September bis 8. Oktober
1964
Erscheinungsdatum: 4. Dezember 1964

Auf der LP befinden sich insgesamt sechs Lieder,
die nicht von den *Beatles* komponiert wurden. Der
Grund für diesen Rückgriff auf Material von anderen
mag darin liegen, daß sie allzusehr von den
Tourneen in Anspruch genommen wurden, die sich
von Oktober bis Mitte November 1964 hinzogen. Sie

fanden kaum noch Zeit, ungestört neue Songs zu komponieren. Verständlich, daß sie auf Material zurückgriffen, das sie bereits im Cavern gespielt hatten. Hinzu kam der nicht zu unterschätzende Vorteil einer stark verkürzten Produktionsdauer.

Zu etwa der gleichen Zeit, als diese Langspielplatte auf den Markt kam, war eine andere LP Hauptgesprächsthema in der britischen Musikszene, und zwar die LP *With The Beatles* – ihre zweite. Von dieser Platte wurden innerhalb eines Jahres eine Million Stück verkauft, ein Rekord, der jahrelang ungebrochen bleiben sollte.

*Beatles For Sale* stand vier Monate lang an erster Stelle der englischen LP-Hitparade. Erst danach begann sie langsam zu fallen, blieb aber über ein halbes Jahr hinweg notiert.

### No Reply

bringt uns John, der den Song komponiert hat, akustisch näher. Zum ersten Mal bei einer Schallplattenaufnahme verzichtet er auf die elektrische Gitarre. Paul am sehr leise aufgenommenen Klavier und George als Chorstimme unterstützen Lennon bei diesem sehr getragenen Lied über eine verlorene Liebe.

### I'm A Loser,

eine weitere Lennon-Komposition, könnte als Selbstporträt Lennons gesehen werden. Zum erstenmal hat man als Zuhörer den Eindruck, daß die Tatsache, ein *Beatle* zu sein, einem nicht erspart, an sich selbst zu zweifeln. John spielte bei dieser Aufnahme Mundharmonika und Rhythmusgitarre. Die Solos wurden von George gespielt, der hierzu Johns Einleitungen übernahm.

### Baby's In Black

rundet den Auftakt der »traurigen« Songs ab. Die Komposition und das Gesangsarrangement erarbeiteten John und Paul gemeinsam. *Baby's In Black* war einer der Songs, den die *Beatles* bei ihren Konzerten am häufigsten spielten. Noch zwei Jahre nach der Veröffentlichung hatten sie ihn im Repertoire. Für sie, die ihr Live-Programm eigentlich nie länger als ein Jahr spielten, durchaus ungewöhnlich. Aber es zeigt, wie sehr sie dieses Stück schätzten.

### Rock And Roll Music

ist die zweite Nummer von Chuck Berry, die sie auf eine ihrer Platten nahmen. Der Song rangierte (in der Interpretation von Berry) 1957 in Amerika auf Platz 8 in den Charts und war einer der Songs, den die *Beatles* fast ununterbrochen bei ihren Live-Auftritten präsentierten. Das stilechte Rock 'n' Roll-Piano spielte George Martin – was man ihm nicht unbedingt zugetraut hätte.

## I'll Follow The Sun

ist im Anschluß an das frenetische *Rock and Roll Music* wie eine Rückkehr zum Beginn der Platte. Der Song ist eine typische McCartney-Ballade. Er singt die Leadvocals und begleitet sich selbst am Baß und an der akustischen Gitarre. Seine Stimme wurde mit Echoeffekten leicht verfremdet.

## Mr. Moonlight

ist eine etwas obskure Wahl als Coverversion. Üblicherweise nahm man zu dieser Zeit gerade gewesene oder aktuelle Hits neu auf. Die *Beatles* waren da, was ihre Plattenaufnahmen anging, schon immer etwas anders. Bevorzugten sie live mehr die Hits, so wählten sie bei ihren Aufnahmen sehr oft das unbekanntere Material anderer Künstler. Ihnen ging es darum, daß ein Song mit seiner jeweiligen Stimmung zu ihrer Persönlichkeit paßte. Im Original wurde diese Roy-Lee-Jackson-Komposition von *Dr. Feelgood & The Interns* aufgenommen. Vom Sound her gehört das Stück zu den interessantesten der LP. Die Grundharmonien spielte Paul auf einer Hammondorgel, John legte einen rauhen, klagenden Leadgesang hin, George begleitete Ringos Schlagzeug- und Bongospiel auf einer alten afrikanischen Trommel, die zufällig im Studio stand. Die Bongos wurden später gelöscht, nur die Trommel blieb. Das Hammondorgel-Solo wiederum wurde von George Martin gespielt. Es scheint, daß die *Beatles* viel Spaß bei dieser Nummer hatten. Paul wechselte auf eine zweite Orgel, um George

Martin beim Solo zu begleiten, und George Harrison übernahm dafür den Baß.

*Kansas City*

wurde hier wie auch bei den Konzerten von den *Beatles* verbunden mit Little Richards *Hey Hey Hey.* Bis Anfang der 70er Jahre wurde auf den Covers immer nur die Leiber-Stoller-Komposition *Kansas City* erwähnt. Jahrelang hatte man einfach nicht erkannt oder es vergessen, daß es sich um ein Medley zweier eigenständiger Songs handelt.

*Kansas City* wurde bereits von vielen Interpreten vor den *Beatles* aufgenommen, z.B. von Trini Lopez, Hank Ballard, Little Richard.

Es gehörte schon zu Zeiten ihrer Cavern Club Phase zu Pauls Lieblingsliedern. Das Gitarrensolo stammt von George. John unterlegt es mit seinem Klavierspiel. Paul sang die Leadstimme, half aber zusätzlich noch bei den Chorpassagen von John und George aus.

Dieser Titel erlebte eine Art Vorabpremiere anläßlich der Aufzeichnung einer TV-Show Mitte Oktober vor Studiopublikum. Die *Beatles* traten in einer amerikanischen Fernsehshow auf, die in England produziert wurde. Jack Good, der Produzent, fragte John, mit welchem Lied sie die Show eröffnen wollten, und er meinte, da die Show für die USA bestimmt sei, sollte *Kansas City* am Anfang stehen.

### Eight Days A Week

beginnt mit dem vielleicht ersten »Fade-In« der Popgeschichte, d. h., es wird langsam in das Stück eingeblendet. Häufiger benutzt man am Ende eines Songs ein »Fade-Out«.

Diese Lennon-Komposition war neben *No Reply* die erfolgreichste der LP. John und Paul teilen sich den Gesang. John spielt die Leadgitarre, George die schwierigen Rhythmuspassagen. Mal Evans, der *Beatles*-Roadmanager, stützt Ringos Schlagzeugspiel durch Klatschen.

*Eight Days A Week* war mit *I Don't Want To Spoil The Party* als B-Seite auf Platz 1 der Charts in Amerika.

### Words Of Love

Pauls Begeisterung für Buddy Holly ist es zuzuschreiben, daß dieser Titel in das Album kam, hier von John und Paul in einer für sie ungewöhnlich tiefen Stimmlage gesungen. Ringo bevorzugte, um dem Rhythmus Konturen zu geben, vor allem die Baßtrommel seines Schlagzeugs. Die eigenartig klappernden Töne auf den Achtelnoten erzeugten Paul, John und Mal Evans durch Klatschen mit hohlen Handflächen. Mit *Words Of Love* gerieten sie sowohl in bezug auf die Komposition wie auch auf das Arrangement sehr nah an das amerikanische Gesangsduo *Everly Brothers*.

## Honey Don't

Wie schon *Matchbox* durfte Ringo auch diese Carl-Perkins-Nummer singen. Normalerweise sang John das Lied, doch er überließ es Ringo bei dieser Aufnahme, da jeder der *Beatles* auf jeder LP mindestens ein Stück singen sollte. Ringo kündigte Georges Gitarrensolo in der lässigen Art der Country & Western-Sänger an: »Oh rock on George, one time for me.«

## Every Little Thing

wurde laut John von Paul alleine komponiert. Das Piano spielt wieder einmal George Martin. Ringo erweiterte sein Schlagzeugspiel hier um eine neue Variante. Zum erstenmal setzte er bei Schallplattenaufnahmen der *Beatles* Kesselpauken ein.

## I Don't Want To Spoil The Party

Ein Bekenntnis Johns im Zusammenhang mit diesem Stück: »Dies ist ein sehr persönliches Lied, es beruht auf einem Erlebnis früherer Jahre. In unserer Anfangszeit schrieb ich weniger Songs als Paul, da er besser Gitarre spielen konnte. Er brachte mir viel bei.«

Lennon und McCartney sangen diesen Song gemeinsam.

## What You're Doing

Paul hatte hier die Leadstimme. Der Song war eines der wenigen Stücke, die durch Ringos Schlagzeug eingeleitet wurden. George Martin und John Lennon spielten das Piano gemeinsam.

## Everybody's Trying To Be My Baby

wird von George gesungen. Auffällig ist die Übernahme eines Stilmittels der gerade zu Ende gegangenen Rock 'n' Roll-Ära: der Echoeffekt auf der Gesangsstimme. *Everybody's Trying To Be My Baby* war ebenfalls eine Carl-Perkins-Komposition, insgesamt die dritte, die die *Beatles* aufnahmen, nach *Matchbox* und *Honey Don't*.

Single: *TICKET TO RIDE/YES IT IS*
Aufnahmedatum: 15./16. Februar 1965
Erscheinungsdatum: 9. April 1965

Das Jahr 1965 brachte eine spürbare Veränderung im internationalen Musikgeschehen. Neue Talente tauchten auf, z.B. Eric Clapton, Jeff Beck, Pete Townshend. Eine Konkurrenzsituation entstand, die sich auf die gesamte Popmusik belebend auswirkte. Sie wurde zunehmend anspruchsvoller. Durch diese Herausforderung ermuntert und durch die zurückliegende Entwicklung geprägt, begann sich die Musik der *Beatles* zu wandeln. Erste Ansätze wurden in der neuen Single erkennbar.

Die A-Seite *Ticket To Ride* nahmen die *Beatles* kurz vor ihrem Abflug auf die Bahamas, wo die Dreharbeiten für *Help!* begannen, auf. Ausnahmsweise spielte auf dieser von John gesungenen Version Paul die Leadgitarre. Die Soli jeweils am Ende des Mittelteils stammen von ihm. Der Song leitete das ein, was man aus heutiger Sicht als die »mittlere Periode« bezeichnen könnte. Kritik wurde damals vor allem laut, weil die *Beatles* zum erstenmal keinen ausgesprochen schnellen Titel als A-Seite verwendeten.

*Yes It Is* ist die erste Aufnahme, bei der George das damals neue »Volume Tone Pedal« in seinem Leadgitarrenspiel einsetzte. Diese von John geschriebene Ballade geriet durch die sehr gute A-Seite schnell in Vergessenheit, obwohl sie beim Erscheinen der Platte hervorragende Kritiken bekam.

Als die Single in England veröffentlicht wurde, waren die *Beatles* noch mitten in den Dreharbeiten zu ihrem zweiten Kinofilm, der *Eight Arms To Hold You* heißen sollte. In den USA erschien *Ticket To Ride* am 19. April 1965. Auf das Plattenlabel wurde die Zeile »From the United Artists Release *Eight Arms To Hold You*« aufgedruckt, weil man den Filmtitel wegen seiner Länge erst danach in *Help!* änderte. Die Single landete in England wieder auf Platz 1. In den Staaten lagen die Vorbestellungen bei über 750 000 Exemplaren.

Single *HELP!/I'M DOWN*
Aufnahmedatum: 13. April / 17. Mai 1965
Erscheinungsdatum: 23. Juli 1965

*Help!* scheint von der Musik her eine typische Lennon-Komposition zu sein, doch wenn man auf den Text achtet, merkt man sehr schnell, daß es sich hierbei um so etwas wie einen persönlichen Aufschrei Lennons handelt. In einem Interview, das Lennon 1970 dem amerikanischen Magazin *Rolling Stone* gab, sagte er: »*Help!* und *Strawberry Fields Forever* sind die einzig wahrhaftigen Lieder, die ich geschrieben habe. Es waren Stücke aus der Erfahrung heraus geschrieben, ohne daß ich mich in eine Situation hätte hineinversetzen müssen, um dann eine nette kleine Geschichte daraus zu machen. Das ist etwas, was ich schon immer als Schwindel empfand. Der Text von *Help!* ist jetzt noch genauso gut wie damals. Ich sang *Help!* und ich meinte es auch.« Von dem Lied wurden (mindestens) zwei Versionen eingespielt. Johns Kommentar: »Ich mag die Aufnahme nicht sehr; wir versuchten, es allzu kommerziell zu machen. Ich mag *I Want To Hold Your Hand.* Wir schrieben es zusammen; es hat eine wunderschöne Melodie. Ich würde *I Want To Hold Your Hand* und *Help!* wieder machen, weil ich sie mag und singen kann.

Der Film *Help!* war Krampf, weil wir nicht wußten, was vor sich ging. Lester war seiner Zeit tatsächlich etwas voraus mit der Batmansache, aber damals nahmen wir Pot, und all das gute Material, wo wir herumalbern und herumtorkeln, blieb auf dem Boden des Schneideraums liegen.«

*I'm Down* wurde von Paul in typischer Little-Richard-Manier gesungen. Dieses Stück ist einer der härtesten Rocktitel, den McCartney jemals komponiert hat. John spielte Hammondorgel. Für Paul war *I'm Down* besser als die A-Seite. Um dem Film zur nötigen Promotion zu verhelfen, beugte er sich jedoch der EMI, die *Help!* als A-Seite haben wollte.

LP *HELP!*
Aufnahmedatum: Mitte April bis Mitte Juni 1965
Erscheinungsdatum: 6. August 1965

*Help!*
(siehe Single)

*The Night Before*

ist eine Paul-McCartney-Komposition und zeigt, daß auch der beste Stürmer nicht immer das Tor trifft.

*You've Got To Hide Your Love Away*

John Lennon: »Das habe ich während meiner Dylan-Zeit für den Film *Help!* geschrieben. Als Teenager pflegte ich, Gedichte zu schreiben, aber ich versuchte immer, meine wirklichen Gefühle zu verstecken. Ich war in Kenwood, und ich wollte einfach Songs schreiben; und so versuchte ich, jeden Tag ein Lied zu schreiben, und es ist eines von denen, die du

ein wenig traurig vor dich hin singst, ›*Here I stand, head in hand...*‹ Ich begann, über meine Gefühle nachzudenken – ich weiß nicht genau, wann es anfing mit *I'm A Loser* oder *Hide Your Love Away* und solchen Sachen –, anstatt mich selbst in eine Situation hineinzuversetzen, wollte ich nur versuchen, zum Ausdruck zu bringen, was ich von mir zu halten hatte; was ich auch in meinen Büchern getan habe.

...Später gab es dann noch mal eine sehr gute Version von meinem Lied, ich glaube, die *Silkies* haben sie gemacht, und George Harrison produzierte sie.«

Die Flöte auf *You've Got To Hide Your Love Away*
spielte George Martin.


### I Need You

ist eine George-Harrison-Komposition. Während
der Aufnahmen spielte er zum erstenmal ein Wah-
Wah-Pedal. George übernahm auch die Leadstimme.


### Another Girl

wurde von Paul geschrieben, der hier seinen Baß
an John abtrat. Er selbst übernahm dafür den Job des
Leadgitarristen.


### You're Going To Lose That Girl

John wollte mit diesem Song etwas vom Geist der
Girlgroups einfangen. Musikalisch gelang es ihm,
textlich war er aber unzufrieden: »Das ist eines meiner Lieder, bei denen ich noch keinen Wert auf die
Texte legte. Sie zählten einfach nicht für mich. Dann
kam Dylan und sagte mir: ›Hör auf den Text, Mann‹.
›Ich höre ihn nicht, er ist nicht wichtig für mich‹, antwortete ich ihm damals. Später kam mir seine Mah-
nung noch oft in den Sinn.«

*Ticket To Ride*
(siehe Single)


*Act Naturally*

Ringo, der schon immer ein Faible für Country-Music hatte, sang diese Russel-Morrison-Komposition. Der amerikanische Country-Sänger Buck Owens hatte 1963 mit diesem Song einen Hit in den USA. 1989 nahm Ringo diesen Titel mit Buck Owens neu auf. In Deutschland und in den Staaten war das Lied die B-Seite von *Yesterday* und verkaufte sich innerhalb von nur drei Wochen über eine Million Male.


*It's Only Love*

hatte den Arbeitstitel *That's A Nice Hat.* Lennon, der den Song schrieb, sagte später einmal, nachdem das Lied in Interpretationen anderer Künstler ein kleiner Hit geworden war, daß es im Grunde ein mieses Lied mit abgrundtief schlechtem Text sei.


*You Like Me Too Much*

Die zweite Harrison-Komposition auf diesem Album sah ihren Urheber auch als Leadsänger. John spielte E-Piano, das Klaviersolo spielte George Martin auf einem Steinway-Flügel.

*Tell Me What You See*

ist ein kompositorisches Duett von Paul und John. McCartney spielte das E-Piano. Die *Beatles* fügten der Aufnahme noch die Klänge des Guiro (ein südamerikanisches Instrument) hinzu.


*I've Just Seen A Face*

wurde am 14. Juni 1965 aufgenommen. Paul, der Autor des Stückes, muß es wohl seiner Tante Gin vorgespielt haben, denn der Arbeitstitel war *Auntie Gin's Theme*. Unter diesem Titel nahm später auch das *George Martin Orchestra* eine instrumentale Version auf.


*Yesterday*

ist sicherlich der bekannteste *Beatles*-Titel, auch wenn er nicht unbedingt repräsentativ für ihre Musik ist. Das Lied wurde von Paul alleine komponiert und getextet. Aber wie bei ihren Kompositionen üblich, wurden John und Paul beide als Autoren angeführt. Zu Anfang hieß der Song *Scrambled Eggs*. Paul wachte eines Morgens auf und hatte die Melodie im Kopf. Nachdem er sie George Martin vorgespielt hatte und der den neuen Titel *Yesterday* mochte, gingen die beiden daran, ein Arrangement für das Stück zu entwerfen. Die Aufnahmen fanden ohne die anderen drei *Beatles* statt. Ein Streichquartett übernahm ihre Stelle – eine damals als Sensation empfundene Neuerung in der Popmusik. Paul erinnert sich an die

Entstehung des Songs im Studio und an die Aufnahmen: »Wir saßen am Piano und verbesserten das Stück ständig. Ich war so stolz darauf. Ich wußte, es war ein besonderes Stück. Es kopierte nichts schon Vorhandenes, und es war eine große Melodie. Es war alles vorhanden und nichts übernommen... Es ist das Stück, von dem ich glaube, daß es das beste Stück ist, das ich jemals geschrieben habe.«

*Yesterday* wurde das am häufigsten aufgenommene Stück aller Zeiten. Nur sieben Jahre nach der Originalveröffentlichung gab es schon mehr als 1000 Coverversionen davon. Nach nur zwei Wochen waren von der ausgekoppelten Single in Amerika weit über eine Million Exemplare verkauft, und von 1965–1973 war *Yesterday* der meistgespielte Song der Welt.

Noch heute spielt McCartney dieses Lied bei seinen Live-Konzerten, und wie die Publikumsreaktion beweist, hat die Faszination von *Yesterday* immer noch nicht nachgelassen.


*Dizzy Miss Lizzy*

ist wieder ein Griff in die Mottenkiste der klassischen amerikanischen Rock 'n' Roll-Songs. In dieser Larry-Williams-Komposition zeigt sich John als Sänger von seiner besten Seite. Der Song beendet das Album *Help!* und ist vielleicht auch deshalb hinter *Yesterday* positioniert, um den Hörer mit einer ganz anderen Seite ihrer Musik aus der LP zu entlassen.

Single *DAY TRIPPER / WE CAN WORK IT OUT*
Aufnahmezeitraum: Anfang November 1965
Erscheinungsdatum: 3. Dezember 1965

*Day Tripper* war die erste von vier aufeinander-folgenden *Beatles*-Veröffentlichungen mit Doppel-A-Seiten. Auf diese Art hatten die vier aus der Notwendigkeit, eine B-Seite produzieren zu müssen, eine Tugend gemacht. Nach dem mittlerweile schon üblichen Hitparadenblitzstart hatten sie auf diese Weise zwei Hits auf einmal auf Platz 1. Doch damit nicht genug. 1965 war das dritte Jahr in Folge, in dem die *Beatles* eine »Weihnachts-Nummer 1« vorweisen konnten, und, um sie endgültig von den normalen Gruppen abzuheben, sie erreichten zum siebtenmal in Folge die Spitze der Charts.

John Lennon komponierte diesen Hit. Zwei Jahre später nahm ihn Otis Redding neu auf und erreichte Platz 6 in der englischen Hitparade.

Paul McCartney schrieb die Musik für *We Can Work It Out*, während John den Text beisteuerte, der einer der interessantesten des Jahres 1965 gewesen ist. Die Bitte um Verständnis steht im Vordergrund; doch die eigentliche Aussage ist: »Life is very short and there's no time for fussing and fighting, my friend«. Wieder einmal trafen die *Beatles* damit direkt ins Herz der jungen Generation.

LP *RUBBER SOUL*
Aufnahmezeitraum: Mitte Oktober bis Mitte November 1965
Erscheinungsdatum: 3. Dezember 1965

Die sechste LP der *Beatles* leitete eine Entwicklung ein, die wegführen sollte von ihrem fröhlich-unkomplizierten Mop-Top-Image. Ihre Musik wurde komplexer, aufregender und konnte nur noch im Studio verwirklicht werden. Live-Auftritte gerieten dabei immer mehr zu lästigen Pflichtübungen. George Martins

Funktion als Arrangeur nahm an Bedeutung zu. Mit *Rubber Soul* waren die *Beatles* auf dem direkten Weg zum Höhepunkt ihres musikalischen Schaffens.

John Lennon: »Wir wurden immer besser, technisch und musikalisch. Letztlich übernahmen wir das Studio. In den frühen Tagen hatten wir zu nehmen, was man uns gab, wir wußten nicht, wie man einen besseren Baßsound hinbekommen konnte. Wir haben die Technik während *Rubber Soul* gelernt. Wir waren gewissenhafter, als wir das Album machten, das ist alles, und wir übernahmen die Gestaltung des Covers und alles. Es war Pauls Bezeichnung, es war wie ›Yer Blues‹. Ich nehme an, ausdrucksvoller als ›English Soul‹; ich glaube, nur ein Wortspiel. Hinter all dem gibt es keine großartige mysteriöse Bedeutung; da waren nur vier Jungs, die etwas ausarbeiteten, was man ein neues Album nennt.«

*Rubber Soul* benötigte nicht einmal eine Woche, um den ersten Platz in Englands Charts zu erreichen.

Der Titel selbst war angeblich Pauls Kommentar zur wachsenden Begeisterung seiner Landsleute für die amerikanische Soul-Musik.


*Drive My Car*

ist, obwohl von McCartney komponiert, ein ziemlich derber, zynischer Song. Aber Lennon half ihm beim Schreiben des Textes.

### Norwegian Wood (This Bird Has Flown)

John Lennon: »Ich versuchte, über eine Affäre zu schreiben, ohne meine Frau wissen zu lassen, daß ich genau darüber schrieb. So war es ein ziemliches Geschwafel. Im Grunde genommen habe ich über meine Erfahrungen geschrieben, Wohnungen von Mädchen, solche Sachen...«

Die Aufnahme von *Norwegian Wood (This Bird Has Flown)* ist die erste in der Popmusik, auf der eine Sitar zu hören ist.

George Harrison brachte dieses Instrument aus Indien mit. Ringo spielte bei der Aufnahme Maracas, Tamburine und kleine Fingerschellen.

### You Won't See Me

Der Song enstand während der Aufnahmen zur LP *Rubber Soul,* weil man unter dem Druck stand, der Platte die nötige Spieldauer zu geben. Sicherlich ist es keiner der bemerkenswertesten *Beatles*-Titel, aber immerhin durfte der Tourmanager Mal Evans die Hammondorgel spielen.

### Nowhere Man

John Lennon: »Ich saß herum und versuchte, mir einen Song einfallen zu lassen, und ich dachte an mich selbst, wie ich so dasaß, nichts tat und nicht weiterkam. Nachdem mir das eingefallen war, war es einfach. Es kam alles heraus. Nein, jetzt erinnere ich mich, in Wirklichkeit hatte ich aufgehört zu versuchen, mir etwas auszudenken. Nichts wollte mir einfallen. Ich war gelangweilt und legte mich schlafen. Ich hatte aufgegeben, und dann sah ich mich selbst als ›Nowhere Man – *sitting in his nowhere land*‹.«

### Think For Yourself

war Georges Ratschlag. Paul benutzte bei dieser Aufnahme eine Fuzz-Box für seinen Baß. Mit diesem Effektgerät konnte er die Verzerrungen seiner Baßgitarre kontrollieren und variieren. Die *Beatles* waren die ersten, die dieses Effektgerät bei einer Plattenaufnahme benutzten.

### The Word

Das Wort war natürlich Liebe. Dazu Paul McCartney: »John und ich würden gerne ausschließlich Songs machen, die nur auf einer einzigen Note basieren – wie damals *Long Tall Sally*. Bei *The Word* waren wir ganz knapp dran… Wäre ein hübsches Lied für die Heilsarmee.« Vielleicht reicherten die *Beatles* den Song auch deshalb mit George Martins Harmoniumspiel an.

*Michelle*

Nur einen Monat nach der Veröffentlichung gab es schon mehr als zwanzig Coverversionen dieser typisch romantischen McCartney-Komposition. Paul sang hier auch einige wenige französische Textzeilen, die er mit der Frau eines Freundes zusammen einstudierte. »Es war, weil ich immer das Gefühl hatte, daß der Song irgendwie französisch ist. Ich kann eigentlich gar kein Französisch, und so haben wir einfach nur ein paar Wörter ausgesucht.«

*What Goes On*

war für die *Beatles* kein neues Lied. John schrieb es schon in der Zeit vor den ersten großen Erfolgen. Jetzt, bei *Rubber Soul,* wurde das Material wieder einmal knapp, und der Abgabetermin rückte näher. Also erinnerte man sich an dieses Stück.

Wie immer mußte jeder der *Beatles* zumindest ein Stück pro Album singen, bei *What Goes On* war es Ringo, der auch eine Erwähnung als Co-Autor dafür bekam.

Ringo Starr: »Ich sehnte mich danach, Lieder schreiben zu können, so wie die anderen. Und ich habe es auch ab und zu versucht, aber ich kann das nun einmal nicht. Der Text kommt immer ganz nett hin, aber wenn ich mir eine Melodie ausdenke und sie den anderen vorsinge, sagen sie immer: ›Ja, ja, klingt wie das und das und so und so‹, und wenn sie mir's dann näher erklären, verstehe ich, was sie meinen. Aber bei diesem Lied haben sie mich wenigstens teilweise mitmachen lassen.«

*Girl*

John Lennon: »Es ist über ein Traummädchen. Als Paul und ich ganz zu Anfang Texte schrieben, lachten wir gewöhnlich darüber, wie es die Tin-Pan-Alley-Leute tun würden. Und erst später kam es, daß wir versuchten, den Text der Melodie anzupassen. Ich mag dieses Stück. Es ist eines meiner besten.«

*I'm Looking Through You*

schrieb Paul während der Zeit, in der er noch mit Jane Asher eine Beziehung hatte.

Paul hierzu: »Meine ganze Existenz beruhte lange Zeit nur auf meinem Junggesellendasein. Ich behandele Frauen nicht so, wie die meisten es tun. Mein Leben war nie normal, ich war immer sehr faul. Ich wußte, daß ich sehr egoistisch bin. Daraus resultierten natürlich auch viele Streitigkeiten. Jane ging als Schauspielerin nach Bristol, und ich sagte nur: ›Okay, dann geh. Ich finde schon jemand anderen.‹ Es war entsetzlich ohne sie, und in dieser Zeit schrieb ich *I'm Looking Through You*. Ich schrieb es für Jane.«

Hier spielte Ringo zum erstenmal bei Plattenaufnahmen die Hammondorgel.

*In My Life*

George Martins Einfluß auf die Musik der *Beatles* wird hier besonders stark spürbar. Sein exzellentes Barockpiano im Mittelteil verleiht dem Stück noch heute einen eigenartigen Reiz.

John Lennon: »Ich schrieb dies Stück in Kenwood. Gewöhnlich schrieb ich im oberen Stockwerk, wo ich etwa zehn Brunell-Tonbandmaschinen hatte, die alle aneinander gekoppelt waren. Ich hatte sie etwa zwei Jahre zur Verfügung – ich konnte nie eine Rock 'n' Roll-Aufnahme machen, aber dafür einige progressive Sachen. Ich schrieb zuerst den Text und sang es dann. Das war normalerweise der Fall bei Liedern wie *In My Life* und *Universe* und einigen von denen, die ein wenig ausgefallen sind.«

*Wait*

wurde komponiert von John in Zusammenarbeit mit Paul.

*If I Needed Someone*

Diese George-Harrison-Komposition gehört nach Meinung vieler Kritiker zu den besten Songs des Albums. George bescheiden: »Es ist ein Song, der sich wie unzählige andere auch allein um den D-Akkord dreht. Wenn du deine Finger nur ein bißchen bewegst, bekommst du die verschiedensten Melodien.«

*Run For Your Life*

John Lennon: »Ich habe dieses Lied niemals leiden können, es ist so furchtbar hektisch und brutal.«

Single *PAPERBACK WRITER/RAIN*
Aufnahmedatum: 13. April 1966
Erscheinungsdatum: 10. Juni 1966

*Paperback Writer* war die erste Single der *Beatles* seit *I Want To Hold Your Hand,* die nicht mehr auf Anhieb auf den ersten Platz gelangte. Es dauerte jedoch nur eine Woche, dann standen die beiden Seiten der Single wie gewohnt an erster Stelle der Hitparade.

*Paperback Writer* wurde im EMI Studio 3 in der Abbey Road produziert. Bisher hatten die Aufnahmen der *Beatles* immer in Studio 2 stattgefunden. Bei diesen Aufnahmen spielte McCartney zum ersten Mal seinen neuen Rickenbacker-Baß. Der alte Hoefner-Baß kam von da an nur noch bei Tourneen zu Ehren, was die Instrumentenfirma Hoefner aber nicht davon abhielt, Pauls altes Modell als *Beatles*-Baß zu verkaufen. Sehr erfolgreich übrigens.

Die zweite Seite, *Rain,* ist dann der erste musikalische Ausflug der *Beatles* in das Reich der rückwärtslaufenden Bänder. John Lennon, der *Rain* komponierte, erinnert sich: »Am Schluß hört man, wie ich verkehrt herum singe. Im großen und ganzen hatten wir das Ding schon bei der EMI im Kasten, aber dann nahmen wir's immer wieder mit nach Hause, um nach einigen kleinen Extradingen zu suchen und um das Gitarrensolo durch die Mangel zu drehen. Damals kam ich so um fünf Uhr morgens heim, todmüde, einen ganzen Hornissenschwarm im Schädel, stolperte zu meinem Tonbandgerät, drückte den Knopf, doch es kam verkehrt herum raus, und ich hing ganz behämmert zwischen den Kopfhörern. Was war bloß los? Für mich war's das Größte, wissen

Sie, und eigentlich wollte ich das ganze Ding anschließend verkehrt herum singen. Und so war's dann auch teilweise. Wir haben's hinten drangeklebt. Reiner Zufall damals, ich hatte das Band verkehrt eingelegt, die Musik kam einfach verkehrt heraus, es machte mich ganz fertig. Die Stimme klang wie die eines alten Inders.«

LP *REVOLVER*
Aufnahmezeitraum: 6. April bis Anfang Juni 1966
Erscheinungsdatum: 5. August 1966

Was sich schon bei *Rubber Soul* abzuzeichnen begann, wurde jetzt immer deutlicher. Die Zeit der simplen *Beatles*-Songs war vorüber. Die *Beatles*, insbesondere John, erkannten, was man mit technischen Aufnahmetricks an neuen Gestaltungsmitteln hinzugewonnen hatte. Nach *Revolver* war es eigentlich nicht verwunderlich, daß die *Beatles* als Live-Gruppe aufgehört hatten zu existieren. Die Songs waren zu komplex geworden, um sie auf der Bühne zu reproduzieren, und die schon seit einiger Zeit vorhandene Tour-Müdigkeit bestärkte die Gruppe sicherlich noch.

Das Cover-Design der LP *Revolver* wurde von einem ihrer alten Hamburger Freunde gestaltet, von Klaus Voormann. Seine Collage aus Zeichnungen der einzelnen *Beatles*-Köpfe war so gut gelungen, daß er für diese Arbeit mit dem Grammy ausgezeichnet wurde.

Der Titel *Revolver* bezeichnet übrigens nicht die Waffe, sondern die Bewegung des Tellers bei einem Plattenspieler. Vorher standen noch andere Titel zur

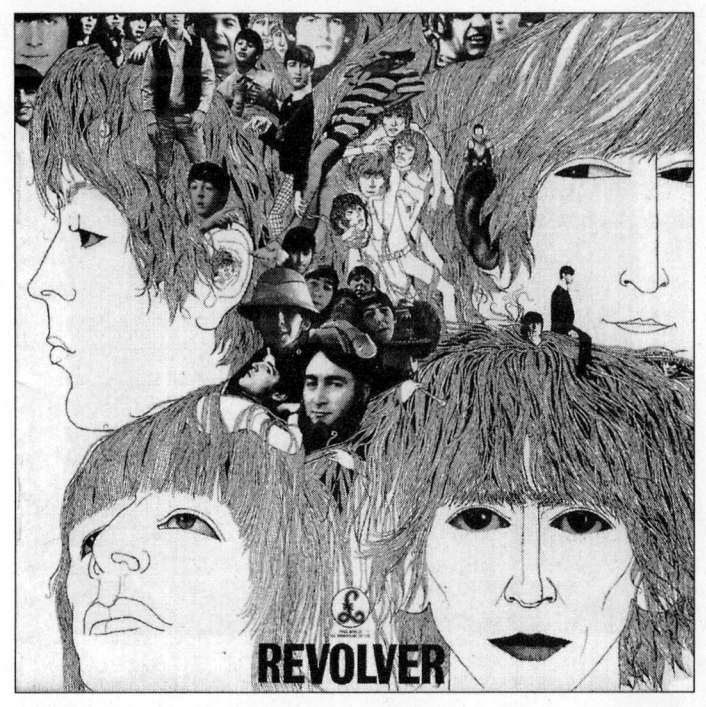

Auswahl: *Magic Circle, Four Sides To The Circle, Beatles On Safari* und *After Geography,* ein kleiner Seitenhieb auf die *Stones,* die ihre LP *Aftermath* genannt hatten.

*Revolver,* in bezug auf die Qualität *Rubber Soul* mindestens ebenbürtig, hatte einen schwierigeren Start als frühere LPs, denn kurz zuvor war *Aftermath* von den *Rolling Stones* erschienen. Dennoch erreichte *Revolver* wieder den ersten Platz und rutschte erst später auf den dritten Platz ab.

## Taxman

Dieser von George komponierte und gesungene Titel griff ziemlich unverblümt und massiv die englische Steuergesetzgebung an. Persönlichkeiten des öffentlichen Lebens waren bisher noch nie Anwürfen der *Beatles* ausgesetzt, hier jedoch kann man die Namen derjenigen, die George für die hohen Steuersätze verantwortlich machte, deutlich heraushören: Harold Wilson und Ted Heath. Die Führer der Konservativen und der Labour-Partei.

Für George waren sie einfach nur Steuereinzieher (Taxmen).


## Eleanor Rigby

Keiner der *Beatles* spielte bei dieser Aufnahme ein Instrument. Es gab nur Pauls Gesang und ein Streicher-Oktett.

Diese ungewöhnliche orchestrale Instrumentierung und das Arrangement von George Martin machten den Song zu einem der *Beatles*-Klassiker.

George Martin äußerte sich über die unterschiedlichen musikalischen Talente von John Lennon und Paul McCartney einmal so: »Paul ist von den beiden eine Art Rodgers und Hart (ein amerikanisches Musical-Autorenteam, Anm. d. Verf.), aber ich glaube nicht, daß er besonders stolz darauf ist. Er versucht ständig, noch besser zu werden, vor allem, um Johns Begabung als Texter zu erreichen. Das Zusammentreffen mit John spornte Paul an, auch mal tiefergehende Texte zu schreiben. Ohne ihn hätte er wohl kaum *Eleanor Rigby* geschrieben.«

Paul McCartney: »Na ja, es begann damit, daß ich mich ans Klavier setzte und die erste Zeile der Melodie verfaßte und mit Worten herumspielte. Ich glaube, es war ursprünglich eine Miß Daisy Hawkins; sie war es, die in einer Kirche nach der Hochzeit den Reis auflas. So beginnen fast alle unsere Songs, mit der ersten Zeile, die aufgrund einer Anregung aus einem Buch oder einer Zeitung zustandekommt.

Zuerst dachte ich, es wäre eine junge Miß Daisy Hawkins, ein bißchen wie ›Annabel Lee‹, aber nicht so sexy, aber dann las ich: ›Sie sammelt den Reis in der Kirche auf‹, folglich mußte sie eine Putzfrau sein; sie hatte die Hochzeit versäumt, und plötzlich war sie allein. Wirklich, sie hatte alles versäumt – sie war der Typ alte Jungfer. Ich mochte ›Daisy Hawkins‹ nicht wirklich – ich wollte einen Namen, der realer war.

Irgendwann kam mir der Gedanke: *Eleanor Rigby* sammelt Reis und verträumt ihr Leben. Sie hatte es nicht geschafft, sie schaffte es niemals bei irgend jemandem, und es sah auch nicht danach aus, als würde es ihr je gelingen.«

*Eleanor Rigby* wurde in mehr als zweihundert Versionen von anderen Künstlern neu aufgenommen, u. a. von Ray Charles und Aretha Franklin.


### I'm Only Sleeping

Angeblich stand John Lennon bei dieser Aufnahme unter dem Einfluß von Drogen. Hört man sich den Text an, so kommt es einem nicht verwunderlich vor. Lennon ist faul, will im Bett liegenbleiben und sich von seinen Träumen treiben lassen.

Der Song endet mit einem rückwärts eingespielten Gitarrensolo von George und bekommt so einen schönen psychedelischen Effekt.

## Love You Too

Georges wachsender Einfluß innerhalb der Gruppe schlug sich in seinen Versuchen nieder, indische Musik in die Musik der *Beatles* zu integrieren. Für *Love You Too*, ein Stück, das fast ausschließlich mit Tablas und der Sitar instrumentiert ist, holte er den indischen Tablaspieler Anil Bhagwat ins Studio. Da George trotz intensiver Studien große Schwierigkeiten mit dem Sitarsolo zu Beginn hatte, dauerten die Aufnahmen einen ganzen Tag.

George sagte später einmal über diesen Song: »Dadurch, daß die Tourneen wegfielen, hatte ich mehr Zeit, um Stücke zu schreiben. Nachdem mir die indischen Lieder so sehr durch den Kopf geschwirrt waren, mußte das ja wohl kommen.«

## Here There And Everywhere

ist einer der *Beatles*-Songs, die John und Paul am meisten mochten. McCartney komponierte dieses Stück, das in der Tradition von *Yesterday* und *Michelle* steht, fast ganz ohne die Hilfe von Lennon.

Ringo Starr antwortete auf die Frage, ob der Song etwas mit Drogen zu tun hat: »Durchaus nicht. Es ist einfach ein Kinderlied ohne versteckte Absichten. Viele Leute haben es als Kriegslied interpretiert; daß vielleicht alle Menschen in gelben Unterseebooten leben würden. Das ist nicht der Fall.«

Paul McCartney: »Ich wußte, es würde irgendeine Bedeutung bekommen, aber es war im Grunde ein Kinderlied. Ich war ganz vernarrt in die Vorstellung, daß Kinder es singen würden. Die Idee bei *Yellow Submarine* war, wenn ich eines Tages irgendwo langgehe, würden es die Kinder singen, so ist es sehr einfach geworden – da ist nicht ein einziges schwieriges Wort.

…Es ist wirklich der Anfang einer Kindergeschichte. Da gibt's in Griechenland so ein Zeug wie gefrorener Zucker – das man essen kann. Es ist wie eine Süßspeise, und man taucht es in Wasser. Es heißt Submarine, wir bekamen es, als wir in Urlaub waren.«

Nachdem die Basisspuren aufgenommen waren, wurden die Effekte eingespielt. John spielte ein »Strohhalm-Solo«, Paul und er sprachen die Befehle zum Lukenschließen und Tauchen des imaginären U-Boots. An diesem Tag halfen noch Neil Aspinall, George Martin, Pattie Harrison, Marianne Faithfull und der *»Rolling Stone«* Brian Jones mit.

*She Said, She Said*

ist der zweite harte Rocksong auf Seite 1 der LP, gesungen von John.

John Lennon: »Ich war in Los Angeles und auf einem Acid-Trip. Es war erst der zweite Trip, den wir nahmen. Wir nahmen es, weil wir einiges darüber gehört hatten, und wir wollten wissen, was es damit auf sich hatte. Peter Fonda besuchte uns und sagte Dinge wie: ›Ich weiß, wie es ist, tot zu sein‹, und wir wollten das eigentlich gar nicht wissen, aber er hörte einfach nicht auf, darüber zu reden... Daher kommt jedenfalls dieser Song, und es ist auch ein schönes Lied.«


*Good Day Sunshine*

ist eine McCartney-Komposition. Paul schätzte dieses Lied sehr.

George Martin sagte über das fälschlicherweise oft als Autorenteam angesehene Duo Lennon/McCartney: »John ist sehr faul, im Gegensatz zu Paul, ohne den John oftmals alles hingeworfen hätte. Er schreibt zu seinem eigenen Vergnügen, während Paul die Öffentlichkeit braucht.«


*And Your Bird Can Sing*

»...and your bird can sing,
and your bird can swing...«

*For No One*

Nahmen die *Beatles* in ihren frühen Studiozeiten einen Song noch innerhalb weniger Stunden auf, so änderte sich dies spätestens mit *Revolver.* Gleichfalls war es nicht mehr selbstverständlich, daß alle Gruppenmitglieder an der Aufnahme eines Songs beteiligt waren. Die Arrangements beschränkten sich nicht mehr auf die klassische Rock 'n' Roll-Besetzung (Gitarre, Baß und Schlagzeug). Für die McCartney-Komposition *For No One* wurde Alan Civil, Mitglied des Royal Philharmonic Orchestra, ins Studio geladen. Er blies das kurze Waldhornsolo, das Paul während der Produktion eingefallen war. John und George waren an dieser Produktion nicht beteiligt.

*Dr. Robert*

wurde kurz nach *Rain* aufgenommen. John war Autor und Leadsänger. Paul, der bei den Aufnahmen Hammondorgel spielte, sagte über dieses Stück: »Na ja, er ist so eine Art Witzfigur. Da gibt es einen Kerl in New York, und in den Staaten haben wir die Leute sagen hören: ›Du kannst alles von ihm haben, alle Pillen, die du willst.‹ Es war ein Riesenspektakel, aber auch zum Lachen mit diesem Kerl, der alle und alles mit all diesen Pillen und Beruhigungsmitteln kurierte. Injektionen für dies und das; er machte ganz New York high.«

*I Want To Tell You*

war die dritte Harrison-Komposition auf der LP
*Revolver.*

*Got To Get You Into My Life*

Paul sang diesen soulorientierten Titel, für dessen
Bläsersätze man die Gruppe *Sounds Incorporated* ins
Studio holte. Diese Musiker hatten die *Beatles* schon
1965 auf ihrer USA-Tournee begleitet und damals
auch das Vorprogramm des Konzerts im Shea Stadion
bestritten. John Lennon: »Wir wurden gerade von der
Tamla-Motown-Geschichte beeinflußt. Sie sehen, wir
werden durch alles beeinflußt, was gerade läuft.«

*Tomorrow Never Knows*

beschließt dieses Album und sollte richtungweisend für den Stil der kommenden Studioarbeit
und der Veröffentlichungen werden. Von John gesungen und auch komponiert, war *Tomorrow Never
Knows* das erste Stück, das bei den Aufnahmearbei-
ten für *Revolver* produziert wurde. Experimentierten
die *Beatles*, und vor allem John, schon vorher viel mit
rückwärts laufenden Bändern und anderen Effekten
herum, so ist *Tomorrow Never Knows* die erste konse-
quent durchgeführte Nummer von all diesen bisher
nur im kleinen Rahmen aufgekommenen Ideen.
Dazu John: »Ich wollte so klingen, als ob ich der Dalai
Lama wäre, der vom Berg herab singt. In meinem

Kopf stellte ich mir als Hintergrund Tausende von präludierenden Mönchen vor. Das war natürlich undurchführbar, und wir machten irgend etwas anderes. Ich hätte versuchen sollen, meiner ursprünglichen Idee – den singenden Mönchen – näher zu kommen. Jetzt ist mir klar, daß es genau das war, was ich wollte.«

Die wundersamen Geräusche, die den Song schließlich prägten, wurden durch Bandschlaufen, rückwärts laufende Bänder und unterschiedlich schnell laufende Tonbandgeräte erzielt.

Single *ELEANOR RIGBY / YELLOW SUBMARINE*
Erscheinungsdatum: 8. August 1966

Die EMI veröffentlichte diese Single sozusagen als »Auszug« aus *Revolver*, und als solche hatte sie zwei A-Seiten. Beide Titel standen dann auch sofort nach Erscheinen auf dem ersten Platz der Charts.

Single STRAWBERRY FIELDS FOREVER */PENNY LANE*
Aufnahmezeitraum: Ende November/Dezember 1966
Erscheinungsdatum: 13. Februar 1967

Diese Single erreichte als erste seit *Love Me Do* nicht mehr den ersten Platz in der Hitparade. In den englischen Charts war Position 2 die höchste Notierung. Die ersten 25 000 Exemplare von *Strawberry Fields Forever / Penny Lane* wurden in einem besonderen Plattencover ausgeliefert, das auf alten Fotos die vier als Babys zeigte.

Ursprünglich spielte John diesen Song nur auf der akustischen Gitarre, später nahm George Martin eine neue Version nur mit Streichern und Bläsern auf, doch John war mit beiden Fassungen des Stücks nicht zufrieden, deshalb wurde aus dem Zusammenschnitt beider Bänder eine dritte Version erstellt.

Paul spielte die Einleitung auf einem Mellotron mit Flötenregister. Er und George spielten auch Timpani und Bongos.

Die ganze Produktion lebte mehr von plötzlichen Einfällen als von genau kalkulierten Arrangements. Alle spielten gerade das, was ihnen einfiel.

Die Inspiration für den Titel stammte aus Liverpool. »Strawberry Fields« ist der Name eines Pensionats in der Nähe von Pauls Elternhaus.

Penny Lane komponierte Paul McCartney, und wie bei Strawberry Fields Forever ist das Thema des Songs Liverpool.

Dazu Paul: »Penny Lane ist eine Bus-Endhaltestelle in Liverpool; und da gibt es einen Friseurladen … und da ist eine Bank an der Ecke, so schrieben wir das Stückchen über den Bankier in seinem Auto. Es ist teils Wirklichkeit, teils Heimweh nach einem Platz, der ein herrlicher Platz ist, blauer Vorstadthimmel, wie wir ihn in Erinnerung haben, und es gibt ihn noch immer…«

David Mason, ein in England sehr bekannter klassischer Trompeter, spielte auf der Produktion den markanten Mittelteil auf der Bachtrompete. Außerdem wurden noch Flöten, Piccolos, weitere Trompeten, Flügelhörner und eine Oboe eingesetzt.

LP *SGT. PEPPER'S LONELY HEARTS CLUB BAND*
Aufnahmezeitraum: Ende November 1966 bis An-
fang April 1967
Erscheinungsdatum: 1. Juni 1967

Diese ursprünglich als Doppelalbum konzipierte
LP war die aufwendigste Produktion der *Beatles*. Für
jeden Titel war fast eine Woche Aufnahmezeit nötig.
Insgesamt arbeiteten die Beteiligten mehr als
700 Stunden bis zur Vollendung. Allein die Kosten für
die reine Studiozeit beliefen sich auf eine für da-

malige Verhältnisse astronomische Summe von über 40 000 Pfund (1967 etwa 330 000 DM). In der Relation ebenso teuer war das Plattencover von *Sgt. Pepper*, das in Entwurf und Ausstattung neue Maßstäbe im Popgeschäft setzen sollte. Es war auch das Resultat der Arbeit einer Gruppe, die hier zum letztenmal wirklich gemeinsam an ihrer Musik feilte. Schon längst gab es keine Vergleichsmaßstäbe mehr, an denen man die Erfolge und Rekorde der *Beatles* hätte messen können. *Sgt. Pepper* wurde, in Auszügen, schon Wochen vor der Veröffentlichung von englischen und amerikanischen Radiostationen gesendet. Und so herrschte beim offiziellen Erscheinen in beiden Ländern eine erwartungsvolle Spannung, die sich in einem gewaltigen Ansturm auf die Plattenläden entlud. Innerhalb von zwei Wochen verkaufte sich die LP allein in England über 250 000mal, in den USA waren es innerhalb einer Woche bereits über eine Million Stück. Für 27 Wochen blieb *Sgt. Pepper* an der Spitze der Charts in England. In den Staaten blieb das Album 19 Wochen die Nummer 1 und über 110 Wochen ununterbrochen in den Charts.

John Lennon: »*Sgt. Pepper* ist *das* Album. Es war ein Höhepunkt. Paul und ich arbeiteten definitiv gemeinsam... Ich sage die ganze Zeit, daß ich schon immer das Doppelalbum bevorzugte, weil meine Musik auf dem Doppelalbum besser ist. Ich kümmerte mich nicht um das Gesamtkonzept von *Pepper*, es mag besser sein, aber für mich war die Musik auf dem Doppelalbum besser, weil ich darauf ich selbst bin... Ich mag die Produktion nicht so sehr. Aber *Pepper* war schon ein Höhepunkt.«

Aus der Sicht George Martins stellte sich die Arbeit

an der LP wie folgt dar: »*Sgt. Pepper* war wohl in der Hauptsache das Werk von Paul. John steuerte lediglich drei Songs bei, nämlich *Mr. Kite, Lucy* und *Good Morning*. Nichtsdestoweniger entstanden gerade die beiden stärksten Titel *With A Little Help* und *A Day In The Life* in Gemeinschaftsarbeit.«

### Sgt. Pepper's Lonely Hearts Club Band
Aufnahmebeginn: 1. Februar 1967

Paul komponierte und sang das Stück, die Chorstimmen kamen von George und John. Der Bläsersatz wurde von vier Sessionmusikern gespielt. Die Hintergrund- und Publikumsgeräusche entlieh George Martin dem EMI-Geräuschearchiv. Benutzt wurden Volume 6: Applause and Laughter und Volume 28: Audience Applause and Atmosphere, Royal Albert Hall and Queen Elizabeth Hall. Durch diese Untermalung entsteht der Effekt, daß der Hörer einem vermeintlichen Publikum zuhört, das wiederum vorgibt, der vermeintlichen *Sgt. Pepper's Loneley Hearts Club Band* zuzuhören. Da die *Beatles* schon seit einiger Zeit nicht mehr live auftraten, gebrauchten sie dieses »Band-in-einer-Band"-Konzept – also die *Beatles* als *Sgt. Pepper's Band* – um ihre eigene, inzwischen gestorbene Live-Karriere zu karikieren.

Paul McCartney, der von der opulenten Namengebung (z. B. *Quicksilver Messenger Service*) amerikanischer Westküsten-Bands fasziniert war, konzipierte den Eröffnungssong des Albums als eine Mischung aus Titelmelodie, Live-Rocksong und einem traditionellen Bläserarrangement.

Paul, der angeblich den Song *Dr. Pepper* nennen wollte, dies aber wegen der Ähnlichkeit zum amerikanischen Soft-Drink gleichen Namens wieder verwarf, sagte zur Entstehung: »Ich dachte nur an hübsche Worte, wie *Sergeant Pepper* und *Lonely Hearts Club Band,* und beide Begriffe kamen mir ohne Grund zur gleichen Zeit in den Sinn.«

Laut Paul ist *Sergeant Pepper* eine Art Dirigent, der seiner Band erst einmal das Spielen beibringen muß, was bei den schwarzen Brass Bands in New Orleans zum Beispiel nichts Ungewöhnliches war. Alles scheint ziemlich verworren zu sein, eine Art Aneinanderreihung von Ideen, sowohl musikalisch als auch textlich. Dennoch fügt sich alles zusammen, und am Ende des Liedes singt Paul »...and here he is, the one and only Billy Shears«. Diese Phantasiefigur, Billy Shears eben, wurde einfach dazu benutzt, den Hörer in das darauf folgende Stück zu geleiten. Hierzu nochmals Pauls Kommentar: »Billy Shears ist ein Name mit netter Atmosphäre, und er leitet über zu Ringos Stück. Es war schlicht und einfach ein Kunstgriff.«

1978 veröffentliche die EMI den Song als Single. Die Firma hoffte, daß die Platte im Publicity-Sog des gleichnamigen Films von Robert Stigwood nochmals Geld in die Kassen bringen würde, doch ging die Strategie nicht auf. Diese Platte war die erste *Beatles*-Single, die nicht in die britischen Charts gelangte!

*With A Little Help From My Friends*
Aufnahmebeginn: 15. März 1967

Die *Beatles* stellten *With A Little Help From My Friends* als letzten Song ihrer viermonatigen Arbeit an *Sgt. Pepper* fertig. Die Anfangszeilen des Textes sind prädestiniert für Ringo Starrs Gesang. Als ob er einen tiefen Einblick in seine Seele erlaubte, singt er: »What would you think, if I sang out of tune / Would you stand up and walk out on me?« (Was würdest du tun, wenn ich falsch sänge, würdest du aufstehen und gehen?), aber Ringo hatte ja seine Freunde: »Sie wissen, daß ich kein aufregender Sänger bin, weil mein Tonumfang recht bescheiden ist. Deshalb schreiben die Jungs für mich Songs, die schön tief und nicht schwierig zu singen sind.«

*Lucy In The Sky With Diamonds*
Aufnahmebeginn: 2. März 1967

wurde oft genug von Kritikern und Fans als Lied über LSD angesehen. Finden sich doch die drei Buchstaben LSD ganz exponiert im Titel, und Lennon machte auch keinen Hehl daraus, daß er diese Droge schon genommen hatte. Hier noch einmal Pauls Kommentar dazu: »Was passiert war, war, daß Johns Sohn Julian in der Schule eine Zeichnung machte und sie mit nach Hause brachte. John fragte ihn: ›Was ist das?‹, und er sagte: ›Lucy im Himmel mit Diamanten‹.«

*Getting Better*
Aufnahmebeginn: 9. März 1967

Der Einfall zur Titelzeile kam Paul, als er mit dem Biographen Hunter Davies in seiner Wohnung saß und über alte Zeiten plauderte. Sie erinnerten sich an Jimmy Nicol, der den erkrankten Ringo während ihrer Australien-Tournee 1964 vertrat, und einer der liebsten Sätze von Nicol war: »It's getting better all the time.«

George Harrison führte bei diesem Titel ein weiteres indisches Instrument in die Musik der *Beatles* ein, eine Tamburi.

*Fixing A Hole*
Aufnahmebeginn: 21. Februar 1967

Wieder wurde den *Beatles* unterstellt, einen Song über Drogen gemacht zu haben. Kommentar McCartney: »Wenn du ein Junkie bist, in einem Zimmer sitzt und dir ein Loch stichst, dann wird es das für dich bedeuten. Aber als ich den Song schrieb, wollte ich nur sagen, wenn da ein Riß ist oder das Zimmer ohne Farbe ist – dann streich es an.«

*She's Leaving Home*
Aufnahmebeginn: 17. März 1967

Ein weiteres Stück, bei dem die *Beatles* keine Instrumente spielen. Da George Martin mit Arbeit überlastet war, überließ man das Arrangement Mike

Leander. Zum erstenmal spielt eine Frau bei einer *Beatles*-Aufnahme mit – die Harfenistin Sheila Bromberg.

Paul über *She's Leaving Home:* »Sie ist ein viel jüngeres Mädchen als *Eleanor Rigby,* aber es ist die gleiche Art von Einsamkeit. Da war auch ein *Daily-Mirror*-Artikel: »Dieses Mädchen lief von zu Hause fort, und ihr Vater sagte: ›Wir gaben ihr alles, ich weiß nicht, warum sie fortlief.‹ Aber er gab ihr nicht alles, nicht das, was sie brauchte, als sie fortlief.«


*Being For The Benefit Of Mr. Kite*
Aufnahmebeginn: 17. Februar 1967


Die *Beatles* wollten dem Lied eine Zirkus- oder Kirmesatmosphäre geben. John hatte vor, eine alte Dampforgel einzusetzen. Leider war in ganz England keine mehr aufzutreiben, die mit der Hand bedient werden konnte. Es gab nur noch Modelle, die nach vorgestanzten Scheiben spielten. Um Johns Vorstellung zu realisieren, nahm George Martin zwei Orgeln auf, ließ diese dann mit halber Geschwindigkeit ablaufen, mischte Drehorgelklänge aus dem EMI-Archiv darunter und ergänzte all dies mit Harmonikaklängen. All das wurde dann rückwärts abgespielt, und dennoch war Lennon nicht ganz zufrieden damit.

Paul McCartney erklärte der Öffentlichkeit, wie es zu Johns surrealistischem Text gekommen war: »John hat dieses alte Plakat, wo ganz oben steht: ›Pablo Fanques Fair presents the Hendersons for the benefit of Mr. Kite‹. Bis auf Henry the Horse ist alles, was in dem

Lied vorkommt, dem Poster entnommen – das konnte man nicht erfinden.«

*Within You, Without You*
Aufnahmebeginn: 15. März 1967

Die einzige Komposition, die George beisteuerte und der man eine gewisse Distanz seiner Mitspieler anmerkte. Keiner der anderen Beteiligten erinnert sich an diese Aufnahme. Georges damaliger Enthusiasmus für die indische Musik spiegelt sich auch in der Instrumentierung dieses Songs wider. George spielte eine Tamburi und ein der Zither ähnliches Instrument. Des weiteren wurden Tablas und eine Dilruba eingesetzt. George wurde hier nur von indischen Musikern unterstützt, und als »einziger Beatle« außer ihm wirkte Neil Aspinall als Tablaspieler mit.

*When I'm Sixty Four*
Aufnahmebeginn: Anfang Dezember 1966

Teile dieses Liedes komponierte Paul schon als Sechzehnjähriger.
Zu Ehren seines Vaters überarbeitete Paul McCartney die Fragmente und fügte sie zu einem Song zusammen. Arrangiert wurde das Stück für zwei Klarinetten und eine Baßklarinette, um eine Vaudeville-Stimmung zu erzielen.

*Lovely Rita*
Aufnahmebeginn: 22. Februar 1967

Paul McCartney über die Idee des Stückes: »Ich klimperte in Liverpool auf dem Klavier, als mir irgend jemand erzählte, daß sie in Amerika die Parkuhrenfrauen ›Meter Maids‹ nennen. Ich fand das toll und kam so auf ›Rita Meter Maid‹ und dann zu ›*Lovely Rita Meter Maid*‹. Ich dachte vage daran, daß es ein böses Lied sein könnte. Doch dann beschloß ich, sie lieb zu haben, auch wenn sie sehr affektiert war, wie ein Soldat mit einer Tasche über der Schulter. Ein zackiger Typ, aber nett.«


*Good Morning, Good Morning*
Aufnahmebeginn: 16. Februar 1967

Dieser Lennon-Song beginnt mit einem Hahnenschrei und endet mit dem Gackern einer Henne. Während des Songs sind noch weitere Tiergeräusche zu hören: Pferde, Schafe, Hunde, Katzen, Kühe, Löwen, Elefanten. Alles, was auf einer kleinen, idyllischen Farm so herumläuft. Diese Idee übernahmen die *Beatles* von den *Beach Boys*, die auf ihrer LP *Pet Sounds* Tiergeräusche für den Hintergrund benutzt hatten.

John Lennon: »Ich sitze oft am Klavier, arbeite an Songs mit leise laufendem Fernseher im Hintergrund. Wenn ich ein wenig erschöpft bin und nichts zustande bekomme, dann dringen die Worte vom Fernseher durch. Und da hörte ich ›*Good morning, good morning*‹. Es war ein Werbespot für Corn Flakes.«

*A Day In The Life*
Aufnahmebeginn: 19. Januar 1967

Ursprünglich waren es zwei Songs, aber da Johns Stück keinen Mittelteil und das von Paul keinen Anfang hatte, verschmolz George Martin beide Fragmente zu einem Ganzen. Dennoch bestand zwischen beiden Stücken noch eine Lücke von 24 Takten. Paul hatte die Idee, beide Teile durch eine große Orchesterpassage zu verbinden. Also heuerte George Martin vierzig Musiker des Royal Philharmonic und des London Symphony Orchestra an.

Johns Teil beginnt mit einer Gitarrenpassage, Pauls Mittelteil wird von einem rasselnden Wecker eingeläutet. Der mächtige Schlußakkord wurde von Ringo, Paul, John und Mal Evans auf dem Klavier und von George Martin auf dem Harmonium gespielt.

Auf die Auslaufrille der Schallplatte spielten die *Beatles* unverständliche Gesprächsfetzen und skurriles Gelächter.

Der Song wurde von der BBC nicht gespielt, weil man dort der Ansicht war, es ginge um einen Mann, der sich in einem LSD-Rausch befindet. John Lennon: »Ich machte gerade eine Pause, während ich am Klavier saß, und las die *Daily Mail*. Dort entdeckte ich unter den Kurzmeldungen, daß es auf der Straße in Blackburn mehr als 4000 Schlaglöcher gibt…

Als wir zur Aufnahme kamen, fehlte mir noch ein Wort in der Strophe. Ich wußte, daß die Zeile ›Now they know how many holes it takes to fill the Albert Hall‹ lauten mußte. Es war natürlich Nonsens, aber aus irgend einem Grund fiel mir das Wort ›fill‹ nicht ein. Was hatten die Schlaglöcher mit der Albert Hall zu tun? Es war Terry Doran (ein Apple-Mitarbeiter, Anm. d. Verf.), der sagte: ›Fill the Albert Hall.‹«

Paul McCartneys Kommentar zum Sendeverbot der BBC: »Es wurde nur wegen diesem Satz verboten. Irgend jemand dachte, es hätte etwas mit Einstichen im Arm zu tun. Ich denke, sie hörten, daß der Song irgend etwas mit Drogen zu tun haben sollte, und das war der einzige Teil darin, den sie finden konnten, der etwas mit Drogen zu tun haben könnte.«

### Sgt. Pepper's Lonely Hearts Club Band (Reprise)

Bei der Wiederholung in Kurzfassung sang jeder mit, der sich gerade im Studio aufhielt. Das Ende von *Good Morning,* der krähende Hahn, von der Gitarre übernommen, ist gleichzeitig der Beginn dieser Wiederaufnahme des Stücks. Begann das Album mit einer Live-Atmosphäre, so lassen die *Beatles* damit die eigentliche *Sgt.-Pepper*-Revue auch wieder ausklingen. Die Show von *Sgt. Pepper* und seiner Band ist vorüber, und ein neuer Tag im Leben steht bevor.

Single *ALL YOU NEED IS LOVE / BABY YOU'RE A RICH MAN*
Aufnahmezeitraum: A-Seite 14. Juni bis 25. Juni 1967, B-Seite 11. Mai 1967
Erscheinungsdatum: 7. Juli 1967

Zu Beginn des Jahres 1967 wurden die *Beatles* ausgewählt, um England in der weltweiten Fernsehshow »Our World« zu repräsentieren. Für diesen Anlaß komponierten die *Beatles* diese sehr eingängige Melodie. Erst kurz vor der Übertragung der Show entschied man sich, diesen Titel als nächste Single zu veröffentlichen. Wieder einmal ging eine *Beatles*-Single sofort nach Erscheinen auf den ersten Platz in den Hitparaden. *All You Need Is Love* blieb in England für vier Wochen an der ersten Stelle, und in Amerika waren sie mit dieser Veröffentlichung zum vierzehnten Mal die Nummer 1.

Die *Beatles* begannen die Aufnahmen am 14. Juni 1967 in den Olympic-Studios in London. John spielte Cembalo, Paul spielte seinen Arco-Baß mit einem Geigenbogen, und George versuchte sich zum erstenmal in seinem Leben an einer Geige. In den Abbey Road Studios wurde der Titel dann komplettiert. Zur üblichen Besetzung kam ein dreizehn Mann starkes Orchester hinzu, bestehend aus zwei Trompeten, zwei Saxophonen, einem Akkordeon, sechs Violinen und zwei Celli.

Am 25. Juni war die Welturaufführung in der genannten Show. Im Studio mit dabei eine ganze Reihe prominenter britischer Showgrößen, so z. B. Mick Jagger, Marianne Faithfull und Keith Richards.

Noch heute wirkt der grandiose Einfall nach, den Song mit der französischen Nationalhymne beginnen zu lassen, denn immer dann, wenn man sie hört, fällt einem unwillkürlich »*Make love, not war*«, die Botschaft der *Beatles*, ein.

Während des Chorteils von *All You Need Is Love* zitieren die *Beatles* noch einmal einige ihrer großen Hits: *She Loves You* und *Yesterday.* Teile von Glenn Millers *In The Mood* kamen genauso zu Ehren wie Auszüge aus *Greensleeves.*

Die B-Seite *Baby You're A Rich Man* war der erste Titel der *Beatles*, der nicht in den Abbey Road Studios aufgenommen und gemischt wurde. Wieder einmal benutzten sie für einen ihrer Songs klassische Instrumente. Die ungewöhnlichen Klänge zu Beginn des Stückes stammen von einer von John gespielten Clavioline. Das Piano spielte Paul. Angeblich wirkte bei der Aufnahme, die ursprünglich *One Of The Beautiful People* heißen sollte, noch Brian Jones von den *Rolling Stones* als Oboenspieler mit.

Single
*HELLO GOODBYE / I AM THE WALRUS*
Aufnahmedatum: A-Seite 2. Oktober 1967,
B-Seite 6. September 1967
Erscheinungsdatum: 24. November 1967

Schon kurz vor Weihnachten überschritten die Verkäufe der Single in England die Millionenmarke und brachten den *Beatles* eine weitere Goldene Schallplatte ein. In Amerika dauerte es sogar nur eine Woche, bis die Millionengrenze erreicht war.

Für diese Single nahmen die *Beatles* einen Promotionfilm in Brian Epsteins Savile-Theater auf, und in der amerikanischen Version des Films, der für die Ed Sullivan Show gedreht wurde, trugen sie noch einmal ihre *Sgt.-Pepper*-Kostüme.

*Hello Goodbye* wurde von Lennon, der lieber *I Am The Walrus* als A-Seite gesehen hätte, etwas abfällig als »typisch Paul« bezeichnet.

*I Am The Walrus* entstand während der Produktion des Fernsehfilms *Magical Mystery Tour.* Die Aufnahmen für *I Am The Walrus* begannen nur fünf Tage nach dem Tode des Managers Brian Epstein.

*I Am The Walrus* gilt als eine der surrealistischsten Kompositionen der *Beatles*. Im Song hört man acht Violinen und vier Celli, arrangiert von George Martin. Ergänzt wurde der bizarre, unwirkliche Sound durch drei Hörner und eine »Radiostimme«. Für das Finale engagierte John die *Michael Sammers Singers*, bestehend aus sechs Frauen und sechs Männern.

Auch über dieses Stück wurde von der eher prüden BBC ein Sendeverbot verhängt. Die Verantwortlichen dort taten sich wohl mit Johns Erwähnung von »Knickers« (Unterhosen) schwer.


Doppel-EP *MAGICAL MYSTERY TOUR*
Aufnahmezeitraum: 20. April 1967 bis 25. September 1967
Erscheinungsdatum: 8. Dezember 1967


Diese Doppel-EP war der Soundtrack zu ihrem ersten in eigener Regie gedrehten Fernsehfilm. Der Film hatte am 26. Dezember 1967 in vielen Ländern gleichzeitig Premiere.

Der Film kam bei Publikum und Kritik gleichermaßen schlecht weg, die Platte jedoch wurde ein riesiger Erfolg. Kurz vor Weihnachten, und dann Neues von den *Beatles* – eine denkbar günstige Kombination.

Da nur sechs neue Titel vorhanden waren, zuwenig für eine LP, zuviel für eine Single, wählte man den eleganten Weg, das Material als Doppel-EP zu veröffentlichen. Als Bonus bekamen die Käufer ein illu-

striertes 24seitiges Booklet mit Photos, Songtexten und Zeichnungen einzelner Filmszenen.

Capitol, ihre amerikanische Plattenfirma, fügte den sechs Liedern einfach noch Stücke von den vorherigen Singles bei, und fertig war eine LP. Diese Idee zahlte sich aus. Innerhalb kürzester Zeit wurden in den USA über drei Millionen Stück abgesetzt, und Capitol erreichte die bis dato größte Erstverkaufs-Einnahme eines Tonträgers.

*Magical Mystery Tour*
Aufnahmebeginn: 20. April 1967

Paul war der Führer bei dieser magisch-mysteriösen Reise ins Blaue, er sprach die Einleitungsworte und sang die Hauptstimme beim Titelstück.

*Your Mother Should Know*
Aufnahmebeginn: 22. August 1967

Da die Abbey Road Studios ausgebucht waren, zogen die *Beatles* in das Chappel Recording Studio in London um. Die Aufnahmen für diese Paul-McCartney-Komposition waren die letzten vor dem Tode Epsteins.

*I Am The Walrus*
(siehe Single)

*Fool On The Hill*
Aufnahmebeginn: 25. September 1967

*Fool On The Hill* ist das dritte von Paul geschriebene und gesungene Stück auf dieser Doppel-EP. Während der Aufnahmesession zu *Fool On The Hill* beschlossen sie, *Your Mother Should Know* noch einmal umzuschreiben, da ihnen die schon aufgenommene Fassung des Liedes nicht mehr gefiel. Erst danach wurde die Arbeit an *Fool On The Hill* abgeschlossen.

*Flying*
Aufnahmebeginn: 8. September 1967

*Flying* ist das erste und einzige Instrumentalstück, das die *Beatles* veröffentlichten. Gleichzeitig ist es auch die einzige Komposition, die als Autoren die Namen aller vier Gruppenmitglieder angibt. Die Originaldauer betrug über neun Minuten, doch wurde das Stück für die Veröffentlichung stark gekürzt.

*Blue Jay Way*
Aufnahmebeginn: 6. September 1967

Obwohl *Magical Mystery Tour* von den Ideen und Kompositionen Paul McCartneys bestimmt war, fand dieses neue George-Harrison-Stück den Weg auf die Platte. Er schrieb das Stück, als er mit seiner Frau Pattie für kurze Zeit eine Wohnung in Amerika gemietet hatte. Die Wohnung befand sich in einer Straße mit dem Namen »Blue Jay Way«.

Single *LADY MADONNA / THE INNER LIGHT*
Aufnahmedatum: 3./4. Februar 1968
Erscheinungsdatum: 15. März 1968

Dies war die letzte Single der *Beatles* für ihre englische Plattenfirma Parlophone und für Capitol in Amerika. Die *Beatles* standen kurz vor der Gründung ihrer eigenen Firma Apple. Der Promo-Film zur Single wurde bereits von Kameraleuten der neugegründeten Apple Films Company abgedreht.

In England wurde *Lady Madonna* schnell wieder zur Nummer 1, in den amerikanischen Billboard-Charts langte es jedoch nur zu einem vierten Platz. Die *Beatles* läuteten mit der A-Seite eine gewaltige Rock 'n' Roll-Renaissance ein, die viele alte Rockstars wieder aus der Versenkung auftauchen ließ.

Die Wochen vor den Aufnahmen zu *Lady Madonna* verliefen für die *Beatles* turbulent und hektisch. Am 13. Februar wollten sie nach Indien fliegen, gleichzeitig wußten sie um die Verpflichtung, eine neue Single herausbringen zu müssen.

Paul hatte große Teile des Arrangements schon vorbereitet, bevor sich alle am 3. Februar dann im Studio einfanden. Die Aufnahmen wurden schnell und zügig, ganz in der Tradition der frühen Rock 'n' Roll-Songs, durchgezogen. In letzter Minute wurden noch vier Saxophone hinzugefügt. Einer der Spieler war der bekannte englische Jazzer Ronnie Scott.

Ringo Starr über *Lady Madonna:* »Es klingt wie Elvis, oder? Nein – nein, es klingt nicht wie Elvis. Es ist Elvis – sogar die Stellen wo er (Paul) sehr hoch singt.«

*The Inner Light* war die erste Harrison-Komposition, die es auf eine *Beatles*-Single schaffte. George nahm die Musik zu diesem Stück bereits im Januar '68 komplett in den EMI-Studios in Bombay auf. Harrison hielt sich zu dieser Zeit gerade in Indien auf, um die Filmmusik für *Wonderwall* fertigzustellen. Zurück in London, wurden dann die Gesangsspuren von John, Paul und George hinzugefügt.

Paul, der den indischen Einflüssen Harrisons immer schon etwas skeptisch gegenüberstand, sagte über *The Inner Light:* »Vergeßt die indische Musik, und hört auf die Melodie. Denkt ihr nicht auch, daß es eine wunderschöne Melodie ist? Sie ist wirklich hübsch.«

Single *HEY JUDE / REVOLUTION*
Aufnahmezeitraum: Anfang Juli bis 1. August 1968
Erscheinungsdatum: 26. August 1968

Neun Wochen ununterbrochen Nummer 1 in Amerika, Platz 1 in England und in fast jedem anderen Land, in dem die Single veröffentlicht wurde. Ein besserer Start für eine neue Firma mit ihrem ersten Produkt ist eigentlich kaum vorstellbar. Nach ihrer Rückkehr aus Indien und trotz erster Querelen innerhalb der Gruppe bewies sich wieder einmal die ungebrochene Kreativität der vier.

Brian Epsteins Tod schien überwunden, und mit ihrer eigenen Firma Apple im Rücken konnten die nächsten Rekorde angegangen werden.

Einer wurde sofort bei Veröffentlichung der Single erzielt: *Hey Jude* war mit über sieben Minuten Spieldauer die längste Platte, die bis dahin den ersten Platz in einer Hitparade errreicht hatte.

*Hey Jude* (Aufnahmezeitraum: Anfang Juli bis 1. August 1968): Paul und John arbeiteten fast den gesamten 26. Juli in Pauls Heimstudio an *Hey Jude*. Vier Tage später trafen sie sich mit Ringo und George in den Abbey Road Studios und arbeiteten die ganze Nacht hindurch weiter an dem Song. Am 1. August wurde das orchestrale Arrangement in den Trident Studios von einem vierzigköpfigen Orchester eingespielt. George Martin verband dann im Mix beide

Teile, und erst danach wurde Pauls Gesang aufgenommen. Auf der endlos langen Ausblende, die damals als sensationell empfunden wurde, sangen und klatschten alle mit, die gerade im Studio waren.

Paul McCartney: »Ich fuhr raus, um Cynthia Lennon zu besuchen, es war kurz nachdem John und sie Schluß gemacht hatten. Ich hatte ein kumpelhaftes Verhältnis zu Julian… Ich fuhr also raus in meinem Wagen und sang ein wenig dieses Lied. ›Hey Jules, don't make it bad…‹. Ich änderte es dann aber in ›Hey Jude‹, es war einfach besser so.«

*Revolution* (Aufnahmezeitraum: Anfang Juli bis 31. Juli 1968): Die *Beatles* nahmen insgesamt vier verschiedene Versionen dieser Lennon-Komposition auf. John schrieb das Stück während eines Aufenthalts in Indien. Lennon: »Ich wollte mit diesem Lied allen Leuten sagen, was ich über die Revolution denke. Es war höchste Zeit, darüber zu sprechen, denn wir hatten einen Punkt erreicht, an dem wir die Fragen über den Vietnamkrieg nicht mehr unbeantwortet lassen konnten.«

Die vierte und letzte Version, auch die aggressivste, wurde als B-Seite für die neue Single ausgewählt. In der Originalfassung dauerte das Stück über zehn Minuten, für die Veröffentlichung kürzten die *Beatles* es aber auf drei Minuten und 21 Sekunden.

The BEATLES

DLP *THE BEATLES (White Album)*
Aufnahmezeitraum: 30. Mai bis 17. Oktober 1968
Erscheinungsdatum: 22. November 1968

Waren die Aufnahmen und Veröffentlichungen der *Beatles* bis zu dieser Zeit (fast immer) Gemeinschaftsprojekte gewesen, so besteht ihr erstes Doppelalbum *The Beatles* eher aus Solotiteln einzelner Gruppenmitglieder, aufgenommen mit Hilfe der anderen, als aus der gemeinsamen Arbeit einer intakten, funktionierenden Band.

Der Popularität dieses ersten Albums auf ihrem eigenem Label Apple tat das keinen Abbruch. Viele Kritiker monierten die Fülle des Materials – die *Beatles* nahmen 32 Stücke auf und veröffentlichten 30 davon auf dieser Doppel-LP – und meinten, eine einzelne Platte hätte genügt, doch war das schließlich veröffentlichte Produkt eine Bestandsaufnahme, die Bilanz einer Gruppe, die nahezu alle erreichbaren Rekorde gebrochen hatte. Jetzt, nach Jahren des Erfolgs, ließen sich die immer unterschiedlicheren Interessen der einzelnen Mitglieder nicht mehr vereinen. Während der Aufnahmen verließ Ringo Starr für zwei Wochen verärgert die Gruppe, Drogen nahmen eine immer größere Bedeutung für sie an, Paul und John entfernten sich zunehmend voneinander, und der stärker werdende Einfluß von Yoko Ono auf John verunsicherte die anderen zunehmend. Einen Einfluß auf die Chartpositionen hatte all das nicht im geringsten. In England und Amerika stieg das Album erwartungsgemäß auf Position 1 in die Hitparaden ein, die Vorbestellungen in den USA beliefen sich auf über zwei Millionen Einheiten, und das *White Album,* wie es schon kurz nach Erscheinen genannt wurde, entwickelte sich zum bestverkauften Doppelalbum aller Zeiten.

*Back In The USSR*
Aufnahmebeginn: 22./23. August 1968

Wie fast alle Titel dieses Albums wurde auch *Back In The USSR* während des gemeinsamen Indienaufenthalts der Gruppe geschrieben. Paul McCartney ließ sich bei diesem Stück sehr stark vom Sound der *Beach Boys* beeinflussen, und der Titel ist eine Anspielung auf Chuck Berrys *Back In The USA.* Zur Zeit dieser Aufnahme verließ Ringo verärgert die *Beatles,* kehrte jedoch schon kurze Zeit später wieder zurück. Das Schlagzeug bei *Back In The USSR* wird von Paul gespielt.

*Dear Prudence*
Aufnahmebeginn: 28. August 1968

*Dear Prudence* wurde während des Indienaufenthalts von John komponiert. Die Inspiration für den Song war Prudence Farrow, die jüngere Schwester der Schauspielerin Mia. Die beiden besuchten zusammen mit den *Beatles* Indien, wobei Prudence immer länger und auch öfter als die anderen meditierte. Dazu John: »Sie schloß sich für drei Wochen ein und versuchte, schneller zur Erleuchtung zu gelangen als alle anderen.«

*Glass Onion*
Aufnahmebeginn: 11. September 1968

Eines der letzten Stücke, die noch von John und Paul gemeinsam geschrieben wurden. Es war Lennons Antwort auf all die Aussagen über *Sgt. Pepper,* auf Fanbriefe und, wie er selbst sagte, eigentlich nur ein Witz. In *Glass Onion* zitiert Lennon auch frühere *Beatles*-Erfolge, wie z.B. *Fool On The Hill, Strawberry Fields Forever* und *Fixing A Hole.*

*Ob-La-Di, Ob-La-Da*
Aufnahmebeginn: 2. Juli 1968

Paul verarbeitete die ersten spürbaren Einflüsse der karibischen Musik auf die englische Popszene in diesem Reggae-Song.

Der jamaikanische Reggae-Star Desmond Dekker bemerkte zu diesem Song: »*Ob-La-Di, Ob-La-Da* ist in meiner Heimat ein ziemlich obszöner Slangausdruck, nicht gerade jugendfrei...«

Die englische Band *Marmelade* hatte mit ihrer Version dieses Titels in England großen Erfolg.


*Wild Honey Pie*
Aufnahmebeginn: 20./21. August 1968

Das kürzeste Stück auf dem Doppelalbum stammte von Paul McCartney.

Alle Instrumente waren gedoppelt und von ihm alleine gespielt. Paul hierzu: »Das Stück war nur ein Fragment von einem Instrumentalstück, von dem wir nicht überzeugt waren; aber Pattie (Harrison) mochte es sehr, und so beschlossen wir, es auf dem Album zu lassen.«


*Bungalow Bill*
Aufnahmebeginn: 9./10. Oktober 1968

Nachdem etwa um Mitternacht *I'm So Tired* auf Band war, beschlossen die *Beatles,* die Session noch nicht abzubrechen, sondern einen weiteren Titel aufzunehmen. Bis in die frühen Morgenstunden blieb das Studio voller Leute, sie alle sangen bei den Chorpassagen mit. An einigen Stellen des Stückes läßt sich, bei genauem Hinhören, die hohe Stimme Yoko Onos erkennen.

*While My Guitar Gently Weeps*
Aufnahmebeginn: 25. Juli 1968

George Harrison komponierte und sang diesen Titel. Das Gitarrensolo allerdings stammte von Georges gutem Freund Eric Clapton. Clapton, damals Mitglied der Gruppe *Cream,* war über den Wunsch Harrisons, er möge bei den Aufnahmen mitwirken, sehr überrascht, denn es war das erste Mal, daß die *Beatles* einen bekannten Rockmusiker zu ihren Sessions baten. Auf dem Cover des Albums findet man Claptons Namen jedoch nicht.

*Happiness Is A Warm Gun*
Aufnahmebeginn: 23. September 1968

Pauls Lieblingssong vom weißen Album war diese Lennon-Komposition. Der Song, wieder einmal von der BBC aus dem Sendeprogramm verbannt – angeblich wegen des »zu hohen sexuellen Gehalts« des Textes –, hatte seinen Ursprung in drei verschiedenen Kompositionen, die Lennon hier auf geniale Art verband.

Er selbst war darüber sehr stolz: »Ich mag all die verschiedenen Sachen, die darin passieren; ich verband drei verschiedene Teile von verschiedenen Stücken..., der Song scheint alle Arten der Rockmusik zu durchlaufen.«

Den Titel selbst verdankte Lennon indirekt George Martin. Der zeigte ihm ein Waffenmagazin, in dem die Zeile zu lesen war: »Happiness is a warm gun in your hand.«

### Martha My Dear
Aufnahmebeginn: 4. Oktober 1968

Obwohl Pauls Schäferhündin Martha die Inspiration zu dem Titel war, dreht es sich im Text doch eher um eine Frau. McCartney spielte, bis auf die Bläser und Streicher, alle Instrumente selbst.

### I'm So Tired
Aufnahmebeginn: 9. Oktober 1968

Eines von Lennons liebsten Liedern und eine Art Fortsetzung von I'm Only Sleeping auf der LP Revolver. Die Beatles nahmen dieses Stück innerhalb weniger Stunden in einer Session auf.

### Blackbird
Aufnahmebeginn: 11. Juni 1968

Der Song galt für viele als eine Art Sympathiebekundung Pauls gegenüber den schwarzen Bürgerrechtsbewegungen. So auch für den Sektenführer und verurteilten Mörder Charles Manson, der prophezeite, daß die Schwarzen einen Krieg gegen die Weißen führen würden. Er war überzeugt, dieser Song sei ein Zeichen dafür, daß die Zeit für den Aufstand gekommen sei – zumal Manson sich ausgemalt hatte, daß die Schwarzen ihn nach ihrem Sieg als Führer aussuchen würden.

Der Text selbst handelt jedoch »nur« von einer Amsel, die auf den anbrechenden Tag wartet. McCartney nahm diesen Song ohne Unterstützung der übrigen *Beatles* auf.


*Piggies*
Aufnahmebeginn: 19. September 1968

*Piggies* war Harrisons Kommentar zur Wirtschaftskriminalität. *Piggies*, wie auch *Helter Skelter* und andere Songs dieser LP, wurden vom amerikanischen Massenmörder Charles Manson zur Rechtfertigung seiner Taten mißbraucht. Manson glaubte, in diesen Songs versteckte Botschaften für den Beginn einer Revolution zu hören. Manson schrieb mit dem Blut seiner Opfer das Wort »Piggies« an deren Türen.


*Rocky Raccoon*
Aufnahmebeginn: 15./16. August 1968

Eine weitere Komposition, die Paul in Indien schrieb, angeblich mit der Hilfe von Donovan, dem »modernen Troubadour« der 60er.

Bei diesem Country-Blues-Titel spielte George Martin ein stilechtes Honky-Tonk-Piano.

*Don't Pass Me By*
Aufnahmebeginn: 17. Juli 1968

Ringos erste Eigenkomposition ohne die Hilfe der anderen drei zeigt seine später noch ausgeprägtere Vorliebe für Country-Musik. Ringo spielte hier Klavier und engagierte zur Unterstützung der Country-Atmosphäre noch einen Fiddler.

Ursprünglich sollte der Song *This Is Some Friendly* heißen.


*Why Don't We Do It On The Road*
Aufnahmedatum: 9./10. Oktober 1968

Komposition und Text könnten eigentlich auch von John stammen, doch Paul schrieb das Lied allein. Außer Ringo, der erst am nächsten Tag, also nach Pauls nächtlicher Aufnahmesession, den Schlagzeugpart einspielte, war niemand anders daran beteiligt. John Lennon war enttäuscht, daß McCartney ihm und George diesen Song vorenthalten hatte. In späteren Interviews wurde McCartney des öfteren nach dem Hintergrund für Lennons Vorwurf gefragt. Seine einzige Antwort darauf war die Feststellung, er habe den Song eben alleine aufgenommen.


*I Will*
Aufnahmebeginn: 16. September 1968

Pauls Liebeserklärung an Linda war genauso eine Soloarbeit von ihm. Musik, Text und Aufnahme – Paul McCartney.

*Julia*
Aufnahmebeginn: 13. Oktober 1968

John Lennon nahm den Titel an einem Sonntag alleine auf. Er schrieb ihn als Erinnerungsstück an seine verstorbene Mutter.

*Birthday*
Aufnahmebeginn: 18. September 1968

Die *Beatles* schufen ein neues Geburtstagsständchen, das das alte *Happy Birthday* ablösen sollte. Die Gruppe arbeitete sehr schnell und konzentriert bei den Aufnahmen und unterbrach nur kurz, um sich bei Paul zu Hause das Musical *The Girl Can't Help It* anzusehen. Danach ging es sofort wieder zurück ins Studio, um die Arbeit zu vollenden. Die Backgroundvocals wurden von Yoko Ono, Pattie Harrison und Linda McCartney beigesteuert.

*Yer Blues*
Aufnahmebeginn: 13. August 1968

Dieser Titel wurde von John wiederum in Indien komponiert und ist charakteristisch für das 1968 in England neu erwachende Interesse am Blues. Lennon ging es in der Hauptsache um die Karikatur von Musikern der britischen Bluesszene, die glaubten, verschiedene musikalische Neuerungen erfunden zu haben, obwohl das, wie John wußte, nicht den Tatsachen entsprach.

*Mother Nature's Son*
Aufnahmedatum: 9. August 1968

Paul begann mit der Aufnahme erst, als die anderen bereits nach Hause gegangen waren. Gegen drei Uhr nachts nahm er die Gitarre und seinen Gesang auf, um dann am nächsten Tag Bläser und Percussion hinzuzufügen.

*Everybody's Got Something To Hide Except Me And My Monkey*
Aufnahmebeginn: 23. Juli 1968

John Lennon über seinen Song: »Das Lied handelt von mir und Yoko. Es schien, als ob jeder paranoid war, außer uns beiden in der Glut der Liebe.«
Gesanglich wurde er bei der Aufnahme – neben Paul – dann auch von Yoko Ono unterstützt.

*Sexie Sadie*
Aufnahmebeginn: 19. Juli 1968

*Sexie Sadie* war Johns private Abrechnung mit dem Maharishi. Während ihres Indienaufenthaltes bekamen die *Beatles* nicht nur Einblick in die Religion ihres spirituellen Mentors, sondern auch in seinen Mißbrauch der Religion. Angeblich versuchte der Maharishi einige der anwesenden Frauen zu vergewaltigen. Als die *Beatles* das mitbekamen, stellten sie ihn zur Rede und reisten kurz darauf ab. John, der der Hauptredner in der Diskussion mit dem Maharishi war, wollte das Lied ursprünglich erst *Maharishi What Have You Done, You Made A Fool Of Everyone* nennen.

*Helter Skelter*
Aufnahmebeginn: 18./19. Juli 1968

Diese ursprünglich über 24 Minuten lange McCartney-Komposition wurde schon kurz nach Veröffentlichung von Charles Manson als Aufforderung zu seinen grauenvollen Verbrechen und als Rechtfertigung verstanden, wobei der Titel nichts anderes ist als die Bezeichnung für eine Art Achterbahn auf englischen Jahrmärkten. Johns Stellungnahme war eindeutig: »Manson ist ein Wahnsinniger. Er ist der Übelste von all denen, die unsere Texte für ihre privaten Zwecke mißdeuten ... Wir nahmen damals unsere Rolle in der Gesellschaft noch sehr wichtig, aber ich kann nicht verstehen, was *Helter Skelter* damit zu tun hat, daß jemand erstochen werden soll. Ich habe noch nicht einmal auf den Text geachtet, ehrlich, für mich war es nur ein riesiges Geräusch.«

*Long, Long, Long*
Aufnahmebeginn: 8. Oktober 1968

Wieder ein von George komponiertes Lied, das auch von ihm gesungen wurde. John Lennon war bei diesen Aufnahmen nicht anwesend.

*Revolution 1*
Aufnahmebeginn: 30. Mai 1968

Für das Doppelalbum wurde eine etwas langsamer gespielte Version als die auf der Single ausgewählt.

*Honey Pie*
Aufnahmebeginn: 1. Oktober 1968

Ein Titel von Paul, im Stil der 20er Jahre geschrieben und auch so produziert. Fünfzehn Sessionmusiker spielten den Bläsersatz, der im Sound einer Band von 1920 arrangiert worden war.

*Savoy Truffle*
Aufnahmebeginn: 3. Oktober 1968

Die letzte Harrison-Komposition auf dem weißen Album wurde auch von ihm selbst gesungen. John Lennon war bei den Aufnahmen nicht dabei. Den Titel fand George auf einer Pralinenschachtel.

*Cry Baby Cry*
Aufnahmebeginn: 15. Juli 1968

John war hier Komponist und Leadsänger. Außerdem spielte er noch Piano und Orgel.

*Revolution 9*
Aufnahmebeginn: 30. Mai 1968

Die ist die Originalversion von *Revolution*. Sie war ursprünglich über zehn Minuten lang, ist aber dann für dieses Album auf acht Minuten gekürzt worden und somit immer noch das längste veröffentlichte Stück der Gruppe.

John Lennon: »Es war eine Art Gemälde – ein Gemälde über die Revolution. Ich hatte über dreißig Einzeltakes mit Geräuschen, die ich zu einem einzigen Band zusammenfügte. Da waren Stücke mit klassischer Musik darunter, die ließ ich vorwärts und rückwärts, schneller und langsamer ablaufen. Dann hatte ich noch ein kurzes Band, auf dem eine Stimme immer sagte: ›Dies ist die EMI-Test-Serie Nummer neun.‹ Ich verkürzte es auf ›Nummer neun‹. Neun ist meine Glückszahl, an einem Neunten habe ich auch Geburtstag.« Die anderen drei *Beatles* waren von dieser Klangcollage nicht so sehr begeistert und wollten das Stück erst gar nicht auf dem Album haben, doch John setzte sich durch.


*Goodnight*
Aufnahmebeginn: 1. Juli 1968

Mit diesem Song endet das *White Album*. John komponierte dieses eigentlich recht einfache Kinderlied für seinen Sohn Julian. George Martin fügte aber noch ein großes Orchester- und Chorarrangement hinzu. Ringo Starr sang diesen Titel, der mit dem geflüsterten »Goodnight, sleep tight« endet.

Während der Arbeiten an dieser Langspielplatte wurden noch zwei weitere Songs vollständig produziert. *Not Guilty* von George und Johns *What's The New Mary Jane*. Offiziell sind beide Stücke nie veröffentlicht worden.

Am 16. Oktober 1968 setzten sich John, Paul und George zur abschließenden Besprechung zusammen und arbeiteten sämtliche Stücke noch einmal durch. Bei diesem Gespräch wurde die Reihenfolge der Songs für die Doppel-LP festgelegt, ebenso Titel und Aufmachung. Sehr viel später neigte John zu der Ansicht, daß Paul diese LP wohl kaum gemocht haben kann, da sie zu wenig das Werk der ganzen Gruppe war. Allerdings billigte er ihm zu, daß er es war, der die organisatorischen Dinge leistete, um die Band zusammenzuhalten.

LP *YELLOW SUBMARINE*
Aufnahmezeitraum: Februar bis August 1968
Erscheinungsdatum: 13. Januar 1969

Der Soundtrack zum gleichnamigen Zeichentrickfilm der *Beatles* war die zweite LP der Gruppe, die nicht den ersten Platz in der englischen Hitparade erreichte. Dies ist allerdings nicht sehr verwunderlich, war doch die Platte nur mit viel Wohlwollen als richtig neues *Beatles*-Album anzusehen. Nur vier neue Stücke gab es zu hören, kombiniert mit schon veröffentlichten Aufnahmen. Die zweite Seite von *Yellow Submarine* bietet gar keinen von der Gruppe gespielten Song. Sie war ganz George Martin und seinem Orchester vorbehalten und enthält die von ihm

speziell komponierte und arrangierte Filmmusik, unter anderem auch eine Orchesterfassung des Titelsongs.

*Yellow Submarine*
(siehe Single *Yellow Submarine* und LP *Revolver*)

*Only A Northern Song*
Aufnahmedatum: 11. Februar 1968

Diese Komposition von George bezog sich auf Northern Songs, den Musikverlag, der die Rechte an den Songs der *Beatles* hatte, darüber hinaus auch auf Liverpool, ihre Heimatstadt im Norden Englands.

*All Together Now*
Aufnahmedatum: 8. August 1968

Pauls Faible für simple Songs mit einfachen Texten, die an Kinderlieder erinnern, kam hier erneut zur Geltung. Er selbst sang, und er spielte zusammen mit George und John die Gitarren. Der Refrain wurde von allen gesungen, die sich zur Zeit der Aufnahme im Studio befanden, insgesamt fünfzehn Personen.

*Hey Bulldog*
Aufnahmedatum: 11. Februar 1968

Diese Aufnahme machten die *Beatles* während einer Drehpause zum Promotionfilm für die *Lady-Madonna*-Single. *Hey Bulldog* entstand in einer der kürzesten Aufnahmesitzungen der »späten« *Beatles*: Nach ungefähr vier Stunden war der Titel fertig produziert.

*It's All Too Much*
Aufnahmebeginn: wahrscheinlich 12. August 1968

Wieder ein Song von George Harrison, der sich beim Gesang von John und Paul begleiten ließ. Paul McCartney spielte die Orgel. Erst später wurden die vier Trompeten und die Baßklarinette hinzugenommen. Diverse Schlagzeugparts spielten Ringo und John gemeinsam, unterstützt von Mal Evans am Tamburin.

*All You Need Is Love*
(siehe Single *All You Need Is Love* und DEP *Magical Mystery Tour*)

Single *GET BACK / DON'T LET ME DOWN*
Aufnahmezeitraum: 27. bis 30. Januar 1969
Erscheinungsdatum: 10. April 1969

Die Single erreichte sofort nach Veröffentlichung den ersten Platz in der englischen Hitparade und hielt diese Position sechs Wochen. In den USA erreichte *Get Back* nach drei Wochen Platz 1 und blieb dort fünf Wochen. Die Single war außerdem die Nummer 1 in Deutschland, Kanada, Frankreich, Spanien, Norwegen, Dänemark, Holland, Australien, Singapur und Belgien. Geschätzter Verkauf weltweit: ca. 4,5 Millionen Stück.

Für diese Single wurde die bis dahin aufwendigste Promotionkampagne der *Beatles* gestartet. Im *Daily Mirror* vom 15. April erschien eine viertelseitige Anzeige, in der auf die Veröffentlichung hingewiesen wurde. Die Anzeige kostete umgerechnet zwar über 15 000 DM, hatte aber einen ungeheuren Werbeeffekt, da Plattenwerbung bisher hauptsächlich in Musikzeitschriften stattgefunden hatte. Der Anzeigentext lautete: »Dies ist die erste *Beatles*-Platte, die so live ist, wie es eine Platte in unserem elektronischen Zeitalter nur sein kann.«

*Get Back* sollte ursprünglich der Titelsong des Films werden, den die *Beatles* zu dieser Zeit auf Initiative von Paul über ihre Studioarbeit drehten. Nach Eric Clapton bei dem Stück *While My Guitar Gently Weeps*, nahmen die *Beatles* hier erneut die Hilfe eines bekannten Musikers an: Billy Preston. Die Gruppe kannte Preston noch aus den Hamburger Tagen. George Harrison besuchte kurz vor den anstehenden Aufnahmen für die neue Single ein Konzert des amerikanischen Musikers Ray Charles. Mit ihm auf der Bühne stand Preston. Harrison war wieder einmal beeindruckt von dessen Fähigkeiten und lud ihn für die Aufname ins Studio ein. Doch Preston spielte nicht nur einfach mit, er trug so viel zu der Komposition bei, daß die *Beatles* ihn auf dem Label erwähnten. Dort stand zu lesen: »*The Beatles* with Billy Preston..«

Bei dieser Aufnahme arbeitete auch ein neuer Mann neben dem Produzenten George Martin und dem Ingenieur Glyn Johns zum erstenmal im Studio mit. Alan Parsons verdiente sich seine ersten kleinen Lorbeeren als Tontechiker.

Die als Single erschienene Version wurde von George Martin abgemischt, die später auf *Let It Be* veröffentlichte Version von dem amerikanischen Produzenten Phil Spector überarbeitet.

*Don't Let Me Down* (Aufnahmedatum: Mitte Januar 1969): Diesen Titel widmete John Yoko Ono. Auch hier Billy Preston an der Orgel, die gesamte Gitarrenarbeit lag allein bei John.


Single
*THE BALLAD OF JOHN AND YOKO /*
*OLD BROWN SHOE*
Aufnahmedatum: 22. April 1969
Erscheinungsdatum: 30. Mai 1969


Diese Single erschien zu einer Zeit auf dem Markt, als *Get Back* noch immer auf dem ersten Platz der englischen Hitparade lag. John Lennon lieferte kurze Zeit später die Erklärung für diese ungewöhnliche Veröffentlichungspolitik: »Ich brauchte dringend Geld, denn ich hatte mit Entsetzen festgestellt, daß meine Kassen so gut wie leer waren.« Es war ihm lediglich der »lumpige« Betrag von umgerechnet ca. 500 000 DM geblieben.

Diese Single traf der Bannstrahl vieler US-Radiostationen, und zwar wegen des angedeuteten Vergleichs zwischen dem Verhalten der Öffentlichkeit gegenüber Yoko und John einerseits und der Kreuzigung Jesu andererseits. Was Lennon aber nicht davon abhielt, einen Promotionfilm für die Single zu drehen, der ihn zusammen mit Yoko in ihrem neuen Rolls Royce zeigte.

In England erreichte die Single zwei Wochen nach Erscheinen die Spitze der Charts. In Amerika war Platz 7 die höchste Position. Weltweit wurden etwa 2,5 Millionen Exemplare verkauft.

*The Ballad Of John And Yoko* war eine Gemeinschaftsarbeit von John und Paul. Da George sich gerade in den USA befand und Ringo mit Peter Sellers filmte, blieb ihnen nichts anderes übrig, als alle Instrumente alleine zu spielen.

John Lennon über diesen Titel: »Es ist ein feiner, etwas einfach und altertümlich klingender Song über Yoko und mich, über unsere Heirat, unseren Ausflug nach Paris, unser Amsterdamer Bed-in und über die anderen Dinge, die Yoko und ich zusammen unternahmen.«

*Old Brown Shoe* (Aufnahmedatum: wahrscheinlich Anfang März 1969) – George Harrison nahm diesen von ihm geschriebenen Song bereits ein halbes Jahr vor der eigentlichen Aufnahme mit der Gruppe alleine auf. Für die Single griff man auf dieses Stück zurück, und ohne Ringo wurde es neu eingespielt.

LP *ABBEY ROAD*
Aufnahmezeitraum: 1. Juli bis 3. August 1969
Erscheinungsdatum: 26. September 1969

*Abbey Road* war zwar nicht das letzte veröffentlichte Album der *Beatles*, aber das Material für diese Platte war das Ergebnis ihrer letzten gemeinsamen Zusammenarbeit als Gruppe.

Die Platte erreichte in vielen Hitparaden schon kurz nach der Veröffentlichung Platz 1. *Abbey Road* wurde

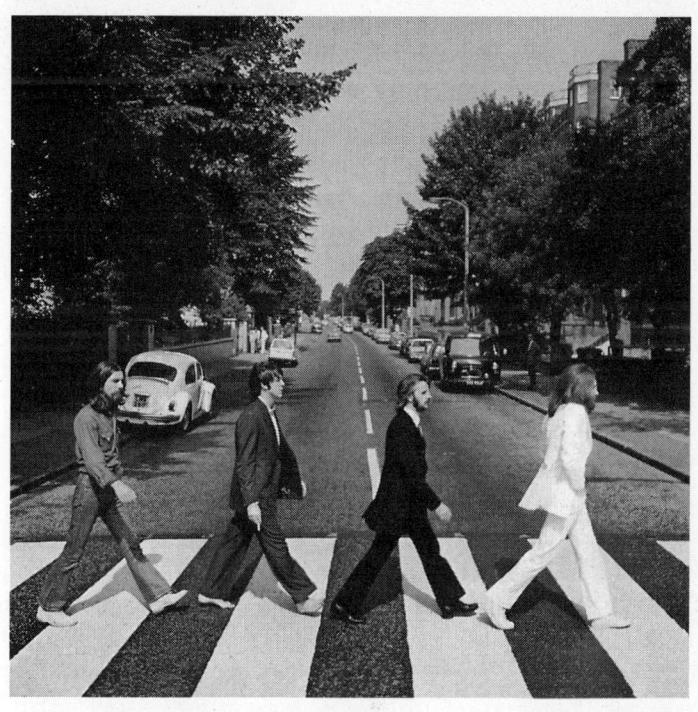

zu der bis dahin meistverkauften Langspielplatte der *Beatles*. Innerhalb von nur drei Wochen wurden weltweit mehr als vier Millionen Exemplare verkauft. In England blieb *Abbey Road* ein volles Jahr in der LP-Hitparade, davon fast ein Dreivierteljahr an erster Stelle.

Das Photo auf der Vorderseite des Covers wurde am 8. August 1969 um zehn Uhr vormittags aufgenommen und zeigt die vier, wie sie hintereinander herlaufend einen Zebrastreifen der Abbey Road überqueren. Kurz nach Erscheinen des Albums gab es erste Gerüchte über den vermeintlichen Tod von Paul McCartney. Angebliche Beweise sollten sich auf dem Photo der LP *Abbey Road* finden lassen. Amerikanische Journalisten und Radio-Discjockeys analysierten das Photo folgendermaßen: Die vier *Beatles* stellen einen Leichenzug dar, angeführt vom weißgekleideten John als Priester. Ringo, der einen schwarzen Anzug trägt, muß ein Verwandter des Verblichenen sein. Jetzt kommt Paul, barfüßig, was in der alten römischen und ägyptischen Mystik ein Zeichen des Todes ist. Zudem betritt er nur die schwarzen Stellen des Fußgängerüberwegs, während die anderen sowohl die schwarzen als auch die weißen Streifen betreten. Außerdem geht er nicht im Gleichschritt mit den anderen, und als vorläufiger Abschluß der Beweisführung hält er seine Zigarette in der rechten Hand, obwohl er Linkshänder ist.

Außerdem: Die Autonummer 28IF des auf dem Cover abgebildeten weißen Volkswagens wurde als »Twentyeight if« (achtundzwanzig, wenn) interpretiert: so alt wäre nämlich Paul McCartney geworden, wenn…

George Harrison, der den »Leichenzug« abschließt, kann nur der Totengräber sein, da er als einziger »Arbeitskleidung« trägt – einen von ihm sehr oft getragenen Jeansanzug.

Einige Tage nachdem dieses Gerücht sogar von der BBC ausgestrahlt wurde, berief Paul, relativ lebendig, in Schottland eine Pressekonferenz ein:

»Mein Name ist James Paul McCartney, und wie Sie sehen können, lebe ich noch und fühle mich sehr wohl. Diese Gerüchte sind der größte Unsinn, der mir je begegnet ist.«

Die Rückseite des Covers wurde etwas besser interpretiert. Auf ihr sieht man das mit einem Riß versehene Straßenschild der *Abbey Road*. Die Trennung der *Beatles* mußte also kurz bevorstehen, und da ja auch Paul McCartney gestorben sein sollte...

### Come Together
Aufnahmebeginn: 21. Juli 1969

Ein weiterer Lennon-Song, der unter dem Bann der BBC stand. Diesmal jedoch nicht wegen Anspielungen auf Drogen oder Sex, sondern wegen der Erwähnung des Soft-Drinks Coca-Cola. Das Ausstrahlen des Liedes im Radio hätte gegen das Werbeverbot verstoßen.

Beim Schreiben dieses Songs bezog Lennon die Inspiration wieder einmal von Chuck Berry. Die Textzeile »Here come old-flat-top« übernahm er aus einem von Berrys Songs.

Das Schlagzeug wurde neben Ringo auch noch von Paul gespielt.

### Something
Aufnahmebeginn: 2. Mai 1969

*Something* ist die bis dahin kommerziell erfolgreichste Komposition von George Harrison. Er arbeitete mehrere Wochen an diesem Song, nahm ihn immer wieder neu auf und korrigierte verschiedene Male das Arrangement, für das extra ein dreißig Mann starkes Orchester engagiert wurde. Bei der ursprünglichen Version spielte Eric Clapton noch das Gitarrensolo, jedoch wurde diese Aufnahme später wieder verworfen.

*Something* wurde über 150mal von anderen Interpreten aufgenommen, unter anderem auch von Ray Charles.

George hierzu: »Als ich es schrieb, stellte ich mir vor, wie Ray Charles es sang, und das tat er dann ja auch später.«


*Maxwell's Silver Hammer*
Aufnahmebeginn: 9.Juli 1969

Paul McCartney: »Der Song schildert die Tiefpunkte des Lebens. Gerade wenn alles glatt geht, ›bang, bang‹, kommt Maxwell's Silver Hammer runter und zerstört alles.« Der Titel wurde von den *Beatles* bereits im Januar 1969 in einer Rohfassung produziert.

Bei den Aufnahmen setzten sie den von George Harrison gekauften Moog-Sythesizer ein, und um die Bedeutung des Liedes jedem klar zu machen, spielte Ringo auf einem Amboß. Außerdem übernahm er den Hornpart, der auf der Rohfassung noch von Mal Evans gespielt wurde.


*Oh! Darling*
Aufnahmebeginn: 18.Juli 1969

Der Titel war bereits im Herbst 1968 so gut wie fertig und sollte eigentlich auf das Doppelalbum, aber da Paul mit der ersten Version nicht zufrieden war, überarbeitete er das Stück noch einmal. Seine rauhe Stimme auf dieser Aufnahme erklärt Paul so: »Als wir dieses Stück aufgenommen haben, kam ich eine Woche lang jeden Tag sehr früh ins Studio, um es für mich alleine zu singen, weil meine Stimme zuerst zu klar war. Ich wollte, daß es so klang, als ob ich es die ganze Woche auf der Bühne singen würde.«

*Octopus's Garden*
Aufnahmebeginn: 17. Juli 1969

Dies ist die zweite »richtige« Ringo-Komposition auf einem *Beatles*-Album, auch wenn ihm George bei der endgültigen Ausarbeitung ein wenig geholfen hatte. Die *Beatles* spielten das Stück in ihrer Standardbesetzung ein. Alle Spezialeffekte stammen von Ringo, der u. a. mit einem Strohhalm in ein Glas Wasser blies und diese Töne verstärkt aufnahm.

Die Idee zum Song kam Ringo Starr während eines Aufenthalts in Griechenland: »Jemand zeigte mir einen Tintenfisch und erzählte mir, wie die so auf dem Meeresgrund leben. So kam ich eben auf dieses Lied.«

*I Want You* (She's So Heavy)
Aufnahmebeginn: 6. Juli 1969

Mit fast acht Minuten Dauer ist dieser Lennon-Song der längste, den die *Beatles* veröffentlichten, sieht man von *Revolution 9* ab, das nicht unbedingt als Song gesehen werden muß. *I Want You* (She's So

Heavy) gilt natürlich Yoko Ono. Lennon: »Sie ist sehr stark, und da gab es nichts anderes, was ich über sie hätte sagen können, als ›I want you, she's so heavy‹. Irgendwer sagte, der Text sei nicht sehr gut, aber es gab wirklich nichts anderes, was ich sagen wollte.«

Um das Ausblenden dieses langen Songs zu vermeiden, schnitt man das Band kurzerhand durch, und so kam es zu einem abrupten Schluß.

*Here Comes The Sun*
Aufnahmebeginn: 24. Juli 1969

John Lennon nahm an den Aufnahmen zu diesem Lied nicht teil. Ursprünglich plante Harrison, den Song *Here Comes The Sun* (Sun King) zu nennen, wobei der zweite, instrumentale Teil, nämlich *Sun King*, sich unmittelbar anschloß. Erst bei den abschließenden Aufnahmen hatte Paul den Einfall, *Sun King* abzutrennen und ihn später auf dem Album zu benutzen.

*Because*
Aufnahmedatum: wahrscheinlich zwischen dem 2. und 4. Juli 1969

Das Stück wurde von einem cembaloähnlichen E-Piano, von Paul gespielt, eröffnet und ging dann in ausgeklügelte Gesangsharmonien über. Die Bläserarrangements wurden von Studiomusikern gespielt. John Lennon über die Idee zu *Because:* »Yoko spielte einige Takte von Beethoven, und ich sagte ihr, sie solle das Stück mal rückwärts spielen. Es ist wirklich die Mondscheinsonate rückwärts gespielt.«

*You Never Give Me Your Money*
Aufnahmebeginn: 15. Juli 1969

Das Lied sollte eigentlich Teil des Medleys auf der zweiten Seite von *Abbey Road* werden, doch entschied man sich irgendwann, es als eigenständigen Song zu verwenden. Paul komponierte den Song zu einer Zeit, in der die *Beatles* große finanzielle Probleme mit ihrer Firma Apple hatten. Mehrere Anspielungen auf McCartneys schlechtes Verhältnis zu Allen Klein sind ohne viel Mühe aus dem Text herauszulesen: »You never give me your money, you only give me your funny papers.«

*Sun King*
Aufnahmebeginn: 24. Juli 1969

Mit dieser von John komplett umgearbeiteten Harrison-Komposition beginnt eine Art Medley aus ineinander übergehenden Einzeltiteln, das die B-Seite wie ein durchkonzipiertes, längeres Werk wirken läßt.
Das Vogelgezwitscher und Grillengezirpe zu Beginn des Stückes nahm John selbst in einem Park auf. Gegen Ende geht der ohnehin spärliche Text in einen Nonsens-Sprechgesang aus italienischem und spanischem Kauderwelsch über.

*Mean Mr. Mustard*
Aufnahmebeginn: 24. Juli 1969

Ein weiterer Song Lennons, den er während des Indienaufenthalts geschrieben hatte.

*Polythene Pam*
Aufnahmebeginn: 28. Juli 1969

Dieser Lennon-Song sollte eigentlich schon auf dem Doppelalbum Verwendung finden, doch wurden die Aufnahmen damals nicht rechtzeitig fertig.

John über sein Lied: »Ich schrieb dieses Stück in Indien, und als ich es aufnahm, verwendete ich einen starken Liverpooler Akzent, denn es sollte von einer ›mystischen‹ Liverpooler Putzfrau handeln, die mit Gummistiefeln und Schottenrock bekleidet ist.«

Paul verriet den eigentlichen Grund für das Medley: »Die Form des Medleys von etwa 15 Minuten Dauer auf *Abbey Road* wählten wir deshalb, weil John und ich eine Anzahl guter Lieder hatten, die wir gerne aufnehmen wollten, die aber noch nicht ganz fertig waren.«

*She Came In Through The Bathroom Window*
Aufnahmebeginn: 25. Juli 1969

Bereits im Januar 1969 brachte Paul eine Rohfassung dieses Stücks mit ins Studio. Zu dieser Zeit hieß es nur *Bathroom Window*.

Paul wurde durch eine Begebenheit angeregt, die

sich während seiner Tourneezeit in den USA zugetragen hatte. Ein weiblicher Fan schaffte es damals, durch ein Badezimmerfenster zu den *Beatles* hineinzukommen.

### Golden Slumbers
Aufnahmebeginn: 31. Juli 1969

Paul über dieses Lied: »Ich war im Haus meines Vaters in Cheshire, klimperte auf dem Klavier herum und stieß dabei per Zufall auf das Lied *Golden Slumbers* aus Ruths (McCartneys Stiefschwester) Liederbuch. Da dachte ich, es wäre doch schön, mein eigenes *Golden Slumbers* zu schreiben.«

### Carry That Weight
Aufnahmebeginn: 31. Juli 1969

Dieser Song sollte ursprünglich den Abschluß der zweiten Seite bilden. Paul gliederte das Lied in drei Teile, von denen der erste von ihm gemeinsam mit John und George gesungen wurde. Der zweite Teil ist nichts weiter als eine Wiederholung von *You Never Give Me Your* Money, an die sich dann erneut der erste Teil anschließt. Ringo bediente diesmal außer seinem Schlagzeug auch noch fünf große Standpauken, das Ganze mündete dann in ein Finale mit Streichorchester. Nach einem kurzen Tonartwechsel ging das Stück sofort in das am gleichen Tag aufgenommene

*The End*

über. Das eigentliche Finale der letzten gemeinsamen LP-Aufnahmen von John, Paul, George und Ringo besteht aus einem kleinen Schlagzeugsolo und Gitarrensoli von allen drei Gitarristen. Das Stück endet mit dem von Streichern untermalten Klavierspiel Pauls.

*Her Majesty*
Aufnahmebeginn: 2. Juli 1969

Zwischen *The End* und diesem musikalischen Postskriptum liegen ungefähr zwanzig Sekunden Stille. Dann setzt Paul noch einmal mit einem Fragment von 23 Sekunden ein. Dadurch, daß das Stück damals weder auf dem Plattenlabel noch auf der Hülle angegeben war, gewann *Her Majesty* an Bedeutung.

Die Frage, ob das kleine Stück für die englische Königin gedacht war, ließen die *Beatles* unbeantwortet. Jedoch wurden kurz vor Erscheinen der Platte fünf Exemplare an den Buckingham Palace geschickt. Die Antwort von dort bestand aus einem stilvollen, freundlichen Dankschreiben.

Single *SOMETHING / COME TOGETHER*
Erscheinungsdatum: 24. Oktober 1969

Diese Auskopplung aus *Abbey Road* zollte der
kompositorischen Leistung von George Harrison
Tribut. Erstmals wurde ein Song von ihm zur A-Seite
einer *Beatles*-Single gemacht. Das Stück bedeutete
für Harrison den Durchbruch als Songschreiber, wenn
er auch weitaus weniger Lieder schrieb als Lennon/
McCartney.

Eine ganze Reihe internationaler Topstars nahmen
von Something Coverversionen auf. Die Single war
eine sichere Nr. 1 in den USA, in England erreichte
sie Platz 4. Weltweit wurden circa 2,5 Millionen Exemplare verkauft.

Single *LET IT BE /*
*YOU KNOW MY NAME* (Look Up The Number)
Aufnahmedatum A-Seite: 20./22. Januar 1969
Erscheinungsdatum: 6. März 1970

Dieser Song gehört zu den Aufnahmen, die die
*Beatles* für ihr *Get-Back*-Projekt gemacht hatten. Jetzt,
nach der Veröffentlichung des *Abbey-Road*-Albums
und angesichts der immer größer werdenden Spannungen innerhalb der Gruppe, entschloß man sich,
das schon vor über einem Jahr aufgenommene Material zu veröffentlichen. Für die Single wurde das
Arrangement noch einmal verändert, überarbeitet
und gekürzt. Die längere Originalversion erschien
dann auf dem Album.

*You Know My Name* (Look Up The Number) wurde

von der Gruppe schon im Laufe des ersten Halbjahres 1967 aufgenommen und war mehr als musikalischer Jux gedacht denn als ernsthafter Titel. Der Song sollte eigentlich als A-Seite von *What's The New Mary Jane* erscheinen. Doch das ständige Chaos bei Apple verhinderte wohl diese geplante Veröffentlichung. So gab es auch keine Begründung für die Wahl gerade dieses Songs für die B-Seite von *Let It Be*.

LP *LET IT BE*
Aufnahmezeitraum: 2. Januar bis Juni 1969
Erscheinungsdatum: 8. Mai 1970

Durch Interessenkonflikte, interne Querelen und eine zunehmende Distanz der Bandmitglieder untereinander wurde das Album- und Filmprojekt *Get Back*, oder wie es dann endgültig hieß *Let It Be*, immer wieder hinausgezögert. Weitere Gründe hierfür waren: Probleme bei den Filmaufnahmen und nicht zuletzt die entsetzlichen Mißstände in der *Beatles*-Firma Apple.

Dies alles wurde gekrönt durch ein sicherlich nicht nur aufgesetztes Desinteresse der Gruppe an der von Phil Spector übernommenen Überarbeitung und Neuabmischung der ursprünglich geradlinigen Aufnahmen.

Spector konnte schalten und walten, ganz nach seinem Gusto. Er arrangierte die Stücke teilweise um, fügte große Orchesterpassagen hinzu und versuchte, so nahe wie möglich an sein Markenzeichen, den »*Wall Of Sound*«, heranzukommen. Einzig Paul McCartney wehrte sich gegen diese Eingriffe in die

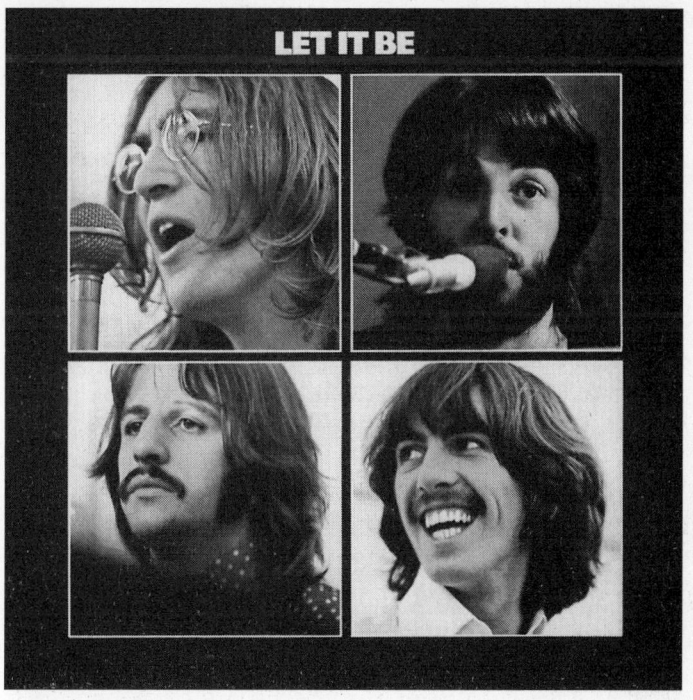

**LET IT BE**

Aufnahmen. Doch Spector erinnerte daran, daß alle *Beatles* ihr Einverständnis für seine Überarbeitungen gegeben hatten.

Die Verkäufe von *Let It Be* liefen, vielleicht auch wegen des gerade erschienenen Solo-Albums von McCartney, nur schleppend an.

Dennoch stand die Platte in vielen Ländern sehr schnell auf dem ersten Platz der Charts. In Amerika lagen die Verkäufe nach zwei Wochen bei 3,7 Millionen Exemplaren.

Die Erstveröffentlichung von *Let It Be* enthielt noch

einen hundertseitigen Fotoband mit ausgezeichneten Farbbildern der Gruppe, heute ein begehrtes Sammelobjekt. Der Film *Let It Be* wurde am 13. Mai 1970 in New York uraufgeführt. Die Songs:

## Two Of Us

wurde bereits im Herbst 1968 von Paul komponiert. Der Originaltitel lautete *Two Of Us On Our Way Home*. Zum erstenmal schlug sich Pauls neue, enge Beziehung zu Linda Eastman in einem Song nieder.

## Dig A Pony

Dieser Blues stammte aus der Feder von John Lennon, der auch die Leadstimme übernahm. Wieder einmal wurden die *Beatles* hier von Billy Preston an der Orgel unterstützt. Eingeleitet wird der Song durch Gesprächsfetzen der Gruppe, die auf dem Dach des Apple-Gebäudes aufgenommen wurden, als sie ein Live-Konzert gaben.

## Across The Universe

nahmen die *Beatles* bereits im Februar 1968 in den Abbey Road Studios auf. Während der Arbeit entschieden sie, daß die Zeile »Nothing's Gonna Change My World« von Frauenstimmen gesungen werden sollte. Paul ging nach draußen und fand zwei junge Mädchen, die auf das Ende der Aufnahmen warteten, um dann einen Blick auf die *Beatles* zu erhaschen. Paul veranstaltete ein kurzes Vorsingen, um sich von den stimmlichen Qualitäten der Mädchen zu überzeugen.

Der Test fiel zufriedenstellend aus. Paul nahm Lizzy Bravo und Gayleen Pease, so die Namen der beiden, mit ins Studio, damit sie den Chor für das Stück singen konnten. Sie waren ganz normale *Beatles*-Fans, keine professionellen Sängerinnen.

John Lennon schrieb diesen Song in Indien, und er spiegelt seine Erfahrungen der damaligen Zeit wider.

Das Stück lieh John später für die Wohltätigkeits-LP *World Wild Life* aus, ohne damit allerdings besonderen Erfolg zu haben.

Für die LP *Let It Be* wurde der Song sozusagen wiederentdeckt. Dem Hörer bietet sich hier ein gutes Beispiel für Spectors »Überarbeitungswahn«.

Er entfernte die Mädchenstimmen sowie Pauls Gesangsspur, fügte überall noch etwas von seinen Soundspielereien hinzu und erreichte am Ende wieder einmal seinen »Wall Of Sound«.

John Lennon zu *Across The Universe:* »Eines meiner besten Lieder, aber wir haben es in so vielen verschiedenen Fassungen aufgenommen, daß es nie richtig als Platte erschien.«

*I Me Mine*

Diese Harrison-Komposition, ursprünglich nicht länger als eineinhalb Minuten, wurde durch ein erneutes üppiges Spector-Arrangement um fast eine Minute »gestreckt«.

## Dig It

Die auf der LP erschienene Aufnahme stammte aus einer ca. dreißigminütigen Improvisation der *Beatles* mit Billy Preston. Der Text bestand aus einer Aufzählung von Titeln, Begriffen und Namen, die John und Paul gerade einfielen: z.B. *Like A Rolling Stone*, FBI, CIA, BBC, B. B. King, Doris Day und einige andere mehr. Auf der LP dauert der Titel knapp fünfzig Sekunden, im Film sind immerhin noch dreieinhalb Minuten zu hören.

## Let It Be

Dies ist die ursprüngliche Version, die im Unterschied zur überarbeiteten Singlefassung länger war und ein viel prägnanteres Gitarrensolo von George enthielt. Während Paul sang und einen Steinway-Flügel spielte, übernahm Lennon den sechssaitigen Fenderbaß und Billy Preston wieder einmal die Orgel.

## Maggie Mae

war ebenso wie *Dig It* früher Teil einer Jam-Session. Es ist ein altes Volkslied aus Liverpool, und die vier sangen es hier gemeinsam, um zu zeigen, daß sie den Dialekt ihrer Heimatstadt noch nicht verlernt hatten. Auch früher schon hatten sie es zur Belustigung des Publikums im Cavern Club gesungen.

*I've Got A Feeling*

Spector mischte hier die Studioaufnahme mit der Aufnahme ihres »Dachkonzertes« zusammen. Das Stück ist eine Gemeinschaftsarbeit von Lennon und McCartney und zeigt Paul als guten »heiseren« Rocksänger.

*One After 909*

ist ein klassischer Rock 'n' Roll, der bereits 1960 von John und Paul geschrieben wurde. Aufgenommen im Studio, mischte Spector auch hier wieder Gesprächsfetzen vom »Dachkonzert« hinzu. An der Orgel erneut Billy Preston. Am Ende des Songs singt Lennon kurz das irische Volkslied *Danny Boy* an. Über *One After 909* sagte er: »Eines meiner besten Lieder aus der Anfangszeit.«

*The Long And Winding Road*

war im Original eine sentimentale McCartney-Ballade, die ausschließlich aus seinem Gesang, Klavierbegleitung und etwas Schlagzeug bestand. Phil Spector überarbeitete dieses Arrangement komplett und machte aus einem Schmalfilm ein Breitwandepos. Über zwanzig Streicher, vierzehn Sängerinnen, Trompeten, Harfen und zusätzliche Gitarren wurden von ihm neu aufgenommen. McCartney war außer sich: »Einige Wochen bevor das Stück erschien, sandte mir Allen Klein die neu gemischte Version.

Niemand hat mich je gefragt, was ich davon halte. Für mich war es unbegreiflich. Ich war immer gegen Sängerinnen auf *Beatles*-Platten. Es war widerlich für mich.«

### For You Blue

Diese vom Blues beeinflußte Harrison-Nummer gelangte später als B-Seite von *The Long And Winding Road* auf Platz 1 in den Staaten. John Lennon spielte ein Slide-Gitarrensolo, das dem Song seine entspannte Atmosphäre gab.

### Get Back

Für die LP-Ausgabe von *Get Back* bastelte der Produzent Phil Spector wieder ein wenig: Im Gegensatz zum eigentlichen Song stammen die Gesprächsfetzen vor und nach *Get Back* von dem Savile-Row-Dachkonzert. Nach dem Song sagt Paul: »Thanks Mo« (gemeint war Ringos Frau Maureen). Lennon bedankt sich mit den Worten: »I'd like to say thank you on behalf of the group and ourselves. I hope we passed the audition.« (Ich hoffe, wir haben das Vorsingen bestanden.) Ein besseres Schlußwort hätte ihm nicht einfallen können.

Nachdem Paul McCartney am 10. April 1970 die *Beatles* verlassen hatte, war jedem klar, daß dies zwar das Ende der Gruppe bedeutete, nicht aber zwangsläufig das Ende »neuer« Tonträger. Kurz nach der

Auflösung erschienen die letzten beiden regulären Veröffentlichungen *Let It Be* und die abschließende Single *The Long And Winding Road.* Doch die Fans der *Beatles* wußten oder ahnten natürlich um die Fülle des aufgenommenen Materiales, das in den Archivregalen womöglich langsam Staub ansetzte. Wirklich neues, ungehörtes Material gab es eigentlich bis zum heutigen Tage nicht zu kaufen. Im Jahre 1973 erschienen die beiden Doppel-LPs *The Beatles 1962-1966* und *The Beatles 1967–1970*, eine von Allen Klein zusammengestellte und teilweise neu abgemischte Anthologie ihrer besten und bekanntesten Songs. Die *Beatles* selbst waren von diesen Veröffentlichungen nicht sehr angetan, da sie nicht vorab informiert wurden. Ihr Einspruch kam allerdings zu spät, um das Erscheinen zu verhindern. Daß ein Bedarf für diese »Best Of«-Kopplungen vorhanden war und ist, zeigen schon alleine die Verkaufserfolge in Deutschland: Innerhalb von drei Jahren wurden über 1,3 Millionen Exemplare abgesetzt, weit mehr, als je eines der früheren Alben verkauft hatte. 1976 kam die Doppel-LP *Rock And Roll Music* auf den Markt, die sich mit der im Titel genannten Facette der *Beatles*-Musik beschäftigte. In regelmäßigen Abständen erschienen immer wieder die alten Songs in neuen Zusammenstellungen. Die nicht immer glückliche oder gar einfallsreiche Verkaufspolitik fand einen ihrer Höhepunkte in der Herausgabe der Doppel-LP *Rock And Roll Music* als zwei Einzel-LPs (1980). Am Beispiel der *Beatles* läßt sich das Verhalten von Plattenfirmen im Hinblick auf die sogenannte Zweitauswertung hervorragend beobachten. Einzelne Songs der *Beatles* wurden weltweit – oft in liebloser Aufmachung – bis zu hundertmal auf letztlich immer wieder denselben Kompilationen angeboten. Ein gutes Beispiel hierfür sind die sogenannten Decca-Songs, die die *Beatles* im Rahmen ihres Vorspielens bei der Plattenfirma aufgenommen hatten. Inzwischen gibt es ca. zwanzig LPs mit diesem Repertoire, mal kombiniert mit den Star-Club-Aufnahmen, mal gemeinsam mit den Aufnahmen der LP *Stop And Smell The Roses* von Ringo Starr.

Interessant wurde es 1977. Das Erscheinen von Aufnahmen der *Beatles* aus der Zeit des Hamburger Star-Clubs (DLP *The Beatles Live! At The Star-Club In Hamburg, Germany, 1962*) war sensationell. John, Paul und ihre Plattenfirma EMI waren allerdings davon nicht sehr angetan und versuchten, die Veröffentlichung zu verhindern. Ein Grund war sicherlich die für nur wenige Wochen später geplante Veröffentlichung der LP *The Beatles At The Hollywood Bowl*. Diese LP war durch die *Beatles* autorisiert. Die offizielle Begründung lautete aber, daß die Tonqualität der Hamburger Aufnahmen unzureichend sei und das Programm nicht typisch für die *Beatles*. Wie dem auch sei, die *Beatles* unterlagen vor Gericht, und so konnten die Fans das Konzert vom 31. Dezember 1962 im Star-Club auf Platte kaufen. Knapp zwei Wochen später erschien dann das offizielle Live-Album der *Beatles*. Aufgenommen im August 1964 und 1965 im Hollywood Bowl von Los Angeles. Da diese LP nicht mehr als das erste Live-Album der *Beatles* angekündigt werden konnte, stellte man die gute Tonqualität in den Vordergrund. Natürlich vergaß man auch nicht zu erwähnen, daß die *Beatles* hier ihre Zustimmung zur Veröffentlichung gegeben hatten. Man verpackte die LP in ein Klappcover und bildete auf der Vorderseite zwei Eintrittskarten ab, deren Echtheit auf den ersten Blick bezweifelt werden konnte, da das Konzert von 1965 laut Ticket am 29. und laut Covertext am 30. August stattfand. Die Tatsache jedoch, daß die *Beatles* an beiden Tagen im Hollywood Bowl auftraten, erklärt dieses Kuriosum.

1978 erschien die LP *The Beatles Rarities* in Europa, doch echte Raritäten waren fast schon erwartungsgemäß auch hier nicht zu finden. Außer der Originalversion von *Across The Universe* finden sich nur bereits veröffentlichte B-Seiten von Singles oder Songs, die vorher in Europa noch nicht auf LP erhältlich waren.

In Amerika gab es 1980 dann eine etwas interessantere LP mit demselben Titel – *The Beatles Rarities*. Auf diesem Album gibt es zwar wieder keine wirklich neuen Stücke zu hören, doch immerhin alte *Beatles*-Songs in ihren ersten Abmischungen und Fassungen, seltene Monoaufnahmen, eine aus zwei Aufnahmen zusammengeschnittene Version von *I Am The Walrus* und den *Sgt. Pepper Inner Groove*. Hier hatte man erstmals die Gesprächsfetzen für jeden hörbar auf Platte genommen, die sich bislang nur undeutlich in der Auslaufrille der LP *Sgt. Pepper* befanden.

Im Spätherbst 1994 hatte das lange Warten auf wirkliche *Beatles*-Raritäten dann ein Ende. *The Beatles – Live At The BBC* wurde von der EMI – süßer die Kassen nie klingeln – rechtzeitig zum Weihnachtsgeschäft veröffentlicht. Darauf enthalten sind Mitschnitte aus den frühen Sechzigern – die Zeit, in der die *Beatles* regelmäßig ihre eigenen Radio-Shows für die BBC bestritten. Unzählige Stunden und Songs spielten sie in dieser Zeit für ihr Publikum, das auf diese Weise in den Genuß eines *Beatles*-Livekonzertes kommen konnte. Die 56 Stücke (und 13 Wortbeiträge) auf dieser Doppel-CD präsentieren die Fab Four in ihrer ganzen musikalischen Unschuld und Wildheit. Keine Studiotricks, kein Produzentengenie im Hintergrund, keine riesigen Zuschauermassen, die die Songs durch ihr Gekreische unhörbar machen – *Live At The BBC* spiegelt in den besten Momenten die Atmosphäre eines kleinen intimen Konzertes wider.

Die erste CD dieser Box enthält fast nur Coverversionen und gibt einen neuen Einblick in die musikalischen Wurzeln der *Beatles:* Chuck Berry, Little Richard, Carl Perkins, Leiber/Stoller und Goffin/King, um nur die bekanntesten zu nennen – alles Komponisten, die mit verschiedenen Stücken auf den ersten *Beatles*-Alben gewürdigt wurden.

*Live At The BBC* bringt uns die Musik zurück, mit der die *Beatles* in Liverpool aufwuchsen, Rock 'n' Roll, Country & Western und die Anfänge der Soul-Musik, die später auf solchen Labels wie Stax und Tamla Motown zu ihrer Blüte gelangen sollten.

Letztendlich waren es diese Songs, die den *Beatles* die Grundlage für ihr musikalisches Werk geben sollten. Rock 'n' Roll war die Form der Musik, zu der sie immer wieder zurückkehrten, sei es zum »Warmspielen« bei den späten Plattenaufnahmen in den Abbey-Road-Studios, bei all ihren Live-Shows bis hin zur Zeit nach Auflösung der Band. Rock 'n' Roll und immer wieder Rock 'n' Roll. Lennon nannte eines seiner Solo-Alben danach, Paul McCartney greift bis zum heutigen Tage auf seine Rock 'n' Roll-Ideale zurück, und Ringo behauptete schon immer von sich, »der größte Rock 'n' Roll-Schlagzeuger der Welt« zu sein. Und wer die *Travelling Wilburys* hört, weiß, daß auch Harrisons Liebe zu dieser Musik immer wieder aufflackert.

Die zweite CD besteht überwiegend aus Lennon/McCartney-Kompositionen: *Things We Said Today, All My Loving, Till There Was You* und, und, und. Schon damals konnte und kann man erst recht heute, 25 Jahre nach dem Ende der Gruppe, hören, welch immenses kompositorisches Potential und kreative Schöpferkraft sich hier ihren Weg zu bahnen versuchte.

Das einzig wirklich bis jetzt auf einer *Beatle*-Platte unveröffentlichte Lennon/McCartney-Stück entpuppt sich dann leider doch als kleine Enttäuschung. *I'll Be On My Way* ist zum einen nicht gerade ein Meisterwerk und zum anderen wurde es schon als B-Seite einer Single von *Billy J. Kramer & The Dakotas* veröffentlicht. Aber wer will sich bei all der Qualität dieser Doppel-CD gerade darüber beschweren. Der überwältigende Erfolg dieser CD veranlaßte die EMI, im März 1995 noch andere bislang unveröffentlichte Radiomitschnitte herauszubringen. Der Titelsong der Maxi-CD *Baby, It's You* stammt zwar von dem Album *The Beatles – Live At The BBC*, aber die anderen Stücke *I'll Follow the Sun* (aufgenommen am 17. November 1964), *Devil In The Heart* (16. Juni 1963) und *Boys* (17. Juni 1963) waren bislang in den Archiven der BBC vergraben.

Das Kapitel »Chronologie der Schallplattenaufnahmen« wird wohl nie abgeschlossen werden kön-

nen. Immer wieder werden *Beatles*-Songs in neuen
Kopplungen auf Singles und LPs erscheinen. Sicher
werden auch noch Aufnahmen erscheinen, die bisher unveröffentlicht sind. Die Möglichkeiten sind vielfältig: Interviews, unbekannte Songs, Live-Aufnahmen
und vieles mehr. Wenn man bedenkt, daß sich *Beatles*-
Schallplatten immer noch gut verkaufen, kann man
vielleicht das Interesse der Schallplattenfirmen verstehen, auch wenn die Veröffentlichungspolitik nicht
immer logisch und für die Fans nachvollziehbar ist.

Im Jahre 1985 wäre beinahe eine LP erschienen, die die Fans mehr als zufriedengestellt hätte – *Sessions*. Aber es gibt in England ein Gremium, das über das Erscheinen von »neuen alten« *Beatles*-Aufnahmen entscheidet. Diesem gehören auch die drei Ex-*Beatles* an. Ringo Starr war es damals, der sich gegen die Veröffentlichung dieser LP aussprach. Zum Ärgern hier für alle die zur Veröffentlichung geplanten Songs:

*Come And Get It; Leave My Kitten Alone; Not Guilty; I'm Looking Through You; 2'52"; What's The New Mary Jane?; How Do You Do It?; Besame Mucho; One After 909; If You Got Troubles; That Means A Lot; While My Guitar Gently Weeps; Mailman, Bring Me No More Blues; Christmas Time* (Is Here Again).

Eine Auflistung aller Schallplatten mit altem Material in neuer Zusammenstellung und/oder neuer Aufmachung würde den Rahmen dieses Buches sprengen. Selbst von den sogenannten Dokumentations-LPs mit Interviews gibt es mittlerweile einige Dutzend. Auch die Auflistung von halblegalen Live-Aufnahmen aus Italien und Japan und der mittlerweile zahlreich erschienenen CDs mit alten *Beatles*- und Soloaufnahmen soll aus Platzgründen späteren Publikationen vorbehalten bleiben.

## Das Leben danach – Die Soloaufnahmen

Dieses Kapitel soll weniger eine Auflistung und Kommentierung aller veröffentlichten Solotonträger der *Beatles*mitglieder sein als ein kurzer informativer Abriß über den weiteren Verlauf der Karrieren von John, Paul, George und Ringo.

Seit ihrer Entscheidung, nicht mehr live aufzutreten, und spätestens nach den Aufnahmen zum *Sgt.-Pepper*-Album war es offensichtlich, daß die *Beatles* als Gruppe nicht mehr existierten. Hatten Lennon und McCartney in den frühen Tagen die Lieder noch in sich gegenseitig inspirierender Gemeinschaftsarbeit geschrieben, so änderte sich dies zunehmend. Ideen wurden nicht mehr zusammen ausgearbeitet, sondern nur noch präsentiert und dann entweder verworfen oder aufgenommen, notfalls auch alleine. Die Autorenangabe Lennon/McCartney auf den Schallplattenlabels blieb jedoch aus vertraglichen Gründen immer bestehen. Für die musikalische Entwicklung der vier hatte das natürlich Konsequenzen. Die Songs wurden nicht mehr in einem »*Beatles*-Rahmen« komponiert, sondern spiegelten viel mehr als vorher den spezifischen Charakter des jeweiligen Komponisten wider. Schufen sich die *Beatles* ihre Freiräume zu Beginn noch selbst, so ergab sich jetzt die Möglichkeit für jeden einzelnen, seine Kreativität scheinbar ungehindert von den anderen zu entfalten. Der erste, der sich unter eigenem Namen vorwagte, war George Harrison. Im November 1968 erschien seine LP *Wonderwall Music,* die er zum Teil in Indien aufnahm. Die LP war der Soundtrack zum gleichnamigen Film des Regiseurs Joe Massot, und Harrison entschloß sich, die Hälfte des Films mit indischer Musik zu unterlegen. Den »westlichen« Teil des Albums nahm er in London zusammen mit Musikern der Gruppe *Remo Four* auf (Tony Ashton, Roy Dyke u. a.). Bei allem Ehrgeiz wurden weder der Film, noch die erste Soloplatte eines *Beatles* ein kommerzieller Erfolg.

Gleiches kann man auch über die nächste Soloveröffentlichung eines *Beatles* sagen. John Lennon, der immer mehr das Interesse an der Gruppe verlor und in dessen Leben schon seit einiger Zeit Yoko Ono den Hauptplatz einnahm, veröffentlichte acht Monate nach Harrisons LP das Album *Two Virgins – Unfinished Music No. 1.* Die Aufnahmen entstanden während nur einer Nacht, die John und Yoko gemeinsam verbrachten, und Lennon sagte darüber: »Wir begannen mit den Aufnahmen um Mitternacht und waren im Morgengrauen fertig. Dann fuhren wir nach Hause und liebten uns. Es war wirklich wundervoll.« Kritiker und Fans empfanden die »unvollendete Musik« des Albums eher als Krach. Das Publikum konnte dem Konglomerat aus Vogelgezwitscher, Gekreische, Klaviertönen und zu langsam laufenden Bändern wenig abgewinnen. Die EMI zog das Album schon bald wieder aus dem Verkehr. Der Grund dafür war weniger die Musik als die Tatsache, daß John und Yoko sich für das Cover nackt hatten abbilden lassen. Die Firma Track-Records sprang ein und brachte die Platte mit einem braunen Papierumschlag erneut heraus.

Paul McCartneys Kommentar, abgedruckt auf der Plattenhülle, war durchaus zweideutig: »Wenn sich zwei große Heilige begegnen, dann ist dies eine erniedrigende Erfahrung.«

Nur sechs Monate später erschien ein weiteres Album von John und Yoko: *Life With The Lions – Unfinished Music Vol. 2.*

Die A-Seite ist der Mitschnitt eines Konzertes in Cambridge, das die beiden zusammen mit den Free-Jazz-Musikern John Tchikai (Saxophon) und John Stevens (Schlagzeug) gaben, mit Lennon an der Feedback-Gitarre und Ono als Sängerin. Die B-Seite wurde im Londoner Queen Charlotte Hospital mit einem Kassettenrekorder am Bett von Yoko aufgenommen, die sich gerade wegen einer Fehlgeburt in ärztlicher Behandlung befand. Das Cover-Photo zeigt John neben Yokos Bett im Krankenhaus. Am gleichen Tag wie *Unfinished Music Vol. 2* erschien auch George Harrisons nächstes Opus mit dem Titel *Electronic Sound.* Dem Titel entsprechend, ist auch hier weniger Musik zu hören als vielmehr Geräusche. Während eines Kalifornienaufenthalts kam Harrison zum erstenmal mit dem gerade neu entwickelten Moog-Synthesizer in Berührung. Harrison war fasziniert von der Möglichkeit, synthetische Klänge zu erzeugen, und kaufte sich sofort eines der ersten Modelle. Seine ersten Versuche mit dem Gerät führten zu dieser LP mit nur zwei Kompositionen. Die Musik ähnelte den atmosphärischen Störgeräuschen eines Funkamateurs auf Sendersuche, und es war nicht verwunderlich, daß auch sein zweites Solowerk beim Publikum durchfiel. Der Mißerfolg dieser LP trug unter anderem dazu bei, daß dem von den *Beatles* für avantgardistische Veröffentlichungen ins Leben gerufene Zapple-Label (ebenfalls auf Zapple erschien *Unfinished Music Vol. 2*) nur eine kurze Lebensdauer beschieden war.

Fast zeitgleich mit dem Beginn der Studioarbeit für *Abbey Road* erschien die erste Single der *Plastic Ono Band*, dem neuen Vehikel für Johns und Yokos musikalische Botschaften. *Give peace A Chance* war eine Friedensbotschaft der beiden an die Welt. Bei den Aufnahmen zur Single waren unter anderem Petula Clark, Timothy Leary und eine Reihe von Freunden und Bekannten beteiligt. Obwohl die Qualität der Aufnahme, die während Johns und Yokos »Bed-in« für den Frieden in Montreal gemacht worden war, nicht die beste ist, wurde das Lied sofort zu einer Hymne für die Friedensbewegung und für Jugendliche in aller Welt, und noch heute hat diese einfache Komposition nichts von ihrer Bedeutung verloren.

Im Oktober 1969 folgte die zweite Single der *Plastic Ono Band*: *Cold Turkey/Don't Worry Kyoko*. War *Give Peace A Chance* eine universale Friedensbotschaft, so wendete sich Lennon hier wieder mehr seiner eigenen Befindlichkeit zu: »Ich schrieb über das Loskommen von Drogen und die damit verbundenen Schmerzen.« Auf dieser Single war zum erstenmal auf einer Soloveröffentlichung von Lennon eine richtige Band zu hören, neben John und Yoko spielten Eric Clapton (Gitarre), Klaus Voormann (Baß) und Alan White (Schlagzeug). Kurz nach der Veröffentlichung schickte Lennon seinen MBE-Orden zurück an das englische Königshaus. Im lakonisch verfaßten Begleitschreiben gab Lennon als Grund für die Rückgabe Englands Beteiligung am Biafra-Krieg und, typisch Lennon, die Tatsache, daß *Cold Turkey* in den englischen Charts nur auf Platz 13 gelangte, an. Knapp sieben Monate zuvor hatten Lennon und Ono in Gibraltar geheiratet. Ihre Flitterwochen verbrachten sie mit weiteren »Bed-ins« für den Frieden. Während einer dieser Aktionen in Amsterdam nahmen sie vom Bett aus Geräusche auf und sprachen mit unterschiedlichster Betonung ihre Namen aufs Band. Diese Aufnahmen erschienen zusammen mit einem später hinzugefügten Interview der beiden, in dem sie ihre Friedensprojekte erläutern, im Oktober 1969. Der Titel dieser Platte lautete natürlich *The Wedding Album.*

Nur zwei Monate nach dem Erscheinen von *Abbey Road* saß John Lennon zusammen mit Yoko, Mal Evans und den Mitgliedern der *Plastic Ono Band* im Flugzeug mit Ziel Toronto. Nach über drei Jahren Pause gab Lennon wieder einen Live-Auftritt. Der Anlaß war eine Einladung zur Rock 'n' Roll Revival Show im Varsity Stadion in Toronto. Weitere Stars dieses Festivals waren Little Richard, Chuck Berry und Bo Diddley. Lennons Entschluß, dort zu spielen, kam spontan. Eigentlich ging man doch davon aus, daß die *Beatles* sich aus dem Live-Geschäft zurückgezogen hatten, und berücksichtigt man dann noch das Bestreben McCartneys, die *Beatles* wieder zurück auf die Bühne zu bringen – und die ablehnende Haltung der anderen drei –, so konnte man spätestens hier das nahe Ende der *Beatles* ahnen. Lennons Entschluß war so kurzfristig, daß Mal Evans innerhalb von nur acht Stunden das ganze Gepäck und Equipment zusammenstellen mußte. Die Mitglieder der *Plastic Ono Band* wurden genauso kurzfristig informiert, und mangels vorheriger Proben improvisierte man einfach ein Programm auf dem Flug. Nach der Ankunft ging es direkt ins Stadion auf die Bühne. Kim Fowley, der die *Plastic Ono Band* ankündigte, ließ die

Lichter im Stadion löschen und bat die 25 000 Zuschauer, ihre Feuerzeuge zur Begrüßung leuchten zu lassen. Die *Plastic Ono Band* und vor allem Lennon bedankten sich mit einem weitgehend improvisierten, aber kraftvollen und spontanen Auftritt. Dieser Auftritt wurde am 12. Dezember 1969 unter dem Titel *The Plastic Ono Band – Live Peace In Toronto* veröffentlicht und war im Vergleich zu den schwer konsumierbaren ersten Soloalben ein respektabler kommerzieller Erfolg (Platz 10 in den amerikanischen Charts).

Die Veröffentlichungstermine der *Beatles*platten wurden für die Gruppenmitglieder anscheinend immer unbedeutender. Einen Monat vor Erscheinen der *Let-It-Be*-Single veröffentlichte *John Lennon With The Plastic Ono Band*, wie das Projekt jetzt hieß, die Single *Instant Karma*. Aufgenommen wurde sie am 26. Januar 1970, und für Eric Clapton sprang dessen Freund George Harrison ein. Johns Kommentar zu dieser Session: »Die Sache lief großartig. Ich komponierte *Instant Karma* morgens auf dem Klavier und ging anschließend ins Büro, wo ich den ganzen Tag über das Lied sang. Dann kam ich plötzlich auf die Idee, es aufzunehmen, buchte das Studio, und Phil (Spector) kam zufällig vorbei. Er fragte mich, wie ich das Lied haben wolle, und ich antwortete ihm, so wie die Lieder in den 50er Jahren. Es ging ziemlich schnell, nach nur drei Durchläufen war es auf Band.«

Paul McCartney und Ringo Starr waren natürlich auch nicht untätig und arbeiteten jeder für sich an ihren ersten eigenen Projekten. Die immer lauter werdenden Gerüchte um die bevorstehende Trennung der *Beatles* brachte McCartney am 10. April 1970 zum

Verstummen: Jetzt war es offiziell – die *Beatles* hatten aufgehört zu existieren.

Am 17. April 1970 erschien Pauls erste Solo-LP, schlicht *McCartney* betitelt. Ein reines Selfmadeprojekt. Alle Instrumente wurden von Paul gespielt und auch selbst auf vier Spuren produziert. Doch die Platte konnte in keiner Beziehung, weder vom Sound noch von der Musik und dem Text her, den hochgespannten Erwartungen eines von *Sgt. Pepper* und *Abbey Road* verwöhnten Publikums gerecht werden. Wie stark die Gereiztheit der *Beatles* untereinander war, wie groß die Spannung, zeigte sich in den äußerst heftigen Auseinandersetzungen, die sie im Zusammenhang mit den Erscheinungsterminen von *Let It Be* und McCartneys erstem Album hatten. Aus Pauls Sicht war es schiere Bosheit der anderen, daß sie bereits drei Wochen später mit der letzten gemeinsamen LP auf dem Markt erschienen, um so, wie er glaubte, seinen Solostart zu erschweren. Sicher ist, daß die *Beatles* jedes Interesse verloren hatten, koordiniert zu arbeiten. Ihre Firma Apple entwickelte sich zu einem Selbstbedienungsladen, in dem jede noch so absurde Idee bezuschußt wurde. Die Finanzlage der Firma war unüberschaubar, und gemeinsame Gespräche endeten oft beinah mit Handgreiflichkeiten.

Fühlte sich McCartney auch hintergangen, so war seine Soloplatte dennoch diejenige, die im Vergleich mit den Veröffentlichungen von Lennon und Harrison beim Publikum am besten ankam: Platz 2 in England und Platz 1 in den USA, trotz *Let It Be.*

Bleibt noch *Beatle* Nummer vier. Ringo Starr arbeitete seit September 1969 an seiner ersten eigenen

Veröffentlichung. Ein Album voller Coverversionen, was nicht sehr verwundert, weiß man doch um Ringos nicht sehr ausgeprägtes Talent, eigene Songs zu schreiben. Im April 1970, kurz nach McCartneys Album, erschien seine LP *Sentimental Journey* mit zwölf der bekanntesten und schönsten Evergreens des amerikanischen Showbusiness. Ein riskantes Unterfangen, wenn man bedenkt, daß Ringo sich hier auf ein Feld begab, das von Leuten wie Frank Sinatra, Tony Bennet und vielen anderen großen Sängern nur zu gut bestellt war. Die Arrangements waren von den Größen dieses Genres geschrieben worden: Quincy Jones, Richard Perry, Ron Goodwin, und selbst Paul McCartney schrieb eins für *Stardust.*

Kommerziell hielt sich der Erfolg der Platte in Grenzen. Platz 14 in Amerika sollte die beste Plazierung bleiben. Doch Ringo nahm es nicht zu tragisch: »Persönlich war ich mit den meisten Titeln auf *Sentimental Journey* recht zufrieden. Nur hat ein Album mit Evergreens keine allzu große Chancen, wenn Frank Sinatra, Ella Fitzgerald und all diese Leute die Songs schon gesungen haben. Aber ich war zufrieden, und meine Mutter war auch zufrieden, was sehr wichtig für mich ist.«

Für die Zeit nach dem Erscheinen der offiziell letzten *Beatles*-LP *Let It Be,* der Auflösung der Gruppe und den ersten Soloversuchen der einzelnen Mitglieder der Band sollen die weiteren Veröffentlichungen von Lennon, McCartney, Harrison und Starr in separaten Abschnitten beschrieben werden.

Im Oktober 1970 nahm John in London eine neue LP auf. Die Monate davor verbrachte er mit Yoko in Los Angeles. Dort unterzogen sie sich einer »Urschrei-Therapie« unter Anleitung ihres Begründers, Dr. Arthur Janov. Über einen Zeitraum von vier Monaten hinweg versuchten sie mit Hilfe dieser Therapie, eine Lösung ihrer persönlichen Probleme zu erreichen. Ein Resultat des Aufenthalts in Amerika waren die über dreißig Songs, die Lennon auch unter dem Eindruck der Therapie schrieb. Mit diesen Liedern, deren Texte sehr persönlich waren, versuchte Lennon, sich seine Nöte von der Seele zu schreiben – das gestörte Verhältnis zu seiner Mutter, ihr früher Verlust und die Ablehnung, die er allgemein und durch die anderen *Beatles* erfuhr.

Lennon nannte diese LP, in Anlehnung an Dr. Janovs Buch *»The Primal Scream«*, sein *»Primal Album«*.

Das Album mit dem Titel *John Lennon/Plastic Ono Band* wurde von Phil Spector produziert. John hatte mit Spector im Gegensatz zu Paul wenig Probleme und war nach wie vor von dessen Arbeit und Ideen begeistert. Die *Plastic Ono Band* bestand für diese Aufnahmen aus John, Yoko, Ringo Starr, Klaus Voormann und Billy Preston. Beim Publikum kam die Platte gut an. Die Vorbestellungen in Amerika lagen bei 2,5 Millionen Exemplaren, viel mehr erreichten selbst die *Beatles* nicht oft.

Noch immer war Lennons Leben bestimmt von seiner gemeinsamen Arbeit mit Yoko für den Frieden. Er gab weiterhin mehrere Interviews pro Tag, in denen er seine Ansichten und seine Pläne erörterte. Im

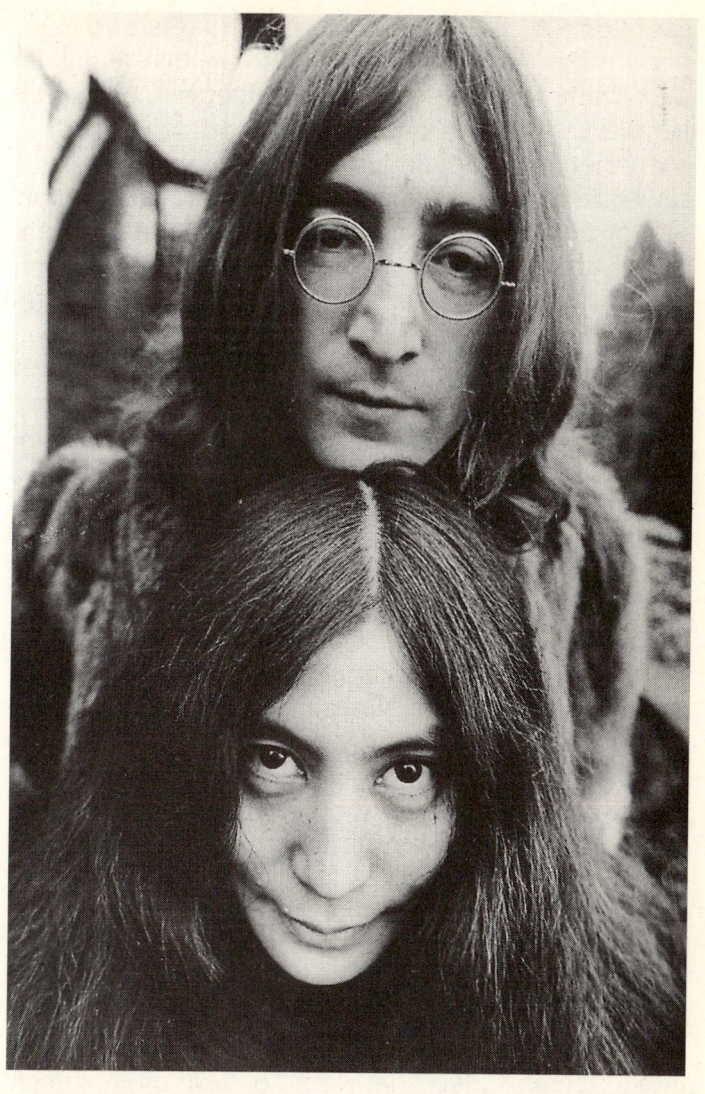

Februar 1972 nahm er zusammen mit Yoko und der *Plastic Ono Band* eine neue Single auf, die Publikum und Kritik zunächst etwas verblüffte: *Power To The People/Open Your Box.*

Auf dem Cover sieht man John und Yoko mit erhobener Faust in Kampfanzügen und mit Stahlhelmen. Dieses Photo wurde von vielen als Lennons Abwendung von seinen noch vor kurzem verkündeten Friedensbotschaften gewertet. Das von Yoko komponierte Stück *Open Your Box* wurde in Amerika verboten, da man es als Aufforderung zur Promiskuität verstand.

Waren Lennons bisher veröffentlichte Soloaufnahmen bei Publikum und Kritik noch oft zwiespältig aufgenommen worden, so änderte sich dies mit dem Erscheinen der LP *Imagine* im Oktober 1971.

Dieses Album brachte John endlich die erhoffte Anerkennung als Solointerpret. In Amerika gab es eine Plazierung auf Position 1, und in weniger als drei Wochen verkaufte sich *Imagine* in den USA mehr als 1,2 Millionen Male. Viele Zeitschriften wählten *Imagine* zur LP des Jahres, und für Lennon bedeutete dies einen großen Schritt weg vom Image des Ex-*Beatles*.

Kurz vor der Veröffentlichung gab er eine Pressekonferenz, auf der er ausschließlich über die Arbeit an seinen neuen Songs sprach: »Es ist wirklich das Beste, was ich bisher gemacht habe ... phantastisch! Diese LP wird's Ihnen beweisen. Sie enthält im Gegensatz zu meinem vorigen Album nicht so viele persönliche Dinge. Ich habe eine Menge gelernt, und mein neues Album ist in jeder Beziehung besser, auch technisch und vom Sound her. Da gibt es noch jemanden, der George Harrison heißt und der mit drauf ist und auch einige Soli spielt. Ich hätte auch gerne Ringo dabei gehabt, weil er für mich der größte Schlagzeuger ist. Aber zu dem Zeitpunkt, als wir die Aufnahmen machten, stand Ringo gerade für seinen neuen Western *Blindman* vor der Kamera. Beinahe wären wir also wieder zu dritt gewesen. Dennoch hätte man nicht von den *Beatles* sprechen können, sondern in jedem Fall von der *Plastic Ono Band*, denn die Songs auf *Imagine* stammen ja alle von mir … Ich nahm die Bänder mit nach Amerika und mischte sie dort zusammen mit Phil Spector ab. Wir brauchten nur neun Tage, um dieses Album fertigzustellen. Fürs vorige habe ich noch zehn gebraucht, ich bin also noch schneller geworden … Und was *Oh My Love* angeht, kann ich nur sagen, daß Yoko und ich schon viele Sachen zusammen geschrieben haben, und das bereits zu der Zeit, als ich noch ein Beatle war …«

Neben Harrison waren noch folgende illustre Musiker an den Aufnahmen beteiligt: Alan White und Jim Keltner (Schlagzeug), Klaus Voormann (Baß), Nicky Hopkins (Piano) und King Curtis (Saxophon).

Noch im selben Jahr veröffentlichte Lennon eine neue Single: *Happy Xmas (War Is Over)/Listen The Snow Is Falling.* Aus verlagsrechtlichen Gründen erschien die Single in Europa erst ein Jahr später. Northern Songs, bei denen Lennon immer noch unter Vertrag stand, zweifelten die Mitautorschaft von Yoko Ono an, während sie selbst die Rechte gleichzeitig für ihren eigenen Verlag Ono Music Ltd. beanspruchte. Auf *Happy Xmas (War Is Over)* wird die *Plastic Ono Band* vom *Harlem Community Choir* unterstützt.

Diese Single war das Ende von John und Yokos zweijähriger Friedensmission. Der Titel *Happy Xmas (War Is Over)* bezieht sich auf die von ihnen initiierten Plakataktionen. In elf Großstädten wurden damals Plakatwände aufgestellt, die beklebt wurden mit dem Slogan »WAR IS OVER. If you want it«.

Lennon und Yoko entschlossen sich Ende 1971, nach Amerika überzusiedeln. Ein Grund war, daß die beiden das Sorgerecht für Yokos Tochter Kyoto, die in den Staaten lebte, übernehmen wollten. Hinzu kam noch Lennons Sympathie für Amerika im allgemeinen und New York im besonderen. Lennon fühlte sich dort als Künstler akzeptiert und respektiert. Doch wenn auch in Musiker- und Künstlerkreisen seine Übersiedlung willkommen geheißen wurde, so gab es von amtlicher Seite Vorbehalte ihm gegenüber. Der Staat befürchtete, mit Lennon einen konstanten Unruhestifter hereinzulassen, und die amerikanische Einwanderungsbehörde versuchte alles, um die Ausstellung eines Visums zu verhindern. Doch Lennon hielt das nicht ab. Er und Yoko lebten meist in New York, in der Nähe des Central Parks, inmitten einer Gesellschaft von politisch engagierten Musikern und Schriftstellern. Lennon ließ sich von diesem Umfeld stark beeinflussen, und seine Erfahrungen schlugen sich in neuen Songs nieder. *Angela* schrieb er nach einem Treffen mit der farbigen Bürgerrechtskämpferin Angela Davis, und *Attica State* unter dem Eindruck eines blutig unterdrückten Aufstandes im Staatsgefängnis von Attica. In den Songs *Sunday Bloody Sunday* und *The Luck Of The Irish* prangerte er die Situation in Nordirland an und ließ an seinen englischen Landsleuten kein gutes Haar.

Diese und weitere Songs finden sich auf der Mitte Juni 1972 erschienen Doppel-LP *Some Time In New York City.*

An den ersten beiden Seiten des Albums war neben der *Plastic Ono Band* auch die Underground-Formation *Elephants Memory* beteiligt. Auf Seite drei befand sich die Aufzeichnung eines Konzertes im Londoner Lyceum vom 15. Dezember 1969 mit Eric Clapton, George Harrison, Billy Preston, Nicky Hopkins, Klaus Voormann, Alan White, Keith Moon und anderen. Der Live-Mitschnitt auf Seite vier entstand anläßlich einer öffentlichen Session der *Plastic Ono Band* mit Frank Zappas *Mothers Of Invention* am 6. Juni 1971 im New Yorker Fillmore East. Die Reaktionen auf die Doppel-LP waren denen zu *Imagine* genau entgegengesetzt. Es gab fast ausschließlich herbe Kritik, und die Verkäufe waren mager. In Johns Heimat England gelangte sie nicht einmal in die Charts. Dort wurde ihm die pauschale Verurteilung aller Engländer in seinen neuen Songs mehr als übel genommen.

Für die nächsten fünfzehn Monate blieb es musikalisch ruhig um John Lennon. Er trennte sich von Phil Spector und begann im September 1973 in den Record Plant Studios von New York mit den Aufnahmen für das neue Album *Mind Games.* Diese LP entstand unter dem Zwang, den schlechten Eindruck verwischen zu müssen, den er durch sein vordergründig politisches Album *Some Time In New York City* proviziert hatte. Die Rückkehr zum Melodienreichtum der *Imagine*-Phase war unverkennbar, wenngleich die Produktion, die Lennon alleine überwachte, nicht sehr ausgereift scheint. Die Liste der Mitwirkenden war lang und umfaßte die Crème der amerikanischen Studiomusiker. In England ging man nicht sehr freundlich mit dem Album um. Johns Reaktion darauf: »Die haben sich mehr mit Yoko als mit *Mind Games* beschäftigt. Aber das ist das Problem derjenigen, die schreiben. Es sind meistens Leute, die mit sich selbst noch genug zu tun haben, die gerade 22 Jahre alt sind und sich große Sorgen um ihre Akne machen.« Die Verkaufszahlen von *Mind Games* gingen im Vergleich zur Doppel-LP steil nach oben, und mit Lennons nächstem Album sollte es noch besser werden.

Im Oktober 1974 erschien das Album *Walls And Bridges*. Aufgenommen wurde es wieder in den Record Plant Studios in New York. Die LP erreichte in England einen achten Platz als höchste Notierung und kam in den USA auf Platz 1 der Charts.

Dennoch war mancher professionelle Kritiker und waren auch Teile des Publikums immer noch der Ansicht, John Lennon befinde sich in einer Übergangsphase seines Schaffens. Die Verkaufszahlen jedoch bewiesen eindeutig das Gegenteil. Sie hatten wie auch die Musik fast wieder den hohen Standard des *Imagine*-Albums erreicht.

Auffällig war das Fehlen jedweder Erwähnung von Yoko Ono. Die beiden hatten sich vorübergehend getrennt, wobei die Initiative mehr von ihrer Seite ausging. Lennon litt unter dieser Trennung sehr und schlug mehr als einmal mit seinem Alkohol- und Drogenkonsum über die Stränge. Während der Aufnahmen zu *Walls And Bridges* lebte er mit seiner Sekretärin May Pang zusammen. Yoko wußte, daß die beiden eine Affäre hatten, nahm diese Tatsache aber sehr gelassen hin. Sie wußte, daß sie und John sich nicht endgültig trennen würden.

An den Aufnahmen zur LP nahmen außer Klaus Voormann, Jim Keltner und Jesse Ed Davis noch Elton John und Harry Nilsson teil. Mit Nilsson hatte Lennon in dieser Zeit viel Kontakt. John verbrachte lange, problembeladene Wochen in Kalifornien, und mehr als einmal versuchte er, zusammen mit Nilsson die Sorgen im Alkohol zu ertränken. Lennons Privatleben befand sich in größter Konfusion. Seine Frau hatte ihn mehr oder weniger vor die Tür gesetzt, er hatte eine Affäre, und das erste Wiedersehen seit mehr als drei Jahren mit seinem Sohn Julian und seiner Ex-Frau Cynthia machte ihm schwer zu schaffen. Vielleicht sagte er auch deshalb über *Walls And Bridges:* »Für mich hat es etwas mit Kommunikation zu tun. Vielleicht halten dich die Wände in dir selbst fest, oder sie trennen Menschen voneinander. Brücken führen sie wieder zusammen. Genau das möchte ich auch.«

Im Februar 1975 erschien die LP *Rock 'n' Roll.* Mit dieser Platte erfüllte sich John einen lang gehegten Wunsch. Zwar hatten die *Beatles* immer vor und während ihrer Aufnahmen Rock 'n' Roll-Titel zum Aufwärmen gespielt, jedoch konnten sie sich nie zu einem Album mit Rockstandards durchringen. Jetzt, da John mehr Zeit für sich selbst hatte, ließ er es sich nicht nehmen, ein solches Projekt zu verwirklichen. Zunächst war geplant, dieses Album anstelle von *Walls And Bridges* zu veröffentlichen, doch es kam zu unvorhersehbaren Verzögerungen. »Für dieses Album war Phil Spector als Arrangeur und Produzent vorgesehen. Leider hatte er kurz nach Aufnahmebeginn einen schweren Autounfall, der ihn über ein halbes Jahr außer Gefecht setzte. Ohne ihn wollte ich nicht weitermachen, und so habe ich gewartet und gewartet. Dummerweise kamen die Bänder mit Phils Abmischungen erst drei Tage bevor ich ins Studio ging, um *Walls And Bridges* aufzunehmen, an.«

Lennon nahm im Anschluß an die Aufnahmen von *Walls And Bridges* den Rest seines *Rock 'n' Roll-Albums* innerhalb von vier Tagen ohne weitere Hilfe von Spector auf. »Wiederbelebt von J. L.« steht auf der Rückseite des Covers, und genau das ist es, was John getan hat. Er mischte Stil und Interpretation der 50er Jahre mit den Soundvorstellungen der 70er. Diese LP wurde zu einer der meistgespielten Platten des Jahres 1975 und erreichte Platz 10 in England (Melody Maker) und Platz 6 in Amerika (Billboard).

Für kurze Zeit gab es in Amerika die mit Rock 'n' Roll fast identische LP *Roots* zu kaufen. Lennon hatte der kleinen Plattenfirma Adam VIII Ltd. in New York die Bänder zur Produktion einiger Platten zum eigenen Gebrauch überlassen. Doch Adam hielt sich nicht daran und veröffentlichte die Platte regulär. Im folgenden Rechtsstreit zwischen Capitol und Adam unterlag die kleine Firma und mußte ihr Produkt wieder vom Markt nehmen.

Im Oktober 1975 brachte Lennon das Album *Shaved Fish* (Collectable Lennon) heraus. Wie der Titel vermuten läßt, ist es mehr eine Best-Of-Kompilation als ein neues Album. Lennon widersprach dieser Interpretation allerdings. In einem Brief an eine englische Musikzeitschrift schrieb er: »Ich nannte dieses Album nicht ›The Best Of…‹, weil es nicht stimmt. Soweit ich mich erinnern kann, gab es alle Stücke schon mal als Single, ausgenommen *Imagine*, das in England bislang nicht auf einer Single erschienen war, bis Bob Mercer von der EMI mich anrief und sagte: ›Bring es als Single heraus, du Narr.‹ Die Grund-idee dieses Albums liegt, abgesehen vom Geld, ein-fach darin, daß nun alle Singles auf einer Platte zu ha-ben sind.« Die einzig neue Aufnahme auf dieser LP ist die Reprise-Version von *Give Peace A Chance.* Sie stammt vom Live-Konzert aus dem Madison Square Garden vom 30. August 1972.

Nach dieser Veröffentlichung wurde es still um Lennon. Schließlich zog er sich ganz aus dem Show-geschäft zurück und widmete sich seinem Sohn Sean, der am 9. Oktober 1975 geboren wurde. Yoko Ono übernahm die Geschäfte.

1979 meldeten sich John und Yoko mit einer ganz-seitigen Zeitungsanzeige in der *New York Times* zurück, in der sie ihren häuslichen Frieden schilder-ten. Waren seit der Trennung der *Beatles* regelmäßig Gerüchte aufgetaucht, die von einer Wiedervereini-gung wissen wollten, so schrieben die Zeitungen seit 1975 alle Monate von der Rückkehr Lennons ins Show-geschäft.

Im November 1980 war es dann soweit. Das ge-meinsame Album von John und Yoko, *Double Fantasy,* erschien.

Alle Welt erwartete »die« LP – etwas ganz Besonde-res. Die Enttäuschung war groß, denn was tatsächlich erschien, war die Zusammenstellung einiger Liebes-lieder von John für Yoko und von ihr für ihn. John nannte die LP *»Szenen einer Ehe«.* Wenige Tage zu-vor kam die Single (Just Like) *Starting Over* auf den Markt, aber weder Single noch LP wurden den durch vorangegangene Gerüchte hochgeschraubten Er-wartungen gerecht. Zuviel war in den vergangenen fünf Jahren in der Musik passiert, als daß diesem Album mit seinen zwar schönen, aber auch schlichten Songs irgendeine größere Bedeutung beigemessen wurde. Man nahm nur eher zur Kenntnis, daß es John Lennon noch gab. Dementsprechend waren auch die Verkaufszahlen. Nur mit Mühe gelangte das Album in die Top Twenty von Amerika und England.

John Lennons Rückkehr sollte in großem Stil erfolgen. Er gab wieder Interviews, eine Reise nach England war geplant, um die neue LP vorzustellen und um Konzerte zu geben.

Doch all dem stand Mark David Chapman entgegen.

Am 8. Dezember 1980 verließ Lennon das New Yorker Hit Factory Studio, in dem er gerade das Stück *Walking On Thin Ice* fertiggestellt hatte, um nach Hause zu gehen. Vor dem Dakota House, in dem sich sein Apartment befand, wurde er von dem 25jährigen Mark David Chapman aus kurzer Distanz mit mehreren Schüssen niedergestreckt.

Chapman hatte am selben Tag Lennon vor dessen Haus um ein Autogramm gebeten und es auch erhalten. Seitdem wartete er auf die Rückkehr des Musikers. Lennon wurde sofort nach der Tat in ein Krankenhaus eingeliefert, doch jede Hilfe kam zu spät.

Schon kurz nach Bekanntwerden der Tat sammelten sich vor dem Dakota House Hunderte von Anhängern. Einige weinten, andere standen stumm vor dem Gebäude, wieder andere sangen Lieder der *Beatles*. Aus mehreren Städten der USA wurde Stunden nach der Todesnachricht ein Ansturm von Käufern auf die letzte LP *Double Fantasy* sowie ältere Platten Lennons und der *Beatles* gemeldet.

New Yorker Rundfunkstationen unterbrachen ihre

laufenden Programme und sendeten *Beatles*-Songs. Unzählige Anrufer meldeten sich daraufhin weil sie die Nachricht zunächst nicht glauben wollten. Die Straße vor dem Apartmentblock war die ganze Nacht über für den Verkehr gesperrt. Auf den Gehwegen saßen weinende Menschen, andere knieten nieder und beteten.

Erschüttert von der Nachricht, zog sich Paul McCartney auf seine Farm zurück. »Ich kann es im Augenblick noch gar nicht begreifen. John war ein großer Mann, den man nie vergessen wird; er hat einen einzigartigen Beitrag zu Kunst, Musik und Weltfrieden geleistet.«

George Harrison unterbrach sofort seine Plattenaufnahmen. »Nach allem, was wir gemeinsam erlebt haben, fühlte und fühle ich noch große Sympathie und Respekt für John. Ich bin tief getroffen.«

Als einziger der drei verbliebenen ehemaligen *Beatles* flog Ringo Starr nach New York.

Am Sonntag, den 14. Dezember 1980, fanden in New York und Liverpool Trauerfeiern statt. 100 000 Menschen hatten sich im Central Park eingefunden, nur fünf Gehminuten vom Dakota House entfernt. Es waren nicht nur junge Leute. Viele weinten, beteten und sangen in Trauer um einen Menschen, der vergeblich versucht hatte, die Welt zu verbessern. In Liverpool versammelten sich über 20 000 Menschen, um John Lennon zu gedenken.

Einige Stimmen zum Tode John Lennons:
Norman Mailer: »Wir haben einen Genius des Geistes verloren.«
Chuck Berry: »Seit einem ihrer ersten Hits mit *Roll*

*Over Beethoven* habe ich mich immer sehr eng mit ihnen verbunden gefühlt. Ich fühle mich jetzt so, als ob ein Teil meiner selbst gestorben wäre.«

Cynthia Lennon: »Ich möchte mit Ihnen über John sprechen, aber ich weiß, wenn ich es versuchte, würde mir die Stimme versagen. Es ist sehr, sehr schmerzhaft. Alles, was ich tun kann, ist hier in England zu bleiben und mit Waschen und Bügeln meine Empfindungen zu betäuben.«

Roger Daltrey: »Es ist schrecklich. In Gedanken bin ich bei seiner Familie.«

Mick Jagger: »Ich möchte in diesem Augenblick nichts dazu sagen.«

Die Zeitung »Komsomolskaya Prawda«: »Welch bittere Ironie, daß ein Mann, der sein Leben und seine Musik dem Kampf gegen die Gewalt gewidmet hat, ein Opfer der Gewalt wurde.«

Was zum Glück ausblieb, war die Vermarktung der Musik von John Lennon nach seinem Tod. Erst 1982 bemühte sich seine alte Plattenfirma mit Erfolg um die Veröffentlichungsrechte der Lennon-Songs auf *Double Fantasy* und brachte ein Album mit alten und neueren Titeln heraus. Das Album hatte den einfachen Titel *The John Lennon Collection.*

1983 erschien das Album *Milk And Honey* mit Stücken, an denen John und Yoko bereits 1980 gearbeitet hatten. Es sollte das Nachfolgealbum zu *Double Fantasy* werden. Einige der Titel existierten nur als Aufnahme mit Tonbandcassette, entsprechend schlecht war die Tonqualität. Es liegt in der Natur der Sache, daß diese Veröffentlichung mehr dokumentarischer Art war. Aber dennoch bot sie einen wehmütigen Ausblick auf all das, was noch zu erwarten gewesen wäre.

Ein weiteres Dokument wurde im Dezember 1983 veröffentlicht. *Heart Play – Unfinished Dialogue* ist eine reine Interviewplatte mit Gesprächen, die John und Yoko 1980 geführt hatten.

1986 veröffentlichte Lennons altes Label Parlophone die LP *Live In New York City.* Die Aufnahmen stammen von dem legendären und zuvor schon auf Bootleg veröffentlichten »One-to-One«-Konzert im New Yorker Madison Square Garden im August 1972.

Da John Lennon und seine Musik immer noch einen hohen Stellenwert hatten, ging man nun doch dazu über, in unregelmäßigen Abständen »neue« Aufnahmen zu veröffentlichen. Das im November 1986 erschienene Album *Menlove Ave* gehört dazu. Der Titel bezieht sich auf die Straße in Liverpool, in der John aufwuchs. Das Cover zur LP stammte von Andy Warhol. Musikalisch handelt es sich um alternative Versionen der Stücke, die auf *Walls And Bridges* und auf der *Rock 'n' Roll*-LP zu hören sind.

1988 drehte der Regisseur Andrew Solt den Film *Imagine.* Parallel dazu erschien die Doppel-LP *Imagine John Lennon* als Soundtrack. Der Film und die Musik entstanden in Zusammenarbeit mit Yoko Ono unter Zuhilfenahme des Lennon-Archivs. Wirklich neu ist aber nur ein Song: *Real Love.*

Diese Platte ist die letzte offizielle Veröffentlichung von Lennon-Material bis heute. Wahrscheinlich gibt es von ihm noch große Mengen Material, das irgendwann erscheinen könnte. Einiges davon tauchte schon auf illegalen Bootlegs, die teilweise einen Seriencharakter haben, in mehr oder minder guter Qualität auf.

Wie bei allen *Beatles* profitierten natürlich auch bei John Lennon die Plattenfirmen von den technischen Innovationen. Jede Platte, die man einmal veröffentlicht hatte, konnte man über das neue Medium CD noch einmal verkaufen.

Sollte sich ein neues Abspielverfahren in Zukunft durchsetzen, so wird es dann auch für dieses System wieder genügend Material geben, ob von Lennon oder anderen, und wenn es nur welches ist, das schon unzählige Male vorher erschienen ist. Wie sang Lennon zu Beginn seiner Karriere so schön: »*Money, That's What I Want.*«

Nach seinem künstlerischen und finanziellen De-
saster mit *Electronic Sound* hatte sich George zu der
Erkenntnis durchgerungen, daß seine Stärke wohl
doch in der Popmusik liege.

Durch die Erfolge und die Anerkennung, die er für
seine letzten *Beatles*-Kompositionen erhalten hatte,
fühlte er sich außerdem selbstbewußt genug, jetzt zu
seinem ersten großen Soloschlag auszuholen. Endlich mußte er nicht mehr, wie noch zu *Beatles*-Zeiten,
um die Veröffentlichung seiner Songs kämpfen, jetzt
stand ihm kein Lennon und kein McCartney mehr im
Weg.

Am 30. November 1970 erschien seine dritte
Soloveröffentlichung: *All Things Must Pass.*

Einige positive Umstände verhalfen dem Projekt zu
einem guten Start. Das Dreifachalbum wurde rechtzeitig vor Weihnachten fertig, und George hatte die
Unterstützung einiger prominenter Musiker.

Bis auf zwei Stücke stammten alle Songs von ihm
allein. Die Ausnahmen sind *If Not For You* von Bob
Dylan und *I'd Have You Anytime,* das er mit Dylan zusammen komponierte.

Bereits während der *Abbey-Road*-Sessions entstand *All Things Must Pass.* Die Musiker, die ihn
begleiteten, waren u. a.: Ringo Starr, Jim Keltner, Klaus
Voormann, Gary Wright, Billy Preston, Eric Clapton,
Dave Mason, Jim Price und die gesamte Gruppe *Badfinger.*

Wahrlich keine schlechte Unterstützung, aber wer
würde nicht kommen, wenn ihn ein ehemaliger
*Beatle* zu Aufnahmen einlädt.

Unüberhörbar war die Produktionsarbeit von Phil Spector, der zumindest bei den Arbeiten von George und John die Rolle von George Martin übernommen hatte. Die Seiten 5 und 6 des Albums entstanden bei verschiedenen Jam Sessions während der Proben.

Bei *I Remember Jeep* spielte der ehemalige *Cream*-Schlagzeuger Ginger Baker mit. *It's Johnny's Birthday* (basierend auf Cliff Richards Song *Congratulations*) wurde am 9. Oktober 1970 eingespielt und war Georges Geburtstagsgeschenk an John Lennon, der just an diesem Tage dreißig Jahre alt wurde.

Die Kommentare aus Georges Umfeld zu diesem Werk waren sehr unterschiedlich. Mal Evans, der frühere Road-Manager der *Beatles*, sah das Album mit den Augen eines Fans. Er verglich die Platte mit *Sgt. Pepper* und vergaß dabei nicht zu erwähnen, daß fast alles von George alleine komponiert wurde.

Alan White, der damals Mitglied in Lennons *Plastic Ono Band* war, hatte einige Schlagzeugtracks für das Album eingespielt. White war auch aus Musikersicht voll des Lobes für Harrison: »Ich fand es einfach toll, daß George immer zuerst die Studiomusiker nach ihrer Meinung zu dem jeweils aufgenommenen Song befragte. Erst wenn wir alle einverstanden waren, ging George an den nächsten Song. George ist für mich einer der größten Musiker überhaupt. Die Songs seiner neuen LP sind den Kompositionen von John und Paul auf jeden Fall ebenbürtig.«

John Lennon war nicht ganz dieser Ansicht: »Ich denke, es ist in Ordnung. Persönlich, zu Hause, würde ich es nicht auflegen, diese Art von Musik höre ich mir nicht gerne an. Ich möchte nicht Georges Gefühle verletzen, aber ich weiß nicht so recht, was ich dazu sagen soll. Allerdings finde ich sein Album besser als Pauls erste Platte.«

Das kaufende Publikum gab Lennon zumindest bezüglich seines letzten Satzes recht.

*All Things Must Pass* belegte acht Wochen lang ununterbrochen den ersten Platz in den amerikanischen Charts. In England war es nur eine Woche weniger. Weltweiter Verkauf: über 3,5 Millionen Exemplare.

Damit hatte der einstmals so stille Leadgitarrist der *Beatles* das bis dato erfolgreichste Solowerk aller vier abgeliefert.

Ein kleiner Makel haftete allerdings an diesem vielbeachteten Werk. Mit der ausgekoppelten Single *My Sweet Lord,* die sich nur wenig schlechter verkaufte als das Album, handelte George sich den Vorwurf des Plagiats ein. Er erhielt eine Anklage vom Verleger und Komponisten des US-Hits *He's So Fine,* 1963 von den *Chiffons* gesungen, wegen eines vermuteten Verstoßes gegen das Urheberrecht.

Selbst dem wohlmeinendsten Zuhörer mußte bei einem Vergleich der beiden Melodien eine frappierende Ähnlichkeit auffallen. Bis zur Klärung der Streitfrage wurden die immensen Tantiemen vom Gericht eingefroren. Erst fünf Jahre später erging ein Urteil. Harrison wurde ein »unbeabsichtigtes Plagiat« angelastet. George gab immer wieder an, den Song nicht gekannt zu haben, dennoch erkannten die Richter die Klage überwiegend an. Harrison wurde nur ein Drittel der Tantiemen zugesprochen. Die restlichen Gelder gingen, welche Ironie, an den Inhaber des Verlages, der ausgerechnet von Allen Klein geleitet wurden.

Georges Hang zur indischen Religion und den Ländern Asiens war allseits bekannt. Auch nach den negativen Erlebnissen, die die *Beatles* mit dem Maharishi hatten, sollte sich dies nicht ändern.

Doch blieb es nicht bei Harrisons spirituellem Interesse. Während eines USA-Besuches traf er mit seinem Freund, dem indischen Musiker Ravi Shankar zusammen. Der schilderte George die furchtbaren Zustände in Bangladesch und bat ihn um Hilfe für die unmenschlich leidende Bevölkerung. George zögerte nicht lange, trommelte ein paar befreundete Musiker zusammen und nahm den in wenigen Stunden komponierten Song *Bangla Desh* auf. Die Platte erschien am 30. Juli 1971, und den Reinerlös aus den Einnahmen spendete George für die Menschen in Bangladesch.

Doch sollte Georges Engagement damit noch lange nicht beendet sein. Am 27. Juli 1971 kündigte er auf einer Pressekonferenz ein Benefizkonzert für Bangladesch an. Der Ort dafür war New Yorks Madison Square Garden.

Innerhalb von wenigen Stunden waren alle 40 000 Karten für die beiden Vorstellungen ausverkauft. Die Organisation des Festivals übernahmen Ravi Shankar und George selbst. Das Konzert wurde live mitgeschnitten und im Dezember 1971 (in England im Januar 1972) als Triple-LP *The Concert For Bangla Desh* veröffentlicht.

Geplant war, den Verkaufserlös der Eintrittskarten und des Albums nach Abzug der Spesen direkt dem bengalischen Volk zur Verfügung zu stellen. Leider zogen sich, wie so oft bei derartigen Veranstaltungen und meistens entgegen den guten Absichten, die

Verhandlungen über die Freigabe der teilnehmenden Künstler sehr in die Länge, da sie alle Exklusivverträge bei verschiedenen Plattenfirmen hatten. Auch gerieten die Produktionskosten höher als vorausberechnet.

Doch da schon kurz nach dem Konzert illegal mitgeschnittene Platten auf dem Markt auftauchten, setzte man sich über die vertraglichen Schwierigkeiten hinweg, und als die Dreifach-LP Ende des Jahres erschien, brachte sie aufgrund des hohen Könnens der aufgebotenen Musiker und der bis dahin nicht für möglich gehaltenen Aufnahmequalität die erhofften Umsätze. Geschätzt belief sich der weltweite Verkauf auf über vier Millionen Exemplare, was einem Reingewinn von etwa 16 Millionen Dollar entsprach. Die Konzerteinnahmen betrugen netto 243 418,50 Dollar.

Vielleicht wären die Erlöse aus den Plattenverkäufen noch höher gewesen, wenn, wie geplant, die anderen drei *Beatles* auch teilgenommen hätten. Erschienen war jedoch nur Ringo. Mehr als entschädigt wurde das Publikum jedoch durch den unangekündigten Auftritt von Bob Dylan. Als George ihn mit den Worten: »Ich habe Ihnen einen Freund von uns allen mitgebracht, Mr. Bob Dylan!« vorstellte, brach ein unbeschreiblicher Jubel los, denn Dylan war in Amerika schon seit Jahren nicht mehr öffentlich in Erscheinung getreten. Neben diesem Überraschungsgast standen u. a. noch Eric Clapton, Billy Preston, Leon Russell, Ringo Starr, Jim Keltner und die Gruppe *Badfinger* auf der Bühne.

Im Jahre 1972 wurde die LP dann noch einmal gewürdigt. George Harrison konnte einen Grammy-

Award für das »Album Of The Year 1972« entgegen-
nehmen.

Für die nächsten fünfzehn Monate wurde es still um
Harrison. Er intensivierte seine indischen Studien und
war, ganz irdisch, als Filmproduzent aktiv (*Little Mal-
com,* Silberner Löwe, Berlinale).

Musikalisch meldete er sich im Mai 1973 mit seiner
neuen Single *Give Me Love/Miss O' Dell* zurück. Die
Reaktionen darauf waren mehr als positiv, so kam die
Platte in England in die Top Ten, und in Amerika gelangte die Single auf Platz 1 in den Charts.

Die folgende LP *Living In The Material World* war
beim Publikum nicht minder erfolgreich (England
Platz 2, USA Platz 1).

Das Aufgebot an Sessionmusikern war wieder einmal beträchtlich: Nicky Hopkins, Gary Wright, Klaus
Voormann, Jim Keltner und Ringo Starr erfüllten zusammen mit George dessen musikalische Visionen
mit Leben.

Georges immer deutlicher zu Tage tretende Neigung, seinen Mitmenschen den aus Indien impor-
tierten Glauben als den allein seligmachenden an-
zutragen, traf allerdings auf Unverständnis und Abnei-
gung. Sein missionarischer Eifer, möglichst viele
Menschen aus der materiellen Welt herauszulösen
und Gott Krishna zuzuführen, wurde in Europa als
seltsam empfunden. In den an Sekten gewöhnten
USA zeigte man sich wesentlich toleranter.

Im Dezember 1974 erschien seine sechste Solo-LP,
*Dark Horse,* die sich jedoch stilistisch kaum vom Vor-
gängeralbum abhob. Harrison präsentierte seinem

Publikum wieder leicht frömmelnde Texte und eine gehörige Portion indischen Mystizismus. Keine der Kompositionen erreichte den Standard von *All Things Must Pass*, und auch die zeitgleich erschienene Single *Ding Dong, Ding Dong/I Don't Care Anymore* wurde wegen der einfallslosen Reime nicht der geplante Weihnachtserfolg. Der einzig nennenswerte Erfolg war der vierte Platz in den amerikanischen Charts.

Seine nächste LP *Extra Texture – Read All About It* sollte eigentlich auf Harrisons neugegründetem Label Dark Horse veröffentlicht werden. Doch wieder einmal holte einen der ehemaligen *Beatles* seine Apple-Vergangenheit ein. Vertragliche Schwierigkeiten führten zu einer weiteren LP auf dem Apple-Label.

War *Dark Horse* schon kein großer Erfolg, so sollte es dem neuen Album noch schlechter ergehen. Die vorab ausgekoppelte Single erreichte nicht einmal die Hitparade, und die LP kam über den zwanzigsten Platz in England nicht hinaus. Die Aufnahmen fanden in den A&M Studios in Los Angeles statt, und Harrison griff wieder einmal auf seine altbewährten Musikerfreunde Keltner, Preston, Voormann und Wright zurück. Da George dringend einen finanziellen Erfolg brauchte, bemühte er sich, kommerziellere Songs zu schreiben als auf den beiden letzten LPs. Auch war er gut beraten, seine religiösen Überzeugungen vor der Studiotür abzulegen, um so die breiten Käuferschichten nicht erneut abzuschrecken.

In vielen seiner neuen Songs fällt die häufig und betonte Verwendung des Wortes »You« auf. Dieses

»You« galt wahrscheinlich seiner Frau Pattie, die sich nur wenige Wochen vor Aufnahmebeginn von George getrennt hatte, um mit seinem Freund Eric Clapton zusammenzuleben.

Im November 1976 kamen dann fast zeitgleich zwei Alben von Harrison auf den Markt. Seine neue LP *Thirty Three And 1/3* und eine Kopplung der EMI, betitelt *The Best Of George Harrison.* Hier gab es auf der A-Seite Georges alte *Beatles*-Hits und auf der B-Seite einen kleinen Abriß seiner populärsten Solokompositionen zu hören. Eine etwas halbherzige Veröffentlichung, erwartete man doch nicht unbedingt eine halbe »*Best Of Beatles*«-Platte.

Auf der richtig neuen Harrison-Platte, *Thirty Three And 1/3,* war zumindest musikalisch Georges Loslösung von fernöstlicher Religion zu bemerken. Ansonsten gab es einige nette Songs, aber nichts, was überrascht hätte.

Man konnte sich des Eindrucks nicht erwehren, daß für Harrison die kommerzielle Seite seines musikalischen Lebens nur noch eine Nebenrolle einnahm. Er zog sich aus der Öffentlichkeit zurück, und nur wenig Spektakuläres gibt es aus den nächsten zwei Jahren zu berichten. Seine Ehe mit Pattie wurde geschieden, er heiratete erneut, und im August wurde sein Sohn Dhani geboren. George intensivierte eines seiner großen Hobbys, das Gärtnern.

Im Februar 1979 meldete er sich musikalisch mit der selbstbetitelten LP *George Harrison* zurück. Hier widmete er sich seiner neuen Leidenschaft, dem Formel-1-Rennsport, und ursprünglich hatte das Album den Titel *Faster* bekommen sollen. Den gleichnamigen Song komponierte er auf Anregung seiner

Freunde Jackie Stewart und Niki Lauda und widmete es dem »Entire Formula One Circus« im Gedenken an den tödlich verunglückten Rennfahrer Ronnie Peterson. *Blow Away* wurde mit Erfolg als Single veröffentlicht, und *Not Guilty* stammt aus *Sgt.-Pepper-*Zeiten.

Neben Andy Newmark, Willie Weeks, Ray Cooper und Steve Winwood spielt auch sein alter Freund Eric Clapton mit, der damalige Mann seiner Ex-Frau. Alles in allem könnte man das Album als Veröffentlichung eines Mannes betrachten, der mit sich selbst und der Welt in Frieden lebt. Ein Ex-*Beatle* mit Frau und Kind, der seinen Garten pflegt, schnelle Autos mag und auch noch ein Buch herausgibt. »I Me Mine«, so der Titel, ist laut Harrison keine Biographie. Es enthält unter anderem Reproduktionen von Textentwürfen und Erläuterungen zu Songs, die aus der *Beatles*-Zeit und danach stammen, und eine Reihe unbekannter Photos, alle aus Harrisons Privatbesitz.

In der ersten Hälfte der 80er Jahre war es um Harrison erneut sehr still. Im Juni 1981 erschien zwar seine LP *Somewhere In England,* doch sie war kommerziell ein Flop, wenn das Album auch eine zumindest kurzzeitige Wiedervereinigung der noch lebenden *Beatles* bewirkte. Auf dem Song *All Those Years Ago* spielen George, Ringo und Paul zum erstenmal nach Auflösung der *Beatles* wieder zusammen. Doch nicht einmal das konnte das Album vor dem schnellen Ende in den Ramschkisten der Schallplattenhändler bewahren. Dem Nachfolgealbum *Gone Troppo* (November 1982) erging es nicht viel besser. Nur noch wenige Käufer konnten sich für Harrisons nicht gerade berauschende Kompositionen begeistern. Es folgten fünf Jahre »kreative Schaffenspause«, zumindest im Hinblick auf Plattenveröffentlichungen.

Harrison widmete sich verstärkt seiner Arbeit in der Filmproduktionsgesellschaft Handmade Films, deren Mitinhaber er war. Zusammen mit ehemaligen Mitgliedern der *Monty-Python-Gruppe* produzierte die Firma einige Achtungserfolge, die dem Ansehen der britischen Filmindustrie sicherlich nicht geschadet haben. Harrisons Gitarrenspiel taucht vereinzelt bei Aufnahmen seiner Freunde auf, so gab er Gastauftritte unter anderem auf Veröffentlichungen von Ravi Shankar und Mike Batt.

Im Oktober 1987 erschien *Cloud Nine,* produziert von Jeff Lynne, dem musikalischen Chef des *Electric Light Orchestra.* Selten und schon lange nicht mehr hatten Georges Songs so leicht und befreit geklungen. Auf der LP befanden sich mit *Got My Mind Set On You* und *When We Was Fab* auch Georges größte Single-Erfolge seit den frühen 70ern.

Im Oktober 1988 erschien eine LP ohne Titel von einer neuen Gruppe mit dem Namen *The Traveling Wilburys.* Diese »Newcomer-Band« entstand rein zufällig während der Aufnahmen zu Harrisons letzter LP. Die Brüder Wilbury hatten bei den Aufnahmen des Stückes *Handle With Care* dermaßen viel Spaß miteinander, daß sie beschlossen, es nicht bei diesem einen Song zu belassen. Sie spielten munter drauflos, und fertig war ein Album voller erstklassiger Songs. Die Veröffentlichung wurde weltweit ein Riesenerfolg, und obwohl die *Wilburys* scheinbar wenig Wert darauf legten, ihre wahre Identität zu enthüllen, erkannte man sie natürlich an ihren Gesichtern. Otis Wilbury war niemand anderes als der ELO-Chef Jeff Lynne.

Lucky Wilbury nahm Bob Dylan als sein Pseudonym, und der talentierte Gitarrist Charlie T. Jr. Wilbury war kein geringerer als Tom Petty. Die schmachtende Stimme von Lefty Wilbury gehörte Roy Orbison, und Nelson Wilbury alias George Harrison war der zufällige Gründer dieser Band aus Stars.

Die *Wilburys* hatten vor, den Spaß, den sie im Studio hatten, auch auf den Konzertbühnen dieser Welt zu haben. Doch der Tod Roy Orbisons machte dieses Vorhaben zunichte. Für längere Zeit wurde es ruhig um die Wilburys und um George.

Im Herbst 1989 erschien Harrisons zweite Best-Of-Platte, sie trug den Titel *The Best Of Dark Horse.* Auf dieser LP finden sich nur Songs aus Georges Solokarriere und keinerlei Rückgriffe auf seine *Beatles*-Vergangenheit. Zusätzlich zu den alten Stücken, packte Harrison noch drei neue Kompositionen dazu. Aufgrund der massiven Erfolge von *Cloud Nine* und dem Wilbury-Projekt verkaufte sich diese Kopplung sehr gut.

Fast zeitgleich mit der von Harrison mitinitiierten Benefiz-LP *Nobody's Child – Romanian Angel Appeal* erschien ein neues Album der *Traveling Wilburys:* Vol. 3. Hierfür legten sich die vier neue Wilbury-Identitäten zu. Jeff Lynne hieß jetzt Clayton Wilbury, aus George wurde Spike, und Tom Petty und Bob Dylan legten sich die Namen Muddy und Boo Wilbury zu. Obwohl das Album musikalisch und kompositorisch nicht schwächer als der Vorgänger war, konnte der große Erfolg vom erstenmal nicht wiederholt werden.

1992 kehrte George auf die Bühne zurück. Zusammen mit seinem Freund Eric Clapton und einigen ausgewählten Musikern unternahm er eine zweiwöchige Tournee durch Japan. Ausschnitte aus den Konzerten erschienen im Juli 1992 als Doppel-LP, sinnigerweise mit dem Titel *Live In Japan*. George präsentierte einen Querschnitt seiner Songs aus allen Schaffensperioden. Vom Klassiker *Roll Over Beethoven* über Songs aus der *Revolver*- und *White-Album*-Phase bis hin zu seinen letzten Hits. Diese Tournee sollte eigentlich der Startschuß für eine große Welttour werden, doch wurden die Pläne wieder fallengelassen. Bis heute, im August 1994, gab es kein weiteres musikalisches Lebenszeichen von George Harrison, und es scheint, daß der stille und introvertierte Ex-*Beatle* auf absehbare Zeit nicht vorhat, die Nachfrage seiner Fans nach neuen Veröffentlichungen zu befriedigen.

*Ringo Starr*

Ringo war eigentlich immer der »unterbeschäf-
tigte« *Beatle.* Er komponierte einige Songs, sang ein
wenig und galt in der Öffentlichkeit als charmanter
Spaßvogel. Kritik an seinen scheinbar mangelnden
Fähigkeiten als Sänger und Gelegenheitsschauspie-
ler nahm er meist gelassen hin. So hielt ihn die nicht
gerade überwältigende Reaktion auf sein erstes Soloalbum *Sentimental Journey* nicht davon ab, sich auf
einem weiteren Feld der klassischen amerikanischen
Musik zu versuchen, dem Country und Western. Die
Idee kam ihm während der Aufnahmen zu Georges
LP *All Things Must Pass.* Harrison machte Ringo mit
dem amerikanischen Countrymusiker Pete Drake bekannt. Die beiden verstanden sich auf Anhieb, und
Ringo beauftragte Drake, die Vorbereitungen für Aufnahmen in Nashville zu treffen. Laut Ringo ging alles
völlig unproblematisch und schnell über die Bühne.

»Ich flog nach Nashville und hörte mir drei Tage
lang nur Countrysongs an und sagte Pete, welche mir
davon am besten gefielen. Am Donnerstag habe ich
fünf Stücke eingeübt, die haben wir dann in der gleichen Nacht noch aufgenommen. Die übrigen Songs
produzierten wir Freitag und Samtag, unter anderem
auch meine Komposition *Coochy Coochy,* die als
B-Seite der Single *Beaucoups Of Blues* herauskam. In
den drei Tagen in Nashville habe ich Material für
zwei LPs aufgenommen. Erschienen ist davon jedoch
nur die Hälfte. Bei sämtlichen Titeln stammt das
Schlagzeug von mir, auf *Coochy Coochy* spiele ich
auch noch Gitarre.«

Überflüssig zu sagen, daß die übrige Besetzung

Countryprominenz war: Jim Buchanan, Roy Huskey, Charly Daniels, Charlie McCoy und die *Jordanaires*, um nur einige zu nennen. Das Album erschien im September 1970, wurde aber kein großer Erfolg. Mit ca. 500 000 verkauften Exemplaren reichte es in den Staaten nur für eine kurzzeitige Plazierung in den Top Twenty. Doch im Gegensatz zur ersten Solo-LP hielt sich die negative Kritik für *Beaucoups Of Blues* in Grenzen.

Seinen ersten großen Soloerfolg konnte Ringo dann im Jahre 1971 feiern. Im April erschien die Single *It Don't Come Easy/Early 1970.* Beide Songs waren Kompositionen von Ringo, wobei ihm George Harrison bei *It Don't Come Easy* geholfen hatte, ohne als Co-Autor genannt werden zu wollen. Das unkomplizierte Stück erinnerte sehr stark an die *Beatles*, und auch die Musiker stammten alle aus dem alten Umfeld: Klaus Voormann, Eric Clapton und George Harrison, der auch produzierte. Für die Single gab es zum erstenmal Gold für Ringo als Solointerpreten und Top Five-Plazierungen in England, Deutschland und den USA.

Nach dem Auseinanderbrechen der *Beatles* stellte sich immer mehr Ringos Ohr für kommerzielle Kompositionen heraus, die ihn zwar nicht als glänzenden Sänger zeigten, ihm jedoch zu respektablen Hitparadenerfolgen verhalfen. Seine nächste Single *Back Off Boogaloo/Blindman* entstand in Zusammenarbeit mit dem damaligen englischen Teenie-Idol und Chef der Gruppe *T. Rex*, Marc Bolan. Bolan war als Sessionmusiker an den Aufnahmen beteiligt, und sein musikalischer Einfluß war unüberhörbar. Ringo revanchierte sich für die Hilfe mit dem Film *Born To Boo-*

*gie,* in dessen Mittelpunkt sein Freund Marc Bolan stand. Die B-Seite *Blindman* war der Titelsong eines Films, in dem Ringo die Hauptrolle spielte. Die Produktion dieses Songs übernahmen Klaus Voormann und Ringo selbst. Die A-Seite lag in den bewährten Händen von George Harrison. *Back Off Boogaloo* erreichte in den Staaten einen neunten Platz, und in England gelangte die Single, wohl auch wegen der Mitwirkung von Bolan, bis auf Platz 2.

Im Oktober 1973 gelangte Ringo mit *Photograph* zum erstenmal auf Platz 1 (USA), auf der B-Seite war *Down And Out.* Bei beiden Stücken wirkte wieder George Harrison mit, der den Song zusammen mit Ringo auch komponierte.

Die Single sollte aber nur der Vorgeschmack auf Größeres sein. Drei Wochen später erschien das Album *Ringo,* das den Untertitel *Duit On Mon Dei* trug. Unter den Begleitmusikern fanden sich alle drei anderen *Beatles,* wenn sie auch nie alle gleichzeitig an einem Song beteiligt waren. Paul McCartney ließ es sich nicht nehmen – er durfte wegen eines Rauschgiftdelikts nicht in die Staaten einreisen –, zumindest Playbackbänder zu schicken. Doch spielten die Ex-*Beatles* nicht nur mit, sie stellten Ringo auch eigene Kompositionen zur Verfügung. John Lennon überließ Ringo *I'm The Greatest,* Harrison war mit *Sunshine Me For Life* vertreten und war Co-Autor der Vorabsingle *Photograph.* Linda und Paul McCartney schickten den Song *Six O'Clock.* Weitere Musiker waren Marc Bolan, Billy Preston, Harry Nilsson, Steve Cropper und Tom Scott. Auch optisch hatte Ringos dritte Platte einiges zu bieten. Verpackt war das Album in ein Klappcover, und dazu gab es ein 24seitiges Heft, das zu jedem Songtext eine thematisch passende Radierung von Klaus Voormann liefert. Die LP wurde mit Platz 2 der US-LP-Charts seine bis dahin erfolgreichste. In England kam das Album bis auf Platz 6, und schon bald waren über eine Million Exemplare abgesetzt. Selbst für einen zweiten Single-Hit in Amerika reichte es. Am 26. Januar 1974 stand die Auskopplung *You're Sixteen/Devil Woman* an der Spitze der amerikanischen Charts.

Fast ein Jahr später, im November 1974, erschien das Album *Goodnight Vienna,* auf dem Ringo das erfolgreiche Konzept des Vorgängeralbums fortsetzte. Doch trotz eines erneuten Staraufgebots, des gleichen Produzenten wie bei *Ringo* (Richard Perry) und neuen Kompositionen von u. a. John Lennon, Harry Nilsson und Elton John gelang es nicht, den Erfolg zu wiederholen.

Der Grund für den schlechten Absatz der LP lag vielleicht darin, daß dem Publikum die Mischung schon zu vertraut war, um noch stimulierend zu wirken. Trotz des Mitwirkens von John Lennon, Dr. John, Billy Preston, Robbie Robertson, Elton John und Harry Nilsson langte es nur zu einem mageren achten Platz in den amerikanischen Charts, mager freilich nur im Hinblick auf den Aufwand, der betrieben wurde.

Neues Material von Ringo erschien dann erst wieder im September 1976. Im Jahr zuvor hatte man sich damit begnügt, eine Greatest-Hits-Sammlung, die von Ringo selbst zusammengestellt worden war, zu veröffentlichen: *Blast From Your Past* war der Titel der rechtzeitig vor Weihnachten erschienenen Kopplung.

*Ringos Rotogravure,* so der Titel des neuen Albums, war wieder von gleicher Machart wie *Ringo* und *Goodnight Vienna.* Wieder waren die anderen drei

*Beatles* mit von der Partie: John Lennon schrieb *Cookin'* (In The Kitchen Of Love), Paul McCartney *Pure Gold* und George Harrison *I'll Still Love You*. Eric Clapton steuerte seine Komposition *This Be Called A Song* bei. Neben Clapton wirkten auch noch Jim Keltner, Peter Frampton und Klaus Voormann mit.

Die LP wurde weder in England noch in den USA in den Top Twenty notiert. Erwähnenswert ist allenfalls die nette Idee, auf der Rückseite des Klappcovers die Tür des Apple-Studios in der Savile Row Nr. 3 abzubilden. *Beatles*-Fans aus allen Ländern haben sich hier – durch die Abbildung auf der Hülle – verewigt, denn die Tür selbst wurde vor einigen Jahren mit schwarzer Farbe überstrichen.

Sein nächstes Album *Ringo The 4th,* veröffentlicht im September 1977, war die erste LP, die er ohne die Hilfe seiner früheren *Beatles*-Kollegen einspielte. Obwohl die LP noch weniger Erfolg hatte als die letzten beiden Alben, war sie doch nicht seine schlechteste.

Gleiches kann man auch vom nächsten Album *Bad Boy* sagen (nicht identisch mit dem von den *Beatles* 1965 aufgenommenen gleichnamigen Stück), das im Mai 1978 erschien. Nur zwei Songs schrieb Ringo – zusammen mit Vini Poncia – selbst. Der Rest der Titel bestand aus Coverversionen mehr oder weniger bekannter Klassiker der schwarzen Musik. Ringos Plattenfirma war mit seiner mangelnden Kooperation in Sachen Promotion überhaupt nicht einverstanden.

Kommentar seiner Plattenfirma: »Wir können noch so viel Promotion machen: Wenn Herr Starr sich nicht blicken läßt, keine Fernsehauftritte macht, obwohl die Gagen sogar für ihn annehmbar wären, dann können wir kaum mehr erreichen.«

Als Konsequenz wurde der Vertrag mit Ringo von Seiten der Firma aufgelöst, wie immer in solchen Fällen in »beiderseitigem Einvernehmen«, denn von den sieben LPs, die in fünf Jahren laut Vertrag erscheinen sollten, waren bisher nur drei abgeliefert worden, und die restlichen vier hätten nicht mehr rechtzeitig herausgebracht werden können.

1980 soll Ringo Starr einen Plattenvertrag mit dem amerikanischen Unterhaltungsgiganten CBS (heute SONY) abgeschlossen haben, Aufnahmen mit ihm erschienen jedoch bis zum Jahresende keine. Einige Male wirkte er als Schlagzeuger auf diversen LPs mit, so z. B. auf *Troublemaker* (1979) von Ian McLagan und auf *Flash Harry* (1980) von Harry Nilsson. Jahrelang also nichts Neues mehr von Ringo, und auch die großen Zeiträume zwischen den Plattenaufnahmen lassen vermuten, daß die Musik für ihn nur noch eine Nebentätigkeit ist. Der Film entdeckte ihn. Ringo, der ein ausgesprochen komisches Talent hat, drehte seit Anfang der 70er Jahre einen abendfüllenden Spielfilm nach dem anderen, vom rockmusikalischen Undergroundstreifen *200 Motels* (1971) mit Frank Zappa bis hin zur »bissigen« Filmsatire *Son Of Dracula* (1974) mit seinem Freund Harry Nilsson.

Sein erster eigener Film war die schon erwähnte Dokumentation über Leben und Musik von Marc Bolan und *T. Rex* (1972). In einem weiteren Musikfilm (*Lisztomania*, 1975) übernahm er die Rolle des Papstes. Sein Streifen *Caveman*, bei dessen Dreharbeiten er seine zweite Frau, Barbara Bach, kennenlernte, entstand 1980 in Mexico und spielt unter den Höhlenbewohnern der Steinzeit; der Film war auch bei uns zu sehen. Ringo als keulenschwingender, wildbärtiger Steinzeitler war sein Eintrittsgeld wert. 1983 spielte er in *Princess Daisy*, der aber nicht in die deutschen Kinos gelangte. Kein großer Verlust, war die Handlung doch geradezu hanebüchen und die Auftritte von Ringo Starr und Barbara Bach eher schlecht und zum Glück kurz. Wesentlich besser schauspielerten die Eheleute in dem McCartney-Film *Give My Regards To Broad Street.*

Die beiden Alben, die Ringo 1981 und 1983 ablieferte, waren unter dem Durchschnitt. *Stop And Smell The Roses* wurde als »schlechteste LP des Jahres« ausgezeichnet, und *Old Wave* erschien nur in Kanada und Deutschland.

Im Herbst 1989 erschien dann bei der amerikanischen Firma Ryko Disc das Album *Starr Struck*, doch wer auf neue Songs hoffte, wurde enttäuscht. Lautete der vollständige Titel doch *The Best Of Ringo Starr Vol. 2.* In den Jahren 1983 bis 1989 gab es nur vereinzelt musikalische Aktionen von Ringo. Einer der Höhepunkte war sicherlich sein Beitrag zu der von dem amerikanischen Produzenten Hal Wilner zusammengestellten Hommage-LP *Stay Awake*, die Melodien aus Disney-Filmklassikern versammelte: *When You Wish Upon A Star.*

Im Sommer 1990 erschien das Album *Ringo Starr and his All-Starr-Band.* Zumindestens in Deutschland wurde die CD – wahrscheinlich ahnte die Plattenfirma die mangelnde Kaufbereitschaft des Publikums bereits – sofort mit dem Erscheinen als sogenannte Mid-Price CD verkauft.

Im Mai 1992 erschien dann eine neue Platte von Ringo: *Time Takes Time.* Leider ging dieses neue Werk genau denselben Weg wie die vorherigen Produktionen: wenig Verkäufe und kaum Resonanz bei den Medien.

Im Herbst 1993 kam es dann zu einer Neuauflage der *All-Starr Band.* Zusammen mit alten Freunden und »Trinkkumpanen« gab Ringo, der mittlerweile dem Alkohol entsagt hat, wieder Konzerte. Eines davon wurde für das Album *Live In Montreux* mitgeschnitten. Auf der Bühne standen, wenn man es zynisch sehen will, Stars, die ihre beste Zeit schon hinter sich haben. Sieht man es positiv, spielten nicht mehr ganz so junge Männer ihre großen Hits, immer jedoch mit einem zwinkernden Auge. Neben Ringos Hits gab es auch Songs der beiden ehemaligen (und jetzt wieder) *Eagles* Joe Walsh und Timothy B. Schmidt. Todd Rundgren, der einst mit seiner Band *Utopia* die wunderbare LP-Hommage an die *Beatles Deface The Music* einspielte, gab *Black Maria* zum besten, Burton Cummings ließ seine *American Woman* wieder aufleben, und Englands Pub-Rockstar Dave Edmunds spielte seinen großen Hit *Girls Talk.* Dennoch, wieder einmal war die Resonanz auf eine neue Veröffentlichung von Ringo Starr mehr als bescheiden. Das englische Musikmagazin Q beschrieb in einer Kritik der Platte die Atmosphäre und Ausstrahlung der Musiker mit den Worten: »Too Proud To Retire« (zu stolz, um sich in den Ruhestand zu begeben). Durchaus doppeldeutig zu verstehen. Im gleichen Magazin sagte Ringo in einem Interview zur ersten All-Starr-Liveplatte: »Weißt du, ich muß nichts mehr beweisen. Ich bin der beste Rock 'n' Roll-Schlagzeuger der Welt. Was soll ich sonst tun.«

Betrachtet man den musikalischen Gehalt seiner Veröffentlichungen aus den letzten zehn Jahren, könnte man ihm raten, ab und zu eine neue Party-platte ohne Ambitionen mit seinen All-Starrs einzu-spielen und sich ansonsten wieder der Schauspiele-rei zuzuwenden. Ohne Zweifel, Ringo is the Greatest, und wie sagte er doch so schön auf all die Kritik an seinem allerersten Soloalbum: »Aber ich war zufrie-den, und meine Mutter war auch zufrieden, was sehr wichtig für mich ist.«

To WOLFGANG:
all the best!
Paul McCartney

*Paul McCartney*

Fast zehn Monate waren seit seiner Trennung von den *Beatles* vergangen, eine Zeit, in der Paul sich mehr seiner Familie als der Musik gewidmet hatte, und nun erschien ohne jede Vorankündigung seine erste Solosingle *Another Day/Oh Woman Oh Why.* Sie war gleichzeitig auch das erste Gemeinschaftswerk von Paul und Linda McCartney. Anfangs gab es noch einige Probleme, da Northern Songs sich nicht so recht vorstellen konnte, daß aus einer Photoreporterin plötzlich eine Songschreiberin wurde. Doch Pauls Anwälte »überzeugten« den Verlag, und die Platte konnte erscheinen. Erfolgreich, versteht sich: Ein erster Platz, wenn auch nur für eine Woche, in England und Platz fünf in Amerika war die »Ausbeute« von Pauls Comeback.

Im Mai 1971 wurde Pauls zweite Solo-LP veröffentlicht. Obwohl er sie gerne auf seinem neuen Label McCartney Productions herausbringen wollte, erschien das Album aus juristischen Gründen wieder auf Apple. Die Aufnahmen fanden in New York und Hollywood statt, und Paul griff auf amerikanische Studiomusiker zurück, unter ihnen Dave Spinoza, Hugh McCracken und Denny Seiwell. Linda McCartney versuchte sich an Orgel, Baß und Schlagzeug. Seine *Beatles*-Kollegen ließen an *Ram,* so der Titel, kaum ein gutes Haar. Ringo: »Offen gesagt, ich bin von dieser LP etwas enttäuscht ... *Ram* ist nur eine Aneinanderreihung von technischen Tricks. Paul will doch vom *Beatles*-Image loskommen. Wenn er aber weiterhin nur solche Durchschnittssongs schreibt, dann wird er nicht das *Beatles*-Image, sondern nur sein eigenes zerstören.«

Noch drastischer war Johns Kommentar: »Ich habe mir *Ram* einige Male angehört. Beim erstenmal dachte ich, zur Hölle mit dem Ding, es war schrecklich. Aber dann beim zweitenmal hörte ich ein wenig genauer hin, und da gefiel es mir schon besser. Mir gefallen ein paar Einzelheiten darauf, so z.B. ein Stück von My Dog, *It's Got Three Legs* oder so ähnlich, und die Einleitung zu *Ram On* und *Uncle Albert*. Nicht auszuhalten ist der zweite Track auf Seite … aber ich meine, das spielt ja letztlich keine Rolle. Im großen und ganzen glaube ich, daß sein erstes Album irgendwie besser war. Wenigstens waren da ein paar gute Songs drauf. Ich mag nicht diesen tröpfelnden ›Pop-Oper-Jazz‹, ich mag Pop-Platten, die Pop-Platten sind. Ich weiß, daß Paul und Linda es selbst nicht mochten.«

Pauls Verhalten, so sein gerichtliches Vorgehen gegen frühere Freunde, ging den englischen Fans gegen den Strich und kostete ihn viele Sympathien. Selbst Ringo, sonst nicht leicht aus der Ruhe zu bringen, meinte dazu: »Paul benimmt sich wie ein schlecht erzogenes Kind.«

Dem Erfolg der Platte tat das alles jedoch keinen Abbruch. Für drei Wochen der erste Platz in England und Platz 2 in Amerika zeigten, daß es noch genügend McCartney-Fans gab, die ihrem Idol den Bruch mit den *Beatles* verziehen hatten.

Paul, der an das Leben innerhalb einer Musikgruppe gewöhnt war, erschien sein Solistendasein auf die Dauer zu eintönig. Gleichzeitig wollte er auch nicht auf Live-Auftritte verzichten, und so trug er sich seit längerem mit dem Gedanken, eine neue Band zu formieren. Im August 1971 wurde die Gründung der

*Wings* bekanntgegeben. Neben Paul und Linda gehörten der amerikanische Schlagzeuger Denny Seiwell und der Ex-*Moody-Blues*-Gitarrist Denny Laine zur Gruppe.

Die *Wings* waren zu Beginn kaum mehr als eine Band von Sidemen, also unterstützenden Musikern, ohne die die »One Man Plus One Woman Show« der McCartneys nicht ablaufen konnte. Zur Vorstellung seiner neuen Band gab Paul am 8. November 1971 in London ein rauschendes Fest. Leider gab der Start der ersten *Wings*-LP *Wild Life* keinen Anlaß zu einem ähnlichen Ereignis. Die Fachjournalisten ergingen sich in harschester Kritik: Von »hastig zusammengehauen« bis »überzogener Werbeaufwand« reichte die Palette der geringschätzigen Formulierungen. Ein denkbar schlechter Start für die *Wings*, und zum erstenmal deckten sich bei einer McCartney-Produktion Kritiker- und Käufermeinung. Der Absatz war mäßig, und mehr als ein zehnter Platz in den Staaten und Platz 13 in England sprang bei dieser ersten *Wings*-Veröffentlichung nicht heraus.

In all den Jahren seiner *Beatles*-Zugehörigkeit hatte es nie eine grundlegende politische Stellungnahme von Paul in der Öffentlichkeit gegeben, und er galt daher auch immer als der unpolitische *Beatle*. In den ersten Wochen des Jahres 1972 veranlaßten ihn jedoch die Vorgänge in Nordirland, am sogenannten »Bloody Sunday« (an dem 13 Demonstranten von Fallschirmjägern getötet wurden), einen persönlichen Kommentar in Form eines Songs abzugeben. Am 25. Februar erschien die Single *Give Ireland Back To The Irish,* und was zuvor bereits John Lennon mit *Power To The People* widerfahren war, passierte diesmal auch ihm. Die BBC verbannte die A-Seite aus ihren Musiksendungen. Da nicht alle Engländer Pauls Meinung teilten, verwunderte es auch nicht, daß es zu mehr als einem achtzehnten Platz in den englischen Charts nicht gereicht hat.

Die nächste Single *Mary Had A Little Lamb* erschien im Mai 1972 und wurde, obwohl Paul den Song schon Mitte 1971 geschrieben hatte, als seine Reaktion auf den Bann der BBC verstanden. Der Song ähnelt einem Kindervers mit Banjo- und Gitarrenbegleitung, er war kommerziell zwar erfolgreich, wurde aber von der Kritik zerpflückt.

Das Jahr 1972 beendete Paul kurz vor Weihnachten mit seiner dritten Single *Hi Hi Hi/C Moon*. Die A-Seite wurde wegen der angeblichen Aufforderung zum Drogenkonsum von der BBC auf ihre schwarze Liste gesetzt, und ganz unabhängig davon fand die vom Reggae beeinflußte B-Seite mehr Freunde unter den Plattenkäufern und erreichte den fünften Platz in den Charts.

1972 scheint Pauls Singlejahr gewesen zu sein, mit relativ guten Verkäufen blieb er im Gespräch, ohne jedoch etwas wirklich Bewegendes veröffentlicht zu haben.

Im März 1973 erschien als Appetithappen auf die kommende LP *Red Rose Speedway* die Single *My Love/The Mess*. Die A-Seite – vier Wochen lang Nr. 1 in den USA – stammte unverkennbar aus der gleichen Schublade wie *The Long And Winding Road*, eine sentimentale Ballade voll schwelgender, süßlicher Geigenklänge. Die B-Seite *The Mess* war während der ersten *Wings*-Europatournee live mitgeschnitten worden und bewies einmal mehr Pauls

Rockqualitäten. Die wenige Wochen darauf erschienene LP, für die er die *Wings* um den Gitarristen Henry McCullough verstärkte, präsentierte die gesamte Palette von Pauls musikalischen Fähigkeiten und war drei Wochen lang an der Spitze der amerikanischen Charts zu finden. Die LP steckte in einem sehr aufwendigen Klappcover und enthielt eine Reihe von Photos, die von Linda während der *Wings*-Europatournee aufgenommen worden waren. Einige der Bilder auf dem Innencover stammen von dem renommierten Maler Eduardo Paolozzi, der zwölf Jahre zuvor Kunstprofessor eines gewissen Stuart Sutcliffe gewesen war. Spätestens mit dieser LP und der vorangegangenen Single hatte sich Paul McCartney von den Tiefschlägen zu Beginn seiner Solokarriere erholt. Zeit für neue Aufgaben. Schon in der Vergangenheit hatte Paul einige Filmmusiken für kleinere, unspektakuläre Stoffe komponiert. Diesmal war die Herausforderung eine größere.

Paul wurde angetragen, die Titelmusik für den neuen James-Bond-Film *Live And Let Die* (leben und sterben lassen) zu schreiben. Bislang hatte John Barry die Musik für die Bond-Filme geschrieben. Paul löste die ihm gestellte Aufgabe unter Mithilfe von George Martin, auf dessen Erfahrung als Arrangeur er nicht verzichten wollte, mit Bravour. Die im Juni 1973 veröffentlichte Single *Live And Let Die/I Lie Around* wurde zu einem großen persönlichen Erfolg für Paul. Sie brachte ihm einen zweiten Platz in den USA ein, einen neunten in England und sogar eine Oscar-Nominierung für die beste Filmmusik des Jahres. Der Song trug viel dazu bei, das negative Image, das er sich durch das nicht immer freundliche Verhalten gegenüber den drei anderen Ex-*Beatles* erworben hatte, zu korrigieren.

Bevor er mit den *Wings* seine zweite LP *Band On The Run* veröffentlichte, erschien noch im Herbst die Single *Helen Wheels/Country Dreamer.* Die Hitparadennotierungen wurden der Qualität beider Songs nicht gerecht. In Amerika reichte es nur für Rang zehn, in der Heimat sogar nur für Platz zwölf. Konkurrenz in den Charts machte ihm unter anderem ein ehemaliger Kollege. Ringos *Photograph* erschien zur gleichen Zeit und plazierte sich ganz oben in den Charts.

Mit *Band On The Run,* veröffentlicht kurz vor Weihnachten 1973, knüpfte Paul endgültig an die Erfolge der *Beatles* an. Selten waren Kritiker und Konsumenten sich so einig wie in diesem Fall: *Band On The Run* war unbestritten das bis dahin beste Werk, das Paul abgeliefert hatte, obwohl die Produktion mit einigen Schwierigkeiten verbunden gewesen war.

Kurz vor Beginn der Aufnahmen hatten Henry Mc-Cullough und Denny Seiwell die *Wings* verlassen, und um das Projekt nicht platzen zu lassen, mußten Paul, Linda und Denny Laine die fehlenden Instrumente selbst spielen. Aus Kostengründen nahm man an einem für Rockproduktionen, ungewöhnlichen Ort auf – in Lagos, Nigeria.

Begonnen hatten die Sessions im Studio des ehemaligen *Cream*-Schlagzeugers Ginger Baker, der sich einige Zeit zuvor dort niedergelassen hatte. Später wechselte man in die EMI-Studios am gleichen Ort über. Trotz der großen nervlichen Belastung und trotz des Zeitdrucks gelang Paul sein bisher größter Wurf. Sechs Wochen die Nummer 1 in England und vier Wochen in den Staaten, dazu noch eine

Grammy-Auszeichnung. Kein Zweifel, Paul befand sich wieder auf dem Gipfel des Erfolges. Eine der ausgekoppelten Singles *Band On The Run/Zoo Gang* wurde folglich auch zu seiner bis dahin erfolgreichsten. Sie wurde Nummer 1 in England und Amerika und verkaufte weltweit mehr als sechs Millionen Exemplare.

1974 gelang es Paul, die *Wings* wieder zu verstärken. Der Gitarrist Jimmy McCulloch und der Schlagzeuger Geoff Britton stießen zur Band. Erstes musikalisches Resultat dieser neuen *Wings*-Formation war die im Oktober 1974 veröffentlichte und vor allem in Amerika erfolgreiche Single *Junior's Farm/Sally G.*

In den Monaten nach dem Erscheinen dieser Platte hielt sich Paul mit seiner Frau, den drei Kindern und seiner Gruppe lange Zeit in Nashville auf. Man übte neue Songs für eine Tournee ein und ließ sich von der Atmosphäre der Country & Western-Metropole inspirieren.

Für die Aufnahmen zu ihrer nächsten LP *Venus And Mars* ging die Gruppe in ein weiteres Mekka der amerikanischen Musik, nach New Orleans. Dort, und zum Teil auch in Los Angeles, entstand die schon kurz nach ihrer Veröffentlichung kommerziell erfolgreichste LP von Paul. Als Sessionschlagzeuger engagierte er den Amerikaner Joe English, der im Anschluß an die Aufnahmen nach und nach Geoff Brittons Platz bei den *Wings* einnahm. In der Besetzung Joe English, Denny Laine, Jimmy McCulloch, Linda und Paul McCartney entwickelten die *Wings* zum erstenmal so etwas wie einen Gruppengeist und gewannen mehr und mehr an Profil als eigenständige Band.

Bei den Sessions in New Orleans unterstützte die Musikerlegende Allan Toussaint, der unzählige Louisiana-Klassiker komponiert hatte, die *Wings* am Piano, in Los Angeles nahmen noch der Saxophonist Tom Scott und der Gitarrist Dave Mason teil.

Speziell für dieses Album legte die amerikanische Plattenfirma Capitol, bei der Paul inzwischen einen hochdotierten, langfristigen Vertrag unterschrieben hatte, ihr altes Logo, den verschlungenen Capitol-Schriftzug aus den 40er Jahren, wieder auf.

Das Album *Venus And Mars* stand in England sieben Wochen auf Platz 1 und in den USA eine Woche (und fünf Wochen auf Platz 2).

Das nächste Album, *Wings At The Speed Of Sound,* war der nicht geglückte Versuch, allen Bandmitgliedern mehr eigenen musikalischen Raum zu lassen. Ehefrau Linda sang erstmals auf einer McCartney- bzw. *Wings*-LP (*Cook Of The House*), Jimmy McCulloch schrieb gemeinsam mit Collin Allen einen Titel (*Wino Junk*), den er auch sang, und erstmals steuerte Denny Laine eine Eigenkomposition bei: *Time To Hide.* Außerdem sang Laine den McCartney-Titel *The Note You Never Wrote.* Selbst Schlagzeuger Joe English wurde eine McCartney-Komposition überlassen: *Must Do Something About It.*

Nicht wenige sprachen davon, daß McCartney auf Druck der anderen Bandmitglieder erstmals nicht alleine im Vordergrund stand. Andere sprachen die Idee McCartney selbst zu. Erfolgreich war nur der Song *Silly Love Songs,* der in England Platz 2 schaffte. Die LP erreichte – trotz böser Kritiken – ebenfalls den zweiten Platz und hielt sich 13 Wochen in Englands Top Ten.

Im Mai des Jahres 1976 begaben sich die *Wings* auf eine achtwöchige Amerika-Tournee, bei der sie frenetisch gefeiert wurden. Waren zu Beginn ihrer Karriere die Auftritte der Gruppe als zum Teil katastrophal zu bezeichnen, so konnten sich Paul McCartney und die *Wings* während dieser US-Tour an Perfektion und Spielfreude kaum übertreffen, nachzuhören auf der Triple-LP *Wings Over America*, die im Dezember 1976 veröffentlicht wurde. In seiner Heimat England langte es zwar nur für einen bescheidenen zwanzigsten Platz, doch in den USA war das Album wochenlang auf den vordersten Plätzen zu finden. Nur zehn Tage nach Erscheinen gab es bereits eine Platinauszeichnung für Paul und seine *Wings*.

Nach den Aufnahmen zu der 78er LP *London Town*, die u. a. in den Abbey Road Studios und auf einer Yacht stattfanden,verließen Jimmy McCulloch und Joe English die *Wings*. Auf dem Cover sind dann auch nur Paul, Linda und Denny Laine abgebildet.

Die LP wurde mit großem Presseaufwand angekündigt, verkaufte sich aber längst nicht so gut wie *Wings Over America*. Der Versuch, durch das Hinzupacken der später erschienen Single *Mull Of Kintyre* einen zusätzlichen Kaufanreiz zu bieten, war ebenfalls nicht von Erfolg gekrönt. Die Singleauskopplungen *London Town* und *With A Little Luck* verkauften sich besser, was vielleicht auf den Riesenerfolg der Single *Mull Of Kintyre* zurückzuführen ist, die schon vorher erschienen war.

In Amerika wurde *Girl's School* als Single ausgekoppelt, mit nur mäßigem Erfolg. Den Grund sah Paul in einer mangelhaften Promotionarbeit von Capitol, was für ihn zum auslösenden Moment wurde, den

Vertrag mit Capitol zu lösen und sich ab 1979 in den USA und Kanada an die CBS zu binden.

Rechtzeitig vor Weihnachten erschien dann die LP *Wings Greatest* (November 1978). Auf ihr waren seine größten Hits versammelt, von *Another Day*, seiner ersten Single, bis zu seinem damals neuesten Song *Mull Of Kintyre*. Die Verkaufszahlen für diese Greatest-Hits-LP waren aber unbefriedigend, gab es doch mit *Wings Over America* eine wesentlich stimmungsvollere und umfangreichere Sammlung seiner besten Titel.

Spätestens seit dem Film *Saturday Night Fever* hatte Discomusic einen nicht unwesentlichen Anteil beim Verkauf von Tonträgern, und auch Paul konnte der Versuchung nicht widerstehen, einen auf einem Reggae-Groove basierenden, discothekentauglichen Titel aufzunehmen. Im April 1979 erschien die Single (und Maxi-Single) *Goodnight Tonight*. Ob McCartney wirklich vom Discovirus angesteckt war oder sich nur an einem aktuellen Trend beteiligen wollte, ist nicht ganz klar. Vielleicht wollte er aber auch nur beweisen, daß es keine musikalische Stilrichtung gab, für die er nicht ein halbwegs akzeptables Stück Musik schreiben konnte. Wie dem auch sei, es blieb sein einziger Ausflug in die Discowelt, und so richtig abgenommen hat das Publikum ihm diesen Versuch wohl auch nicht, die enttäuschenden Verkaufszahlen sprechen für sich.

Mit dem nächsten Album *Back To The Egg* (Juli 1979) gab es die *Wings* dann wieder einmal in neuer Besetzung zu sehen. Außer Paul, Linda und Denny Laine gehörten nun Laurence Juber (Gitarre) und Steve Holly (Schlagzeug) zur Gruppe. Bei zwei Titeln,

*Rockestra Theme* und *So Glad To See You Here*, wirkte eine Rock 'n' Roll-All-Star-Band mit: Dave Gilmour *(Pink Floyd)*, Hank Marvin *(Shadows)*, Pete Townshend, Kenny Jones (beide *Who*), John Bonham *(Led Zeppelin)*, Gary Brooker (Ex-*Procul Harum*) und noch einige andere, weniger berühmte Musiker mit.

Dennoch wurde die zum Teil auf McCartneys Farm in Schottland eingespielte LP kein großer musikalischer Wurf. Kommerziell lief es für die *Wings* in Amerika mal wieder besser als in England. Ein dritter Platz in den amerikanischen Charts und eine Platin-Auszeichnung nach nur wenigen Wochen sprangen heraus.

Am 21. Januar 1980 sollte eine große Japantournee beginnen. Wider Erwarten wurde Pauls Gepäck vom japanischen Zoll einer peinlich genauen Untersuchung unterzogen. Man fand 219 Gramm Marihuana bei ihm. Einige sehr unangenehme Tage mußte er im Polizeigefängnis von Nishi Shimbashi verbringen, bevor man ihn am 22. Januar ohne Geldstrafe, sogar ohne Strafandrohung, auswies. Nach japanischem Recht wäre eine Verurteilung zu fünf Jahren Haft möglich gewesen. Doch da es manchmal hilft, berühmt zu sein, blieb Paul außer einem Fleck auf seiner weißen Weste Schlimmeres erspart.

Im November 1979 gab es dann wieder ein etwas erfreulicheres Ereignis für Paul. Seine Single *Wonderful Christmas Time* erreichte in England die Top Ten. Die B-Seite war eine Reggaeversion des traditionellen Weihnachtsliedes *Rudolph The Red-Nosed Reindeer*. Interessant zu erwähnen: Die *Beatles* intonierten diesen Song 1963 auf ihrer ersten Christmas-Platte für den Fanclub.

Fast auf den Tag genau zehn Jahre nach seiner ersten Solo-LP erschien das Album *McCartney II.* Auf ihm spielte Paul alle Instrumente selbst, und alle Titel wurden von ihm im Alleingang »rückwärts« produziert. Ist es normalerweise üblich, zunächst die Rhythmusinstrumente (Schlagzeug, Baß) aufzunehmen, dann Gitarren, Klavier etc. und zuletzt den Gesangspart, so nahm Paul zuerst den Gesang auf, dann die Melodieinstrumente und erst zum Schluß Baß und Schlagzeug. Eigentlich sollten die Aufnahmen, die an manchen Stellen durchaus noch den Charme von gelungenen Demos haben, gar nicht veröffentlicht werden. »Doch Freunde rieten mir«, so McCartney, »das Material auf Platte rauszubringen«.

Später wurden die Songs *Waterfalls* und *Check My Machine* ausgekoppelt. Doch wie dem Album war auch ihnen ein nur mäßiger Erfolg beschieden.

Anfang 1981 ging Paul wieder ins Studio, um eine neue Platte aufzunehmen. Das Ergebnis erschien im April 1982 in Form des Albums *Tug Of War.* Neben einigen der besseren McCartney-Songs der letzten Jahre wie *Ballroom Dancing* und *The Pound Is Sinking*, enthielt die LP noch das weltweit erfolgreiche Duett mit Stevie Wonder, *Ebony And Ivory.*

Paul begnügte sich nicht mit diesem einen Duett. Zusammen mit Michael Jackson sang er auf dessen Album *Thriller* den Song *The Girl Is Mine.* Jackson hatte nur wenig später Gelegenheit, sich zu revanchieren. Im Oktober 1983 erschien ein neues McCartney-Album mit dem Titel *Pipes Of Peace.* Paul und Michael sangen hier zusammen das Stück *Say, Say, Say.* Die ausgekoppelte Single wurde fast schon selbstverständlich ein weltweiter Erfolg.

Schon lange trug Paul die Idee für ein Drehbuch mit sich herum. 1984 schrieb und produzierte er den Film *Give My Regards To Broad Street*. Er wurde kein großer Erfolg, genauso wie das gleichnamige im Oktober 1984 veröffentlichte Album.

Für die Musik besann sich Paul auf einige seiner *Beatles*-Klassiker, die neben anderen Songs für den Film neu aufgenommen wurden – übrigens mit Ringo Starr am Schlagzeug. Ringo wirkte zusammen mit seiner Frau Barbara Bach auch im Film mit.

1986 folgte die kommerziell erfolglose LP *Press To Play*, bei der Paul mit dem ehemaligen *10CC*-Mitglied Eric Stewart eng zusammenarbeitete. Das Coverphoto wurde von dem durchaus berühmten Hollywoodphotographen der 30er Jahre, George Hurrell, gestaltet. Für die Aufnahme verwendete er seine Lieblingskamera, die er schon über ein halbes Jahrhundert im Einsatz hatte.

Im November 1987 folgte das Doppelalbum *All The Best* mit zwanzig Hits aus seinen Solojahren.

Zwischendurch wirkte McCartney bei einigen Wohltätigkeitsschallplatten mit *(Band Aid, The Crowd, The Anti-Heroin-Project)* und trat beim Band-Aid-Konzert 1985 sogar live auf.

Im Laufe des Sommers 1987 faßte Paul den Plan, eine LP mit Rock 'n' Roll-Titeln speziell für den sowjetischen Markt aufzunehmen. Im Oktober 1988 erschien auf dem russischen Label Melodica die angeblich streng limitierte LP *Choba B CCCP* mit elf Nummern. Wie oft in solchen Fällen kann man sich auch hier des Eindrucks nicht erwehren, daß die Veröffentlichung nicht wirklich limitiert ist. Auf dem europäischen Markt tauchten genügend Exemplare dieser Sonderausgabe auf, um zumindest die echten McCartney-Fans in den Besitz dieser Platte gelangen zu lassen. Ein Sammlerstück ist die LP dennoch, wenn auch in großer Auflage.

Im Juni 1989 erschien wieder eine reguläre Veröffentlichung von Paul. Das Album *Flowers In The Dirt* zeigt einen McCartney, dem es seit langem wieder einmal gelungen ist, ein komplettes Album voller ausgereifter Songs abzuliefern. Bei einigen Songs arbeitete er mit Elvis Costello zusammen, und wie er der englischen Zeitschrift *Q* mitteilte, erinnerte ihn diese Zusammenarbeit sehr an die mit John Lennon. Paul gab dann auch ein Gastspiel auf dem Costello-Album *Spike*.

Im März 1990 veröffentlichte die englische Musikzeitschrift *New Musical Express* die Doppel-LP *The Last Temptation Of Elvis*. Neben Daryl Hall, Bruce Springsteen u. a. ist Paul McCartney darauf mit seiner Version von *It's Now Or Never* vertreten.

Im August 1990 war Paul mit zwei Songs (*Coming Up* und *Hey Jude*) auf der Doppel-LP *Knebworth – The Album* dabei, das bei dem gleichnamigen traditionellen Festival mitgeschnitten worden war.

Nach langen Jahren der Abstinenz ging Paul mit dem Album *Flowers In The Dirt* wieder auf Welttournee – nach über zehn Jahren seine ersten Live-Auftritte. Rund um den Globus waren alle Shows ausverkauft, und er wurde frenetisch gefeiert. Momentaufnahmen dieser Konzertreise, die ihn auch nach Deutschland führte, gibt es auf der im November 1990 erschienen Triple-LP *Tripping The Live Fantastic*. Mit über fünfunddreißig Songs, von alten *Beatles*-Klassikern über die großen Hits der *Wings* bis hin zu den aktuellen Songs, ist hier alles enthalten, und eigentlich stellten diese drei Platten eine umfassende Werkschau McCartneys dar. Für den kleineren Geldbeutel wurde parallel dazu das Album *Highlights! Tripping The Live Fantastic* veröffentlicht. Nun, das war entweder ein sympathischer Zug von Paul oder der Versuch seiner Plattenfirma, diese Aufnahmen so effizient wie möglich auszuwerten.

Im Rahmen der Unplugged-Reihe des Senders MTV gab Paul mit seiner Live-Band ein Konzert. Um seinen Fans den Kauf teurer Bootlegs dieser Fernsehausstrahlung zu ersparen, entschloß er sich, die Aufnahme in einer auf 500 000 Exemplaren limitierten Auflage zu veröffentlichen. Im Mai 1991 erschien dann das Album *Unplugged – The Official Bootleg*, korrekt durchnumeriert.

Zur Freude seiner Fans wurde Anfang Oktober desselben Jahres das Sammlerstück *Choba B CCCP* regulär und für jeden zugänglich veröffentlicht, nicht limitiert und heute noch erhältlich. Konnte man diese letzten beiden Veröffentlichungen noch nachvollziehen, so fällt das bei der Neuauflage seines kompletten Solowerks schon schwerer: Im Frühjahr 1993 wurden alle McCartney-Alben mit einheitlicher Covergestaltung nochmals veröffentlicht. Alle Alben wurden zwar günstiger angeboten als die Originale, doch es ist offensichtlich, daß sowohl Paul als auch seine Plattenfirma durchaus wissen, wie man einen konstanten Einnahmefluß gewährleistet.

1991 hatte auch Pauls *Liverpool Oratorio* Premiere, das erste ernstzunehmende klassische Stück von ihm, das in enger Zusammenarbeit mit Carl Davis entstand. Gespielt wurde es von dem *Royal Liverpool*

*Philharmonic Orchestra* in der Liverpool Anglican Cathedral. Seitdem gab es u. a. auch in New York, Lille und Darmstadt Aufführungen dieses Werkes.

Schon seit 1992 arbeitet Paul an der grandiosen Idee, wenigstens einen Teil seiner Millionen und seiner umfassenden Erfahrung in Nachwuchskünstler zu investieren. Zusammen mit einer internationalen Riege von Künstlern und Organisationen gründete er das Liverpool Institute of Performing Arts (LIPA), eine Art Schule für alle, die künstlerisch oder geschäftlich in der Musikindustrie tätig sein möchten.

Ende 1993 gab es zum erstenmal nach *Flowers In The Dirt* wieder ein Album mit ausschließlich neuen McCartney-Kompositionen: *Off The Ground.* Die Verkäufe waren beachtlich, und mit dem Song *Hope Of Deliverance* hatte Paul einen großen Radiohit.

Dennoch ist nicht zu übersehen und vor allem nicht zu überhören, daß wirklich Überraschendes und Großes wahrscheinlich auch von Paul nicht mehr zu erwarten ist. Aber er muß ja auch nicht unbedingt auf seine alten Tage die Musikwelt noch einmal revolutionieren. Hat er doch oft genug bewiesen, was für ein großartiger Songwriter er ist, und seine Fans danken es ihm bis heute. Am besten ist dies nachzuhören auf seiner bis dato letzten Veröffentlichung, *Paul Is Live.* Wie der Titel vermuten läßt, handelt es sich um einen neuen Konzertmitschnitt, diesmal von seiner großen Amerika- und Australientournee, die er im Zusammenhang mit seinem Album *Off The Ground* unternahm. Vierundzwanzig Songs, teils während des Soundchecks mitgeschnitten, gibt es hier zu hören, und die Hälfte davon sind alte *Beatles*-Klassiker. Auf dem Cover des Albums macht sich Paul rückwirkend noch einmal über all die Gerüchte um seinen vermeintlichen Tod während der Abbey-Road-Zeit lustig. Zu sehen ist das Original Abbey-Road-Cover, nur daß diesmal Paul alleine den Zebrastreifen überquert. Ganz korrekt mit Schuhen an den Füßen, geöffneten Augen und gezogen von einem Bobtail, dessen Leine Paul natürlich in der linken Hand hält. Selbst der alte VW-Käfer steht noch da, nur mit einem etwas anderen Nummernschild ... Keine Frage, Paul is alive (and selling).

# Schlußbetrachtung

Seit sich die *Beatles* getrennt haben, sind immer wieder Gerüchte laut geworden, die von einem erneuten Zusammengehen wissen wollten. Bei der Produktion der LP *Ringo* im Sommer 1973 tauchten diese Gerüchte zum erstenmal auf; was kein Wunder ist, denn alle vier *Beatles* waren mehr oder weniger stark daran beteiligt. Paul soll zu dieser Zeit geäußert haben, nur vertragsrechtliche Gründe würden ein Wiederaufleben der *Beatles* verhindern. Vielleicht war er damals wirklich dieser Ansicht. Heute wäre er es, selbst wenn Lennon noch lebte, sicher nicht mehr. Aber auch das verlockendste Angebot, die 30-Millionen-Dollar-Offerte für einen zwanzigminütigen Auftritt vom Januar 1976, brachte die *Beatles* nicht wieder zusammen. Finanzielle Gründe kann ihre Ablehnung einer Wiedervereinigung also kaum gehabt haben. Es ist durchaus vorstellbar, daß die *Beatles* gerne wieder einmal gemeinsam gespielt hätten – möglicherweise haben sie dies auch unter Ausschluß der Öffentlichkeit getan. Der Schaden, den sie durch ein enttäuschendes Konzert allerdings hätten anrichten können, wäre nicht nur nach ihrer Auffassung vermutlich größer gewesen als jeder finanzielle Nutzen. Aber es war wohl nicht nur das: Der Mythos *Beatles* wäre vielleicht zerstört worden, was sich unmittelbar auf das Bewußtsein von Millionen Fans ausgewirkt hätte. Daher mußte und muß sich die Vermarktung der *Beatles* auf die Aufnahmen der Gruppe bis 1970 beschränken. Doch selbst das lohnt sich nach wie vor.

Auch auf anderen Gebieten wird die Vermarktung der *Beatles* weiter betrieben, wobei die Absichten der Initiatoren nicht immer deutlich werden. In den meisten Fällen mag eine ehrliche Auseinandersetzung mit den *Beatles* und ihrer Musik zugrunde liegen, sehr oft wird aber auch der Wunsch Pate gestanden haben, ein gut verkäufliches Produkt zu schaffen. Das Musical *Beatlemania* (New York, Juli 1977) und der Film *Sgt. Pepper* (Februar 1978) sind zwei Beispiele dafür, wie die *Beatles* ohne persönliche Mitwirkung von Lennon, McCartney, Harrison oder Starr anderen zu geschäftlichem Wohl verhelfen sollen, übrigens mit sehr unterschiedlichem Erfolg. Immer erfolgreich sind jedoch all die Neu- und Wiederveröffentlichungen durch die Plattenfirmen gewesen. Sei es mit Songs der *Beatles* oder Soloaufnahmen. Natürlich kommt den Firmen die ständige Weiterentwicklung der Tonträger sehr zu Hilfe. Die CD kurbelte die Verkäufe, wie bereits erwähnt, wieder an, und betrachtet man den Werbeaufwand für das auf CD veröffentlichte „rote" und „blaue" Album, so kann man erahnen, welch großes kommerzielles Potential noch heute in der Musik der *Beatles* steckt. Allein in Deutschland betrugen die Vorbestellungen für die Alben über 700 000 Exemplare.

Aber auch der Markt für sogenannte Raritäten besteht nach wie vor. Ständig tauchen bei Auktionen des Hauses Sotheby's »Reliquien« aus der *Beatles*-Ära auf. Für Merchandiseartikel gibt es mehr oder weniger konstante Preislisten, und selbsternannte wie tatsächliche *Beatles*-Kenner reisen um die Welt, um auf Kongressen zum Thema *Beatles* ihr Wissen, oft für viel Geld, zum besten zu geben.

In Liverpool gibt es ein *Beatles*-Museum, und seit einiger Zeit existiert auch eines in Köln. Auf jedem Volksfest und beim Einkauf im Supermarkt erklingen, teils in scheußlichen Coverversionen, *Beatles*-Songs und Melodien. *Yesterday* wurde als das in Amerika am häufigsten im Radio gespielte Lied ausgezeichnet, und es ist natürlich auch im Programm der mehr denn je erfolgreichen *Beatles-Revival-Band* enthalten.

Und immer wieder sind sich die Medien, besonders in der »Sauregurkenzeit«, nicht zu schade, über die angeblich bevorstehende *Beatles*-Reunion zu berichten – mit Julian oder Sean Lennon oder beiden als Ersatz für ihren verstorbenen Vater. Dabei hat Paul erst kürzlich definitiv und zum wiederholten Male erklärt, daß es für Auftritte auf keinen Fall eine Wiedervereinigung geben wird. Gleichzeitig gibt er jedoch bekannt, daß im Rahmen einer neuen BBC-Dokumentation die drei Ex-*Beatles* an unveröffentlichtem Lennon-Material arbeiten, das ihnen Yoko Ono zur Verfügung gestellt hat, und bereits neue Titel aufgenommen haben. Also gilt es zwar, den Traum von Live-Shows der *Beatles* zu begraben, doch freuen wir uns auf die geplante zehnteilige BBC-Serie über die und mit den *Beatles*.

Astrid Kirchherr und Max Scheler veröffentlichten kürzlich einen limitierten Bildband mit dem Titel *Liverpool Days,* und irgendein findiger Verlag brachte eine goldene Single mit Notenblatt, limitiert auf 5 000 Stück und zum Bezugspreis von 220 DM, auf den Markt. Die drei ehemaligen *Beatles* genießen ihr Leben und melden sich, bis auf den ewig agilen Paul, sporadisch im Musikbusiness zurück, und ihr Rekord in den amerikanischen Singlecharts wird wohl auf ewig bestehen: Insgesamt 59 Wochen standen Singles der *Beatles* auf Platz 1.

Der Film *A Hard Days Night* ist jetzt auf CD-ROM erschienen, zusammen mit dem Originaldrehbuch, und weitere Veröffentlichungen werden sicherlich folgen. Jede Newcomerband kann mindestens zwei *Beatles*-Stücke spielen, und Lennons *Revolution* hilft dem Verkauf von Sportschuhen und Sportbekleidung. Geht deshalb die Bedeutung eines *Beatles*-Songs verloren? Diese Frage muß jeder für sich selbst beantworten.

Die Zahl der Fans und Liebhaber ihrer Musik wird offensichtlich kaum geringer, denn das Interesse an der berühmtesten Popgruppe der Welt läßt auch bei den nachwachsenden Generationen nicht nach. In der Geschichte der Musik stellen die *Beatles* ein Phänomen dar, das nicht nur bisher einzig ist, sondern auch unwiederholbar scheint.

# Ausgewählte Diskographie

Aufgrund der Fülle von Veröffentlichungen erscheint es uns nicht sinnvoll, alle Singles, EPs, LPs und CDs der *Beatles* und ihrer Soloaufnahmen aufzuführen. In dieser ausgewählten Diskographie beschränken wir uns auf die offiziellen Albumveröffentlichungen. Wichtige Single- oder Songveröffentlichungen werden in den Kapiteln der Chronologie ihrer Schallplattenaufnahmen erwähnt. Des weiteren nicht aufgeführt sind Veröffentlichungen anderer Künstler, bei denen die *Beatles* mitgespielt oder mitkomponiert haben.

Alle Angaben beziehen sich, wenn nicht anders aufgeführt, auf Veröffentlichungen in England, ebenso die aufgeführten Bestellnummern.

### Die Beatles

### *LP* **Please Please Me**
I Saw Her Standing There; Misery; Anna (Go To Him); Chains; Boys; Ask Me Why; Please Please Me / Love Me Do; P.S. I Love You; Baby It's You; Do You Want To Know A Secret; A Taste Of Honey; There's A Place; Twist And Shout.

Parlophone PSC 3042 (Stereo) und PMC 3042 (Mono)

## LP **With The Beatles**

It Won't Be Long; All I've Got To Do; All My Loving; Don't Bother Me; Little Child; Till There Was You; Please Mr. Postman / Roll Over Beethoven; Hold Me Tight; You Really Got A Hold On Me; I Wanna Be Your Man; Devil In Her Heart; Not A Second Time; Money (That's What I Want).

Parlophone PSC 3045 (Stereo) und PMC 3045

## LP **A Hard Day's Night**

A Hard Day's Night; I Should Have Known Better; If I Fell; I'm Happy Just To Dance With You; And I Love Her; Tell Me Why; Can't Buy Me Love / Anytime At All; I'll Cry Instead; Things We Said Today; When I Get Home; You Can't Do That; I'll Be Back.

Parlophone PCS 3058 (Stereo) und PMC 3058 (Mono)

## LP **Beatles For Sale**

No Reply; I'm A Loser; Baby's In Black; Rock And Roll Music; I'll Follow The Sun; Mr. Moonlight; Kansas City; Hey Hey Hey Hey / Eight Days A Week; Words Of Love; Honey Don't; Every Little Thing; I Don't Want To Spoil The Party; What You're Doing; Everybody's Trying To Be My Baby.

Parlophone PCS 3062 (Stereo) und PMC 3062 (Mono)

## LP **Help!**

Help!; The Night Before; You've Got To Hide Your Love Away; I Need You; Another Girl; You're Going To Lose That Girl; Ticket To Ride / Act Naturally; It's Only Love; You Like Me Too Much; Tell Me What You See; I've Just Seen A Face; Yesterday; Dizzy Miss Lizzy.

Parlophone PCS 3071 (Stereo) und PMC 3071 (Mono)

## LP **Rubber Soul**

Drive My Car; Norwegian Wood (This Bird Has Flown); You Won't See Me; Nowhere Man; Think For Yourself; The Word; Michelle / What Goes On; Girl; I'm Looking Through You; In My Life; Wait; If I Need Someone; Run For Your Life.

Parlophone PCS 3075 (Stereo) und PMC 3075 (Mono)

## LP **Revolver**

Taxman; Eleanor Rigby; I'm Only Sleeping; Love You Too; Here There And Everywhere; Yellow Submarine; She Said, She Said / Good Day Sunshine; And Your Bird Can Sing; For No One; Dr. Robert; I Want To Tell You; Got To Get You Into My Life; Tomorrow Never Knows.

Parlophone PCS 7009 (Stereo) und PMC 7009 (Mono)

## LP **Sgt. Pepper's Lonely Hearts Club Band**

Sgt. Pepper's Lonely Hearts Club Band; With A Little Help From My Friends; Lucy In The Sky With Diamonds; Getting Better; Fixing A Hole; She's Leaving Home; Being For The Benefit Of Mr. Kite! / Within You, Without You; When I'm Sixty-Four; Lovely Rita; Good Morning, Good Morning; Sgt. Pepper's Lonely Hearts Club Band (Reprise); A Day In The Life.

Parlophone PSC 7027 (Stereo) und PMC 7027 (Mono)

## DEP **Magical Mystery Tour**

Magical Mystery Tour; Your Mother Should Know / I Am The Walrus / The Fool On The Hill; Flying / Blue Jay Way.

Parlophone SMMT 1/2 (Stereo) und MMT 1/2 (Mono)

## LP **Magical Mystery Tour**

Magical Mystery Tour; The Fool On The Hill; Flying; Blue Jay Way; Your Mother Should Know; I Am The Walrus / Hello Goodbye; Strawberry Fields Forever; Penny Lane; Baby You're A Rich Man; All You Need Is Love.

USA Capitol SMAL 2835 (Stereo) und MAL 2835 (Mono)
Deutschland (1971) Hör Zu SHZE 327
England Parlophone PCTC 225

### DLP **The Beatles (White Album)**

Back In The U.S.S.R.; Dear Prudence; Glass Onion; Ob-La-Di, Ob-La-Da; Wild Honey Pie; The Continuing Story Of Bungalow Bill; While My Guitar Gently Weeps; Happiness Is A Warm Gun / Martha My Dear; I'm So Tired; Blackbird; Piggies; Rocky Raccoon; Don't Pass Me By; Why Don't We Do It In The Road; I Will; Julia / Birthday; Yer Blues; Mother Nature's Son; Everybody's Got Something To Hide Except Me And My Monkey; Sexy Sadie; Helter Skelter; Long, Long, Long / Revolution 1; Honey Pie; Savoy Truffle; Cry Baby Cry; Revolution 9; Good Night.

Apple PSC 7067/8 (Stereo) und PMC 7067/8 (Mono)

### LP **Yellow Submarine**

Yellow Submarine; Only A Northern Song; All Together Now; Hey Bulldog; It's All Too Much; All You Need Is Love / Seite 2 enthält die instrumentale Filmmusik mit dem GEORGE MARTIN ORCHESTRA: Pepperland; Sea Of Time; Sea Of Holes; March Of The Meanies; Pepperland Laid Waste; Yellow Submarine In Pepperland.

Apple PCS 7070 (Stereo) und PMC 7070 (Mono)

### LP **Abbey Road**

Come Together; Something; Maxwell's Silver Hammer; Oh! Darling; Octopus's Garden; I Want You (She's So Heavy) / Here Comes The Sun; Because; You Never Give Me Your Money; Sun King; Mean Mr. Mustard;

Polythene Pam; She Came In Through The Bathroom Window; Golden Slumbers; Carry That Weight; The End; Her Majesty.

Apple PCS 7088


## LP **Hey Jude**
Can't Buy Me Love; I Should Have Known Better; Paperback Writer; Rain; Lady Madonna; Revolution / Hey Jude; Old Brown Shoe; Don't Let Me Down; The Ballad Of John And Yoko.

Apple PCS 7184


## LP **Let It Be**

Two Of Us; Dig A Pony; Across The Universe; I Me Mine; Dig It; Let It Be; Maggie Mae / I've Got A Feeling; One After 909; The Long And Winding Road; For You Blue; Get Back.

Apple PCS 7096


## **Sampler**

## DLP **The Beatles 1962–1966**
Love Me Do; Please Please Me; From Me To You; She Loves You; I Want To Hold Your Hand; All My Loving; Can't Buy Me Love.
A Hard Day's Night; And I Love Her; Eight Days A Week; I Feel Fine; Ticket To Ride; Yesterday.

Help!; You've Got To Hide Your Love Away; We Can Work It Out; Day Tripper; Drive My Car; Norwegian Wood (This Bird Has Flown).

Nowhere Man; Michelle; In My Life; Girl; Paperback Writer; Eleanor Rigby; Yellow Submarine.

Apple PCSP 717


### DLP **The Beatles 1967–1970**
Strawberry Fields Forever; Penny Lane; Sgt. Pepper's Lonely Hearts Club Band; With A Little Help From My Friends; Lucy In The Sky With Diamonds; A Day In The Life; All You Need Is Love.

I Am The Walrus; Hello Goodbye; The Fool On The Hill; Magical Mystery Tour; Lady Madonna; Hey Jude; Revolution.

Back In The U.S.S.R.; While My Guitar Gently Weeps; Ob-La-Di, Ob-La-Da; Get Back; Don't Let Me Down; The Ballad Of John and Yoko; Old Brown Shoe.

Here Comes The Sun; Come Together; Something; Octopus's Garden; Let It Be; Across The Universe; The Long And Winding Road.

Apple PCSP 718


### DLP **The Beatles Live! At The Star Club In Hamburg,** Germany, 1962
Introduction; I Saw Her Standing There; Roll Over Beethoven; Hippy Hippy Shake; Sweet Little Sixteen; Lend Me Your Comb; Your Feet's Too Big.

Twist And Shout; Mr. Moonlight; A Taste Of Honey; Besame Mucho; Reminiscing; Medley: Kansas City/

Hey, Hey, Hey, Hey.

Nothin' Shakin' (But The Leaves On The Trees); To Know Her Is To Love Her; Little Queenie; Falling In Love Again (Can't Help It); Ask Me Why; Be-Bop-A-Lula; Hallelujah, I Love Her So.

Red Sails In The Sunset; Everybody's Trying To Be My Baby; Matchbox; I'm Talking About You; Shimmy Shake; Long Tall Sally; I Remember You.

Deutschland Bellaphon BLS 5560

## LP **The Beatles At The Hollywood Bowl**

Twist And Shout; She's A Woman; Dizzy Miss Lizzy; Ticket To Ride; Can't Buy Me Love; Things We Said Today; Roll Over Beethoven.

Boys; A Hard Day's Night; Help!; All My Loving; She Loves You; Long Tall Sally.

Parlophone EMTV 4

## DLP **Love Songs**

Yesterday; I'll Follow The Sun; I Need You; Girl; In My Life; Words Of Love; Here, There And Everywhere.

Something; And I Love Her; If I Fell; I'll Be Back; Tell Me What You See; Yes It Is.

Michelle; It's Only Love; You're Going To Lose That Girl; Every Little Thing; For No One; She's Leaving Home.

The Long And Winding Road; This Boy; Norwegian Wood (This Bird Has Flown); You've Got To Hide Your Love Away; I Will; P.S. I Love You.

Deutschland Odeon 1 C172-06550/51

## DCD **The Beatles Live At The BBC**

Beatle Greeting; From Us To You; Riding On A Bus; I Got A Woman; Too Much Monkey Business; Keep Your Hands Off My Baby; I'll Be On My Way; Young Blood; A Shot Of Rhythm And Blues; Sure To Fall (In Love With You); Some Other Guy; Thank You Girl; Sha la la la!; Baby It's You; That's All Right (Mama); Carol; Soldier Of Love; A Little Rhyme; Clarabella; I'm Gonna Sit Right Down And Cry (Over You), Crying, Waiting, Hoping; Dear Wack!; You Really Got A Hold On Me; To Know Her Is To Love Her; A Taste Of Honey; Long Tall Sally; I Saw Her Standing There; The Honeymoon Song; Johnny B. Goode; Memphis, Tennessee; Lucille; Can't Buy Me Love; From Fluff To You; Till There Was You.

Crinsk Dee Night; A Hard Day's Night; Have A Banana!; I Wanna Be Your Man; Just A Rumour; Roll Over Beethoven; All My Loving; Things We Said Today; She's A Woman; Sweet Little Sixteen; 1822!; Lonesome Tears in My Eyes; Nothin' Shakin'; Glad All Over; I Just Don't Understand; So How Come (No One Loves Me); I Feel Fine; I'm A Loser; Everybody's Trying To Be My Baby; Rock And Roll Music; Ticket To Ride; Dizzy Miss Lizzy; Medley; Kansas City, Hey! Hey! Hey! Hey!; Set Fire To That Lot; Matchbox; I Forgot To Remember To Forget; Love Those Goon Shows!; I Got To Find My Baby; Ooh! My Soul; Ooh! My Arms; Don't Ever Change; Slow Down; Honey Don't; Love Me Do.

Deutschland EMI 7243 8 31796 2 6

# John Lennon

### LP **The Plastic Ono Band – Live Peace In Toronto**
Blue Suede Shoes; Money; Dizzy Miss Lizzy; Yer Blues; Cold Turkey; Give Peace A Chance / Don't Worry Kyoko; John, John (Let's Hope For Peace).

Deutschland Apple 1 C062-90877

### LP **John Lennon / Plastic Ono Band**
Mother; Hold On John; I Found Out; Working Class Hero; Isolation / Remember; Love; Well Well Well; Look At Me; My Mummy's Dead.

Deutschland Apple 1 C062-04703

### LP **Imagine**
Imagine; Crippled Inside; Jealous Guy; It's So Hard; I Don't Want To Be A Soldier / Give Me Some Truth; Oh My Love; How Do You Sleep; How?; Oh Yoko.

Deutschland Apple 1 C062-04714

### DLP **Some Time In New York City**
Woman Is The Nigger Of The World; Sisters O Sisters; Attica State; Born In A Prison; New York City. Sunday Bloody Sunday; The Luck Of The Irish; John Sinclair; Angela; We're All Water Cold Turkey; Don't Worry Kyoko.
Well; Jamrag; Scumbag; Aii.

Deutschland Apple 1 C148-05137/38

## LP **Mind Games**

Mind Games; Tight Ass; Aisumasen (I'm Sorry); One Day (At A Time); Bring On The Lucie (Freeda People); Nutopian International Anthem / Intuition; Out Of The Blue; Only People; I Know (I Know); You Are Here; Meat City.

Deutschland Apple 1 C062-05491

## LP **Walls And Bridges**

Going Down On Love; Whatever Gets You Through The Night; Old Dirt Road; What You Got; Bless You; Scared / # 9 Dream; Surprise, Surprise (Sweet Bird Of Paradox); Steel And Glass; Beef Jerky; Nobody Loves You (When You're Down And Out); Ya Ya.

Deutschland Apple 1C062-05733

## LP **Rock 'n' Roll**

Be-Bop-A-Lula; Stand By Me; Medley: Rip It Up & Ready Teddy; You Can't Catch Me; Ain't That A Shame; Do You Want To Dance; Sweet Little Sixteen / Slippin' And Slidin' ; Peggy Sue; Medley: Bring It On Home To Me & Send Me Some Lovin'; Bony Morony; Ya Ya; Just Because.

Deutschland Apple 1 C062-05834

## LP **Shaved Fish**

Give Peace A Chance; Cold Turkey; Instant Karma; Power To The People; Mother; Woman Is The Nigger Of The World / Imagine; Whatever Gets You Through The Night; Mind Games; # 9 Dream; Happy Xmas (War Is Over); Reprise: Give Peace A Chance.

Deutschland Apple 1C 062-05987

## LP **Double Fantasy**

(Just Like) Starting Over; Kiss Kiss Kiss; Cleanup Time; Give Me Something; I'm Losing You; I'm Moving You; Beautiful Boy (Darling Boy) / Watching The Wheels; I'm Your Angel; Woman; Beautiful Boys; Dear Yoko; Every Man Has A Woman Who Loves Him; Hard Times Are Over.

Deutschland Geffen GEF 99131

## LP **The John Lennon Collection**

Give Peace A Chance; Instant Karma; Power To The People; Whatever Gets You Through The Night; # 9 Dream; Mind Games; Love; Happy Xmas (War Is Over) / Imagine; Jealous Guy; Stand By Me; (Just Like) Starting Over; Woman; I'm Losing You; Beautiful Boy (Darling Boy); Watching The Wheels; Dear Yoko.

Deutschland Odeon 1 C064-78224

### LP **Milk And Honey**

I'm Stepping Out; Sleepless Night; I Don't Wanna Face It; Don't Be Scared; Nobody Told Me; O'Sanity / Borrowed Time; Your Hands; (Forgive Me) My Little Flower Princess; Let Me Count The Ways; Grow Old With Me; You're The One.

Deutschland Polydor 817160-1

### Paul McCartney

### LP **McCartney**

The Lovely Linda; That Would Be Something; Valentine Day; Every Night; Hot As Sun; Glasses; Junk; Man We Was Lonely / Oo You; Momma Miss America; Teddy Boy; Singalong Junk; Maybe I'm Amazed; Kreen-Akrore.

Deutschland
Apple 1 C062-04394

### LP **RAM**

Too Many People; 3 Legs; Ram On; Dear Boy; Uncle Albert – Admiral Halsey; Smile Away / Heart Of The Country; Monkberry Moon Delight; Eat At Home; Long Haired Lady; Ram On; The Back Seat Of My Car.

Deutschland
Apple 1 C062-04810

## LP **Wild Life**

Mumbo; Bip Bop; Love Is Stranger; Wild Life / Some People Never Know; I Am Your Singer; Tomorrow; Dear Friend.

Deutschland Apple 1 C062-04946


## LP **Red Rose Speedway**

Big Barn Bed; My Love; Get On The Right Thing; One More Kiss; Little Lamb; Dragonfly / Single Pigeon; When The Night; Loup (First Indian On The Moon); Medley: Hold Me Tight, Lazy Dynamite, Hands Of Love, Power Cut.

Deutschland Apple 1 C062-05311


## LP **Band On The Run**

Band On The Run; Jet; Bluebird; Mrs. Vanderbilt; Let Me Roll It / Mamunia; No Words; Picasso's Last Words (Drink To Me); Nineteen Hundred And Eighty Five.

Deutschland Capitol 1 C062-05503


## LP **Venus And Mars**

Venus And Mars; Rock Show; Love In Song; You Gave Me The Answer; Magneto And Titanium Man; Letting Go / Venus And Mars Reprise; Spirits Of Ancient Egypt; Medicine Jar; Call Me Back Again; Listen To What The Man Said; Treat Her Gently; Lovely Old People; Crossroads.

Deutschland Capitol C062-96623

## LP **Wings At The Speed Of Sound**

Let 'em In; The Note You Never Wrote; She's My Baby; Beware My Love; Wino Junko / Silly Love Songs; Cook Of The House; Time To Hide; Must Do Something About It; San Ferry Anne; Warm And Beautiful.

Deutschland EMI C062-97581


## 3LP **Wings Over America**

Venus And Mars; Rock Show; Jet; Let Me Roll It; Spirits Of Ancient Egypt; Medicine Jar / Maybe I'm Amazed; Call Me Back Again; Lady Madonna; The Long And Winding Road; Live And Let Die.

Picasso's Last Words; Richard Cory; Bluebird; I've Just Seen A Face; Blackbird; Yesterday / You Gave Me The Answer; Magneto And Titanium Man; Go Now; My Love; Listen To What The Man Said.

Let 'em In; Time To Hide; Silly Love Songs; Beware My Love / Letting Go; Band On The Run; Hi Hi Hi; Soily.

EMI 1 C188-98497/99


## LP **London Town**

London Town; Cafe On The Left Bank; I'm Carrying; Backwards Traveller; Cuff Link; Children Children; Girlfriend; I Had Enough / With A Little Luck; Famous Groupies; Deliver Your Children; Name And Address; Don't Let It Bring You Down; Morse Moose And The Grey Goose.

Deutschland EMI 1 C064-60521

## LP **Wings Greatest**
Another Day; Silly Love Songs; Live And Let Die;
Junior's Farm; With A Little Luck; Band On The Run /
Uncle Albert – Admiral Halsey; Hi Hi Hi; Let 'em In; My
Love; Jet; Mull Of Kintyre.

Deutschland EMI 1 C064-61963


## LP **Back To The Egg**
Reception; Getting Closer; We're Open Tonight;
Spin It On; Again And Again and Again; Old Siam, Sir;
Arrow Through Me / Rockestra Theme; To You; After
The Ball; Million Miles; Winter Rose; Love Awake; The
Broadcast; So Glad To See You Here; Baby's Request.

Deutschland EMI 1 C064-62799


## LP **Mc Cartney II**
Coming Up; Temporary Secretary; On The Way;
Waterfalls; Nobody Knows / Front Parlour; Summer's
Day Song; Frozen Jap; Bogey Music; Darkroom; One
Of These Days.

Deutschland Odeon 1 C064-63812


## LP **Pipes Of Peace**
Pipes Of Peace; Say, Say, Say; The Other Me; Keep
Under Cover; So Bad / The Man; Sweetest Little Show;
Average Person; Hey Hey; Tug Of Peace; Through Our
Love.

Deutschland Odeon 1 C0641652301

## LP **Give My Regards To Broad Street**
No More Lonely Nights (Ballad); Good Day Sunshine; Corridor Music; Yesterday; Here, There And Everywhere; Wanderlust; Ballroom Dancing; Silly Love Songs / Silly Love Songs (Reprise); Not Such A Bad Boy; No Values; No More Lonely Nights (Ball Reprise); For No One; Eleanor Rigby – Eleanor's Dream; The Long And Winding Road; No More Lonely Nights (Playout Version).

Deutschland Parlophone 0642602781

## LP **Press To Play**
Stranglehold; Good Times Coming; Feel The Sun; Talk More Talk; Footprints; Only Love Remains / Press; Pretty Little Head; Move Over Busker; Angry; However Absurd.

Deutschland Parlophone 0622405981

## LP **Tug Of War**
Tug Of War; Take It Away; Somebody Who Cares; What's That You're Doing; Here Today / Ballroom Dancing; The Pound Is Sinking; Wanderlust; Get It; Be What You See (Link); Dress Me Up As A Robber; Ebony And Ivory.

Deutschland Odeon 1 C064-64750

## LP **Choba B CCCP**

Kansas City; Twenty Flight Rock; Lawdy Miss Clawdy; Bring It On Home To Me; Lucille; Don't Get Around Much Anymore / That's All Right (Mama); Ain't That A Shame; Crackin' Up; Just Because; Midnight Special.

UDSSR Melodia CTEPEO A 60 00415 006

## LP **Flowers In The Dirt**
My Brave Face; Rough Ride; You Want Her Too; Distractions; We Got Married; Put It There / Figure Of Eight; This One; Don't Be Careless Love; That Day Is Done; How Many People; Motor Of Love; Ou Est Le Soleil?.

Deutschland Parlophone CDP 791653-2

## 3LP **Tripping The Live Fantastic**
Showtime; Figure Of Eight; Jet; Rough Ride; Got To Get You Into My Life; Band On The Run; Birthday / Ebony And Ivory; We Got Married; Inner City Madness; Maybe I'm Amazed; The Long And Winding Road; Crackin' Up / The Fool On The Hill; Sgt. Pepper's Lonely Hearts Club Band; Can't Buy Me Love; Put It There; Together / Things We Said Today; Eleanor Rigby; This One; My Brave Face; Back In The U.S.S.R.; I Saw her Standing There / Twenty Flight Rock; Coming Up; Sally; Let It Be; Ain't That A Shame; Live And Let Die; If I Were Not Upon The Stage; Hey Jude / Yester-

day; Get Back; Golden Slumbers-Carry That Weight-The End; Don't Let The Sun Catch You Crying.

Deutschland Parlophone 198 7 94778-1

## LP **Unplugged – The Official Bootleg**
Be-Bop-A-Lula; I Lost My Little Girl; Here There And Everywhere; Blue Moon Of Kentucky; We Can Work It Out; San Francisco Bay Blues; I've Just Seen A Face; Every Night; She's A Woman / High-Heel Sneakers; And I Love Her; That Would Be Something; Blackbird; Ain't No Sunshine; Good Rockin' Tonight; Singing The Blues; Junk.

Deutschland Parlophone CDP 564 Y-796413-2

## LP **Off The Ground**
Off The Ground; Looking For Changes; Hope Of Deliverance; Mistress And Maid; I Owe It All To You; Biker Like An Icon; Peace In The Neighborhood; Golden Earth Girl; The Lovers That Never Were; Get Out Of My Way; Winedark Open Sea; C'mon People; And Remember To Be ... Cosmically Conscious.

Deutschland Parlophone 7777 803622

## CD **Paul Is Live**
Drive My Car; Let Me Roll It; Looking For Changes; Peace In The Neighborhood; All My Loving; Robbies Bit (Thanks Chet); Good Rockin' Tonight; We Can

Work It Out; Hope Of Deliverance; Michelle; Biker
Like An Icon; Here; There And Everywhere; My Love;
Magical Mystery Tour; C'mon People; Lady Madonna;
Paperback Writer; Penny Lane; Live And Let Die;
Kansas City; Welcome To Soundcheck; Hotel In
Benidorm; I Wanna Be Your Man; A Fine Day.

Deutschland Parlophone 7243 827704

## George Harrison

### LP **Wonderwall Music**
Microbes; Red Lady Too; Tabla And Pakavaj; In The
Park; Drilling A Home; Guru Vandana; Greasy Legs;
Ski-Ing; Gat Kirwani; Dream Scene / Party Seacombe;
Love Scene; Crying; Cowboy Music; Fantasy Sequins;
On The Bed; Glass Box; Wonderwall To Be Here;
Singing Om.

Deutschland Hör Zu SHZE 250

### LP **Electronic Sound**
Under the Mersey Wall / No Time Or Space

England Zapple 02

### 3LP **All Things Must Pass**

I'd Have You Anytime; My Sweet Lord; Wah-Wah; Isn't It A Pity (Version One) / What Is Life; If Not For You; Behind That Locked Door; Let It Down; Run Of The Mill.

Beware Of Darkness; Apple Scruffs; Ballad Of Sir Frankie Crisp (Let It Roll); Awaiting On You All; All Things Must Pass / I Dig Love; Art Of Dying; Isn't It A Pity (Version Two); Hear Me Lord.

Out Of The Blue; It's Johnny's Birthday; Plug Me In / I Remember Jeep; Thanks For The Pepperoni.

Deutschland Apple 1 C192-0470/8/9

### 3LP **The Concert For Bangla Desh**

Introduction; Bangla Dhun / Wah-Wah; My Sweet Lord; Awaiting On You All; That's The Way God Planned It.

It Don't Come Easy; Beware Of Darkness; Introduction Of The Band; While My Guitar Gently Weeps / Medley: Jumping Jack Flash & Young Blood; Here Comes The Sun.

A Hard Rain's Gonna Fall; It Takes A Lot To Love; It Takes A Train To Cry; Mr. Tambourine Man; Just Like A Woman / Something; Bangla Desh.

(zusammen mit: Ravi Shankar; Billy Preston; Ringo Starr; Leon Russel u. a.)

England Apple STCK 3385 (GB-Import)

## LP **Living In The Material World**
Give Me Love (Give Me Peace On Earth); Sue Me; Sue Your Blues; The Light That Has Lighted The World; Don't Let Me Wait Too Long; Who Can See It; Living In The Material World / The Lord Loves The One (That Loves The Lord); Be Here Now; Try Some Buy Some; The Day The World Gets 'Round; That Is All.

Deutschland Apple 1 C062-05370


## LP **Dark Horse**
Hari's On Tour (Express); Simpley Shady; So Sad; Bye Bye Love; Maya Love / Ding Dong; Ding Dong; Dark Horse; Far East Man; It Is He.

Deutschland Apple 1 C062-05774


## LP **Thirty Three & 1/3**
Woman Don't You Cry For Me; Dear One; Beautiful Girl; This Song; See Yourself / It's What You Value; True Love; Pure Smokey; Crackerbox Palace; Learning How To Love You.

Deutschland Dark Horse DH 56319


## LP **George Harrison**
Love Comes To Everyone; Not Guilty; Here Comes The Moon; Soft-Hearted Hana; Blow Away / Faster; Dark Sweet Lady; Your Love Is Forever; Soft Touch; If You Believe.

Deutschland Dark Horse DH 56562

## LP **Somewhere In England**
Blood From A Clone; Unconsciousness Rules; Life Itself; All Those Years Ago; Baltimore Oriole / Teardrops; That Which I Have Lost; Writing's On The Wall; Hong Kong Blues; Save The World.

Deutschland Dark Horse DH WB 56870

## LP **Gone Troppo**
Wake My Love; That's The Way It Goes; I Really Love You; Greece; Gone Troppo / Mystical One; Unknown Delight; Baby Don't Run Away; Dream Away; Circles.

Deutschland Dark Horse 923734-1

## LP **Cloud Nine**
Cloud Nine; That's What It Takes; Fish On The Sand; Just For Today; This Is Love; When We Was Fab / Devil's Radio; Someplace Else; Wreck Of The Hesperus; Breath Away From Heaven; Got My Mind Set On You.

Deutschland Dark Horse 925643-1

## LP **The Best Of Dark Horse**
Poor Little Girl; Blow Away; That's The Way It Goes; Cockamamie Business; Wake Up My Love; Life Itself; Got My Mind Set On You; Crackerbox Palace; Cloud Nine; Here Comes The Moon; Gone Troppo; When We Was Fab; Love Comes To Everyone; All Those Years Ago; Cheer Down.

Deutschland Dark Horse 925 726-2

#### DLP **Live In Japan**

I Want To Tell You; Old Brown Shoe; Taxman; Give Me Love; If I Needed Someone / Something; What Is Life; Dark Horse; Piggies; Got My Mind Set On You / Cloud Nine; Here Comes The Sun; My Sweet Lord; All Those Years Ago; Cheer Down / Devil's Radio; Isn't It A Pity; While My Guitar Gently Weeps; Roll Over Beethoven.

Deutschland Dark Horse 7599-26964-2

#### LP **The Traveling Wilburys** (George Harrison; Jeff Lynne; Bob Dylan; Roy Orbison & Tom Petty)

Handle With Care; Dirty World; Rattled; Last Night; Not Alone Anymore / Congratulations; Heading For The Light; Margarita; Tweeter And The Monkey Man; End Of The Line.

Deutschland Wilbury Records 7599-25796

#### LP **The Traveling Wilburys Vol. 3** (George Harrison; Jeff Lynne; Bob Dylan; Tom Petty)

She's My Baby; Inside Out; If You Belonged To Me; The Devil's Been Busy; 7 Deadly Sins / Where Were You Last Night?; Cool Dry Place; New Blue Moon; You Took My Breath Away; Wilbury Twist.

Deutschland Wilbury Records 7599-26324

## Ringo Starr

### LP **Sentimental Journey**
Sentimental Journey; Night And Day; Whispering Grass (Don't Tell The Trees); Bye Bye The Blackbird; I'm A Fool To Care; Stardust / Blue, Turning Gray Over You; Love Is A Many Splendoured Thing; Dream; You Always Hurt The One You Love; Have I Told You Lately That I Love You; Let The Rest Of The World Go By.

Deutschland Apple 1 C062-04389


### LP **Beaucoups Of Blues**
Beaucoups Of Blues; Love Don't Last Long; Fastest Growing Heartache In The West; Without Her; Woman Of The Night; I'd Be Talking All The Time / $15 Draw; Wine, Women And Loud Happy Songs; I Wouldn't Have You Any Other Way; Loser's Lounge; Waiting; Silent Homecoming.

Deutschland Hör Zu SHZE 301


### LP **Ringo**
I'm The Greatest; Have You Seen My Baby; Photograph; Sunshine Life For Me (Sail Away Raymond); You're Sixteen / Oh My My; Step Lightly; Six O'Clock; Devil Woman; You And Me (Babe).

Deutschland Apple 1 C062-05492

## LP **Goodnight Vienna**
Goodnight Vienna; Occapella; Oo-Wee; Husbands And Wives; Snookeroo / All By Myself; Call Me; No No Song; Only You; Easy For Me; Goodnight Vienna (Reprise).

Deutschland Apple 1 C062-05762


## LP **Blast From Your Past**
You're Sixteen; No No Song; It Don't Come Easy; Photograph; Back Of Boogaloo / Only You (And You Alone); Beaucoups Of Blues; Oh My My; Early 1970; I'm The Greatest.

Deutschland Apple 1 C062-06008


## LP **Rotogravure**
A Dose Of Rock 'n' Roll; Hey Baby; Pure Gold; Cryin'; You Don't Know Me At All / Cookin'; I'll Still Love You; This Be Called A Song; Las Brisas; Lady Gaye.

Deutschland Polydor 2310473


## LP **Ringo The 4th**
Drowning In The Sea Of Love; Tango All Night; Wings; Gave It All Up; Out On The Streets / Can She Do It Like She Dance; Sneaking Sally Through The Alley; It's No Secret; Gypsies In Flight; Simple Love Song.

Deutschland Polydor 2344069

### LP **Bad Boy**

Who Needs A Heart; Bad Boy; Lipstick Traces; Heart On My Sleeve; Where Did Our Love Go / Hard Times; Tonight; Monkey See-Monkey Do; Old Time Relovin'; A Man Like Me.

Deutschland Polydor 2344109

### LP **Stop And Smell The Roses**

Private Property; Wrack My Brain; Drumming Is My Madness; Attention; Stop And Take The Time To Smell The Roses / Dead Giveaway; You Belong To Me; Sure To Fall; Nice Way; Back Off Boogaloo.

Deutschland Bellaphon 26016015

### LP **Old Wave**

In My Car; Hopeless; Alibi; Be My Baby; She's About A Mover / I Keep Forgettin'; Picture Show Life; As Far As We Can Go; Everybody's In A Hurry But Me; Going Down.

Deutschland Bellaphon 26016029

### LP **Starr Struck The Best Of Ringo Starr Vol. 2**

Wrack My Brain; In My Car; Cookin' (In The Kitchen Of Love); I Keep Forgettin'; Hard Times; Hey Baby; Attention / A Dose Of Rock 'n' Roll; Who Needs A Heart; Private Property; Can She Do It Like She Dances; Heart On My Sleeve; Sure To Fall (In Love With You); Hopeless; You Belong To Me; She's About A Mover.

USA Rhino Records R2 70 135

## LP **Ringo Starr And His All-Starr Band**

It Don't Come Easy; The No No Song; Iko Iko; The Weight; Shine Silently; Honey Don't / You're Sixteen (You're Beautiful And Your Mine); Quarter To Three; Raining In My Heart; Will It Go Round In Circles; Life In The Fast Lane; Photograph.

(mit Nils Lofgren, Dr. John, Joe Walsh, Levon Helm, Billy Preston u.a.).

Deutschland EMI 795372-1

## LP **Time Takes Time**

Weight Of The World; Don't Know A Thing About Love; Don't Go Where The Road Don't Go; Golden Blunders; All In The Name Of Love / After All These Years; I Don't Believe You; Runaways; In A Heart Beat; What Goes Around.

Deutschland Private Music 262 902

## LP **Ringo Starr and His All-Starr Band Vol. 2 – Live From Montreux**

The Really Serious Introduction; I'm The Greatest; Don't Go Where The Road Don't Go; Yellow Submarine; Desperado; I Can't Tell You Why; Girls Talk; Weight Of The World; Bang On The Drum; Walking Nerve; Black Maria; In The City; American Woman; Boys; With A Little Help From My Friends.

Deutschland Ryko Disc RCD 20264

# Anhang

## Weltweite Verkaufszahlen

Die Frage nach den Plattenumsätzen der *Beatles* ist sicherlich eine der interessantesten, gleichzeitig aber auch eine der am schwersten beantwortbaren. Exaktes und vor allem belegtes Zahlenmaterial liegt leider aus verschiedenen Gründen nicht vor. Eine Ursache ist die multinationale Struktur der EMI, deren zahlreiche Tochtergesellschaften ein genaues Bild über die Verkäufe jeweils nur in ihrem eigenen Land haben. Es ist nicht möglich, von der EMI eine Zusammenfassung der weitgestreuten Zahlen zu erhalten. Wir greifen deshalb auf amerikanische Schätzungen zurück, die aufgrund exakter Teilergebnisse erstellt worden sind. Als Stichtag dieser Berechnungen wurde der 1. Januar 1971 zugrunde gelegt. Spätere *Beatles*-Veröffentlichungen sowie Neuauflagen sind also nicht berücksichtigt. Im folgenden einige der Titel mit den höchsten Auflagen.

| Singles | | Millionen |
|---|---|---|
| I Want To Hold Your Hand | | 13 |
| Let It Be | | 8 |
| Can't Buy Me Love | über | 6 |
| Hey Jude | über | 6 |
| She Loves You | über | 5 |
| Get Back | über | 4,5 |
| All You Need Is Love | über | 3,6 |
| Day Tripper | über | 3,6 |
| A Hard Day's Night | über | 3 |
| Hello Goodbye | über | 2,8 |

EP
Twist And Shout (Single und EP)　　　　über　14

LPs

| | | |
|---|---|---|
| Sgt. Peppers Lonely Hearts Club Band | | 7 |
| The *Beatles* (White Album) | über | 6,5 |
| With The *Beatles* | | 6,5 |
| Abbey Road | über | 5 |
| *Beatles* For Sale | über | 4 |
| Rubber Soul | über | 3,5 |

Ausgehend von diesen Zahlen läßt sich ein relativ guter Gesamtüberblick über die weltweiten Verkaufszahlen der *Beatles* bis zum Ende des Jahres 1976 gewinnen. Berücksichtigt werden muß bei einer solchen Schätzung der enorme Anstieg der LP-Verkäufe nach dem 1. Januar 1971, was nicht ohne Einfluß auf die Verkaufszahlen der beiden Doppelalben *1962* bis *1966* und *1967–1970* blieb, und zum anderen, daß viele Jahre nach der Trennung immer wieder vereinzelt *Beatles*-Alben in der LP-Hitparade der USA auftauchten.

Bei den Singles gab es vor allem im Jahr 1976 durch eine Reihe von Neuveröffentlichungen noch einmal erstaunlich hohe Umsätze sowie Hitparadennotierungen in England und den USA.

Sicherlich trug auch der Tod John Lennons nicht unwesentlich zu der erneuten großen Nachfrage nach *Beatles*-LPs zur Jahreswende 1980/81 bei. Und da zur Zeit nicht zu erwarten steht, daß die Schallplatten der *Beatles* aus den Katalogen genommen werden, kann man davon ausgehen, daß die Verkäufe weitergehen werden. Durch ständig neue Kopplungen versucht man zudem, das stets vorhandene Interesse an der Musik der *Beatles* in Kaufinteresse umzuwandeln, so daß es einen abschließenden Gesamtüberblick über die weltweiten Verkaufszahlen wohl so bald nicht geben wird. Das bekannte »Guinness Buch der Rekorde« wagte in seiner Ausgabe von 1980 eine nicht unrealistische Schätzung.

## Rekorde und Auszeichnungen

1. Von allen Gruppen, Orchestern und Interpreten der Welt verkauften die *Beatles* die meisten Langspielplatten, nämlich 100 Millionen. Hinzu kommen etwa 100 Millionen verkaufter Singles. Diese Zahlen beziehen sich auf den 1. Januar 1979. Sie sind damit unbestreitbar die erfolgreichste Gruppe aller Zeiten.
Lediglich Bing Crosby und Elvis Presley haben eine höhere Gesamtverkaufszahl (Singles + LPs) erreicht. Für Bing Crosby meldete seine Plattenfirma am 15. September 1970 300 650 000 verkaufte Einheiten. Die Umsätze von Elvis Presley dürften die einzigen sein, die diese Zahl möglicherweise noch übertroffen haben.

2. Die meisten Goldenen Schallplatten, die von der Recording Industry Association Of America seit 1958 verliehen worden sind, gingen an die *Beatles*: 43 Stück (Stichtag 1. Januar 1979). Daneben erhielt Paul McCartney für sich und die *Wings* zusammen noch einmal 16 Goldene. Elvis Presley erreichte die Zahl von 38 Goldenen Schallplatten

als Zweitplazierter. Diese Zahlen sind ebenfalls dem »Guinness Buch der Rekorde« entnommen.

3. Paul McCartney ist der erfolgreichste Songschreiber aller Zeiten. Zwischen 1962 und 1978 schrieb er alleine oder zusammen mit anderen 43 Lieder, die mehr als 1 Million Male als Platte verkauft worden sind.
Sein Song *Yesterday* allein erschien bis 1973 in 1186 Versionen.

4. Im folgenden einige von der britischen Musikindustrie verliehene Auszeichnungen:
25. Oktober 1964
Most Outstanding Contribution to Music in 1963
25. März 1967
*Michelle* (Most Performed Work in 1966)
25. März 1967
*Yellow Submarine* (Top Selling Single in 1966)

5. Einige der von der American Academy of Recording Arts and Sciences verliehenen Grammies:

| | |
|---|---|
| *Michelle* (Song Of The Year 1966) | 11. März 1967 |
| *Revolver* (Sleeve Design in 1966) | 11. März 1967 |
| *Sgt. Pepper* (Best Album in 1967) | 9. März 1968 |
| *Sgt. Pepper* (Best Album Cover in 1967) | 9. März 1968 |

Die *Beatles* erhielten einen Oscar für:

| | |
|---|---|
| *Let It Be* (Best Film Music In 1970) | 15. April 1971 |

6. Die *Beatles* hatten die meisten Tophits in England und den USA.

In England wurden sie zwanzigmal an der Spitze der Hitparade notiert, vor Elvis Presley mit fünfzehn ersten Plätzen. Die *Rolling Stones* kamen hier mit acht ersten Plätzen auf Rang vier. In Amerika erreichten sie ebenfalls mit zwanzig Titeln die beste Position, gefolgt auch hier von Elvis Presley mit vierzehn ersten Plätzen. An dritter Stelle liegen die *Supremes* mit zwölf, an vierter Stelle die *Rolling Stones* mit sieben Tophits.

7. Auch bei den Erstplazierungen in ununterbrochener Folge führen die *Beatles* das Feld an. In der US-Single-Chart lagen sie 1964/65 mit sechs verschiedenen Songs nacheinander an der Spitze. Elvis Presley und die *Supremes* brachten es hierbei auf »nur« fünf aufeinanderfolgende erste Plätze.

8. Auf dem LP-Markt in den USA notieren die *Beatles* mit sechzehn bestplazierten LPs vor Bing Crosby mit zehn und Elvis Presley mit acht.

9. Auch bei den sogenannten »Highest Newcomers« liegen die *Beatles* vorn. Am 21. März 1970 sprang die Single *Let It Be* von null auf Rang 6 der Hot-100-Chart.

10. Ein Rekord, der in der Geschichte der Popmusik wohl einmalig bleiben wird: Am 31. März 1964 meldete die Billboard Hot-100-Chart folgende Hitparadennotierungen der *Beatles*:
1. Platz – *Can't Buy Me Love*
2. Platz – *Twist And Shout*

359

3. Platz – *She Loves You*
4. Platz – *I Want To Hold Your Hand*
5. Platz – *Please Please Me*

11. Die Recording Industry Association of America (RIAA) verleiht für den Verkauf von einer Million Singles und für den Umsatz von einer Million Dollar bei LPs Goldene Schallplatten. Seit 1974 wird bei 500.000 verkauften LPs Gold verliehen und bei Überschreiten der Millionengrenze Platin. Bis zum 1. Januar 1978 erhielten die *Beatles* für folgende Platten in den USA eine Goldene:

| | |
|---|---|
| Meet The *Beatles* | 3. Februar 1964 |
| I Want To Hold Your Hand | 3. Februar 1964 |
| Can't Buy Me Love | 31. März 1964 |
| The *Beatles* Second Album (LP) | 13. April 1964 |
| Something New (LP) | 24. August 1964 |
| A Hard Day's Night | 25. August 1964 |
| Feel Fine | 31. Dezember 1964 |
| *Beatles* '65 (LP) | 31. Dezember 1964 |
| The *Beatles*' Story (DLP) | 31. Dezember 1964 |
| *Beatles* VI (LP) | 1. Juli 1965 |
| Help! (LP) | 23. August 1965 |
| Help! | 2. September 1965 |
| Eight Days A Week | 16. September 1965 |
| Yesterday | 20. Oktober 1965 |
| Rubber Soul (LP) | 24. Dezember 1965 |
| We Can Work It Out | 6. Januar 1966 |
| Nowhere Man | 1. April 1966 |
| Yesterday ... And Today (LP) | 8. Juli 1966 |
| Paperback Writer | 14. Juli 1966 |
| Revolver (LP) | 22. August 1966 |

| | |
|---|---|
| Yellow Submarine | 12. September 1966 |
| Penny Lane | 20. März 1967 |
| Sgt. Pepper's Lonely Hearts Club Band (LP) | 5. Juni 1967 |
| All You Need Is Love | 11. September 1967 |
| Magical Mystery Tour (LP) | 15. Dezember 1967 |
| Lady Madonna | 8. April 1968 |
| Hey Jude | 13. September 1968 |
| The *Beatles* (DLP) | 6. Dezember 1968 |
| Yellow Submarine (LP) | 5. Februar 1969 |
| Get Back | 19. Mai 1969 |
| The Ballad Of John And Yoko | 16. Juli 1969 |
| Abbey Road (LP) | 27. Oktober 1969 |
| Something/ Come Together | 27. Oktober 1969 |
| Hey Jude (LP) | 6. März 1970 |
| Let It Be | 17. März 1970 |
| Let It Be (LP) | 26. Mai 1970 |
| The *Beatles* 1962–1966 (DLP) | 13. April 1973 |
| The *Beatles* 1967–1970 (DLP) | 13. April 1973 |
| The Early *Beatles* (LP) | 8. Januar 1974 |
| Rock and Roll Music (LP) | 14. Juni 1976 |
| *Beatles* At The Hollywood Bowl (LP) | 5. Mai 1977 |

PLATIN für:

| | |
|---|---|
| Rock and Roll Music (LP) | 14. Juni 1976 |
| *Beatles* At The Hollywood Bowl (LP) | 12. August 1977 |

GESAMTAUFRECHNUNG (Stand 1.1.1978):
*Beatles:*    41 Goldene, 2 Platin

Aber auch die Soloveröffentlichungen der einzelnen *Beatles*-Mitglieder waren sehr erfolgreich, der Stand ebenfalls am 1. 1. 1978:

| | |
|---|---|
| John Lennon | 6 Goldene |
| Paul Mc Cartney | 15 Goldene, 2 Platin, 1 Rhodium* |
| George Harrison | 8 Goldene |
| Ringo Starr | 5 Goldene |

(* Die Rhodium-LP erhielt Paul McCartney für sein Lebenswerk.)

Goldene Schallplatten sind einzig und allein ein Gradmesser für Verkaufszahlen. Es gibt aber auch andere Kriterien, um die Popularität zu messen. Einige Beispiele haben wir herausgegriffen, die in der Tat nicht alltäglich sind:

**März 1988** Eigentlich längst überfällig war die Aufnahme der *Beatles* in die »Rock 'n' Roll Hall of Fame«. In dieser »Ruhmeshalle« sind wirklich nur die Allerbesten versammelt. 1988 kamen hinzu: Bob Dylan, *The Drifters, The Supremes, The Beach Boys* und ... die *Beatles*! So geschehen in New York.

**April 1988** Die deutsche Bundespost brachte vier Sondermarken mit Rockstars heraus: mit Jim Morrison, Buddy Holly, Elvis Presley und John Lennon.

**Juli 1988** Paul McCartney bekam von der Universität in Brighton für seine Verdienste um die Musik die Ehrendoktorwürde verliehen.

**April 1993** Von offizieller Seite wird verkündet, daß der Song *Yesterday* über 6 Millionen Male von amerikanischen Radiostationen gespielt wurde.

**September 1993** Im englischen Wirtschaftsmagazin *Business Age* wird Paul McCartney als einer der wohlhabendsten Briten aufgeführt. Sein Vermögen soll umgerechnet über eine Milliarde Mark betragen, und es vermehrt sich stündlich.

# Literaturverzeichnis

ALAN ALDRIDGE: The *Beatles* Songbook; Axel Juncker Verlag, München/Zürich, 1969.

DENNIS BOW: Die *Beatles* kommen, Fahrplan einer Weltsensation; Lichtenberg Verlag, München, 1964.

ROY CARR & TONY TYLER: The *Beatles*. Eine illustrierte Dokumentation; Abi Melzer Productions GmbH, Buchschlag, 1976.

HARRY CASTLEMAN & WALTER J. PODRAZIK: All Together Now; Ballantine Books, New York, 1975.

HARRY CASTLEMAN & WALTER J. PODRAZIK: The *Beatles* Again; Pierian Press, Ann Arbor, 1977.

HARRY CASTLEMAN & WALTER J. PODRAZIK: The End Of The *Beatles*?; Pierian Press, Ann Arbor, 1985.

ALAN CLAYSON & PAULINE SUTCLIFFE: Backbeat – Die Stuart Sutcliffe Story; Bastei Lübbe, 1994.

RAY COLEMAN; John W. Lennon – Eine Biographie; Droemer Knaur, München, 1985.

HUNTER DAVIES: The *Beatles*; Heinemann, London, 1968.

RICHARD DILELLO: The Longest Cocktail Party; Charisma Books, London, 1973.

CHRISTIANE EHRHARDT: Die *Beatles*, Fabelwesen unserer Zeit?; v. Tucher Verlag, Dießen/Ammersee, 1965.

BRIAN EPSTEIN: A Cellarful Of Noise; Souvenir, London, 1964.

ROBERT FREEMAN: The *Beatles* – A Private View; Pyramid Books, 1990.

ANTHONY FAWCETT: One Day At A Time; New English Library, London, 1977.

CHARLIE GILLETT: The Sound of the City; Souvenir Press, 1983.

ROCHELLE LARKIN: The *Beatles*, Yesterday... Today... Tomorrow; Scholastic Book Services, New York, 1974.

GEORGE MARTIN: All You Need Is Ears; St. Martin Press, 1979.

MARK LEWISOHN: 25 Years In The Life; Sidgwick & Jackson, London, 1987.

IAN MacDONALD: Revolution In The Head: The *Beatles'* Records and the Sixties; Fourth Estate, London, 1994.

PETER McCABE & ROBERT D. SCHONFELD: Apple To The Core, The Unmaking Of The *Beatles*; Pocket Books, New York, 1972.

NORRIS McWHIRTER: Guinness Book of World Records; Bantam Books, London, 1980.

MILES: *Beatles* In Their Own Words; Omnibus Press, London, 1978.

RAINER MOERS: Das Phänomen *Beatles*; *Beatles* Information Center, Köln, 1981.

JOSEPH MURRELLS: The Book of Golden Discs; Barrie & Jenkins, London, 1974.

A.J.S. RAYL & CURT GUNTHER: *Beatles* '64 – A Hard Day's Night In America; Doubleday, 1989.

CHARLES REINHART: You Can't Do That; Pierian Press, Ann Arbor, 1981.

MARK RIBOWSKY: He's A Rebel – The Truth About Phil Spector – Rock and Roll's Legendary Madman; E.P. Dutton, 1989.

TIM RILEY: Tell Me Why; Vintage Books, 1989.

JOHNNY ROGAN: Starmakers and Svengalis – The History of British Pop Management; Futura, 1988.

LILLIAN ROXON: Rock Encyclopedia; Grosset and Dunlap, New York, 1969.

PIET SCHREUDERS, MARK LEWISOHN & ADAM SMITH: The *Beatles'* London; Hamlyn, 1994.

TOM SCHULTHEISS: A Day In The Life; Omnibus Press, London, 1980.

BILLY SHEPHARD: Die wahre Geschichte der *Beatles*; List Verlag, München, 1964.

DEREK TAYLOR: As Time Goes By; Davis Poynter, London, 1973.

JAN VAN DE BUNT & FRIENDS: Concerted Efforts, *Beatles* Unlimited; Alphen aan de Rijn, 1979.

JANN WENNER: Lennon Remembers. The Famous Rolling Stone Interview; Popular Library, New York, 1971.

MATHIAS WLASCHEK & WILFRIED PELZ: Here, There (and Everywhere?); Modern Music Cologne, Köln, 1983.

Periodika
*BEATLES* REPORT: Alter Markt 4-6, 50667 Köln.

BILLBOARD: 9000 Sunset Blvd., Los Angeles, CA. 90069.

HIT BILANZ: Günter Ehnert, Taurus Press, Wiesenstr. 46, Hamburg.

MELODY MAKER: 24-34, Mey Mott Street, London.

NEW MUSICAL EXPRESS: Kings Reach Tower, Stamford Street, London.

Q: Mappin House, 4 Winsley Street, London W1N 7AR.

RECORD RESEARCH: P.O. Box 82, Menomonee Falls, Wisconsin 53051.

ROCK FILE: Stephen Nugent, Panther Books Ltd., Frogmore, St. Albans, Herts, AL2 2NF

THINGS WE TELL TODAY: Alter Markt 4-6, 50667 Köln.

# Namensregister

# Bildnachweis

Titelfotos:
Süddeutscher Verlag, München
dpa, Frankfurt/Main – Fotos: Lehtikuva Oy, Elsner
action press, Hamburg
Syndications International Ltd., London


Textteil:
Apple Corps Ltd., London:
   56, 66, 83, 96, 99, 132, 140, 151, 167, 174, 183, 193, 207,
   213, 227, 233, 245, 257
dpa, Frankfurt/Main:
   118, 125, 267, 294
K+K, Hamburg:
   13, 15, 18, 22/23, 32/33, 36, 39, 48/49, 61, 107, 116, 120,
   122
Keystone, Hamburg:
   79
Wolfgang Neumann:
   304
WEA:
   282

**Band 60348**

**Judith Philipp/Ralf Simon**
**Paul McCartney**

*Listen to what the man said –*
*Paul McCartney und seine Songs*

Paul McCartneys Leben und Werk begleiten Superlative: Er gehört zum besten und einflußreichsten Songschreiber-Duo der Popgeschichte, war Mitglied der erfolgreichsten Pop-Band aller Zeiten. Er hat jeweils 100 Millionen Singles und LPs verkauft – so viel wie kein anderer Plattenkünstler –, und er gilt als reichster Popstar der Welt.

*Dieses Buch ist ein umfassendes McCartney-Lexikon mit einer kompletten Werkschau der Platten, Videos und Filme sowie zahlreichen Interview-Ausschnitten und Kommentaren Pauls. Eine Pflichtlektüre für jeden McCartney-Fan!*

# *Sachbuch*

Als Band mit der Bestellnummer 60315 erschien:

John Lennon war nicht nur der
charismatische Kopf der Beatles, als Solist wurde
er zum Sprecher einer ganzen Generation.
Das Songbuch mit allen Songs von 1968 bis 1980,
ausführlichen Anmerkungen und
bisher unveröffentlichtem Interviewmaterial.

# Die Biographie
# eines faszinierenden Musikers!

Als Band mit der Bestellnummer 61037 erschien:

Seit seinem gewaltsamen Tod im Jahre 1980 hat John Lennon nichts von seiner Faszination als Künstler verloren. Seine Songs begeistern noch immer jung und alt und werden von zahlreichen großen Musikern interpretiert.

Eine lebende Rock-Legende

**Band 61256**

**Petra Zeitz**
**Joe Cocker**

Joe Cocker war 25 Jahre alt, als er 1969 beim legendären Woodstock-Festival mit dem Beatles-Lied »With a Little Help from My Friends« über Nacht zum Rock-Idol wurde. Als weißer Bluessänger mit der unverkennbaren Reibeisen-Stimme hat er Musikgeschichte geschrieben: Ray Charles bezeichnete ihn als seinen einzigen Schüler. Die große Karriere Cockers durchlebte Höhen und Tiefen, doch immer wieder gelang ihm ein erneutes Comeback, das ihn noch weiter nach oben brachte. Mittlerweile begeistert er schon die zweite Generation seiner Fans und beweist nach wie vor, wieviel Energie und Stimmgewalt er zu bieten hat.

Mit zahlreichen Abbildungen

**Band 61258**

**Albert Goldman**

**Elvis – Die letzten 24 Stunden**

Als Elvis Presley am 16. August 1977 auf seinem Anwesen »Graceland« in Memphis starb, ließ eine offizielle Verlautbarung nicht lange auf sich warten: Herzversagen. Doch seitdem sind die ungläubigen Stimmen nicht verstummt. Von exzessivem Drogenkonsum ist die Rede. Was ist in jener Nacht wirklich passiert?

Der amerikanische Bestsellerautor Albert Goldman rekonstruiert in diesem Buch minutiös die letzten Stunden von Elvis Presley. Die Beweise, die er zusammengetragen hat, sind eindeutig: Der King des Rock 'n' Roll beging Selbstmord.